A pena é uma poderosa espada

O contextualismo linguístico de Quentin Skinner e a questão do método na historiografia (jurídica)

COLEÇÃO
HERMENÊUTICA, TEORIA DO DIREITO E ARGUMENTAÇÃO

Coordenador: Lenio Luiz Streck

Victor Bianchini Rebelo

A pena é uma poderosa espada

O contextualismo linguístico de Quentin Skinner e a questão do método na historiografia (jurídica)

2024

EDITORA
JusPODIVM
www.editorajuspodivm.com.br

EDITORA
JusPODIVM
www.editorajuspodivm.com.br

Rua Canuto Saraiva, 131 – Mooca – CEP: 03113-010 – São Paulo – São Paulo
Tel: (11) 3582.5757
• Contato: https://www.editorajuspodivm.com.br/central-de-relacionamento

Diagramação: Equipe JusPODIVM

Capa: Ana Caquetti

R291p Rebelo, Victor Bianchini
A pena é uma Poderosa Espada: O Contextualismo Linguístico de Quentin Skinner e a Questão do Método na Historiografia (Jurídica) / Victor Bianchini Rebelo - São Paulo: Editora JusPodivm, 2024.
208 p.

ISBN 978-85-442-5178-2

1. Filosofia. 2. Formação Humanística. 3. Contextualismo. I. Rebelo, Victor Bianchini. II. Título.

CDD 340.1

BIBLIOTECÁRIA RESPONSÁVEL

Ana Carolina Ribeiro Mois – CRB7 – RJ 007348/0

A história da filosofia, e talvez especialmente da filosofia moral, social e política está aí para nos impedir de sermos muito facilmente enfeitiçados. O historiador do pensamento político pode nos ajudar a apreciar até onde os valores incorporados em nosso modo atual de vida, e nossas atuais maneiras de pensar sobre esses valores, refletem uma série de escolhas feitas em épocas diferentes entre diferentes mundos possíveis. Essa consciência pode ajudar a libertar-nos do domínio de qualquer uma das explicações hegemônicas desses valores e de como eles devem ser interpretados e compreendidos. Munidos de uma possibilidade mais ampla, podemos nos distanciar dos compromissos intelectuais herdados e com um novo espírito de investigação nos perguntar o que nós devemos pensar deles.[1]

(Quentin Skinner)

Assim como há gente que tem medo do novo, há gente que tem medo do antigo. Eu defenderei até a morte o novo por causa do antigo e até a vida o antigo por causa do novo. O antigo que foi novo é tão novo como o mais novo novo. O que é preciso é saber discerni-lo no meio das velhacas velharias que nos impingiram durante tanto tempo.[2]

(Augusto de Campos)

---

1. "The history of philosophy, and perhaps especially of moral, social and political philosophy, is there to prevent us from becoming too readily bewitched. The intellectual historian can help us to appreciate how far the values embodied in our present ways of thinking about these values, reflect a series of choices made at different times between different possible worlds. This awareness can help to liberate us from the grip of any one hegemonal account of those values and how they should be interpreted and understood. Equipped with a broader sense of possibility, we can stand back from the intellectual commitments we have inherited and ask ourselves in a new spirit of enquiry what we should think of them." SKINNER, Quentin. **Liberty before liberalism**. Cambridge: Cambridge University Press, 1998. p. 93.
2. CAMPOS, Augusto de. **Verso, reverso e controverso**. São Paulo: Editora Perspectiva, 1978. p. 7.

Para meus pais, Tânia e Laertes.

AGRADECIMENTOS

Este livro é resultado de pesquisa realizada para obtenção do título de Mestre em Direito no Programa de Pós-Graduação na Universidade do Vale do Rio Sinos. Do início até aqui a empreitada não seria possível sem a ajuda de um grupo especial de pessoas. É quase um clichê mencionar como é chegar ao fim de um trabalho e se ver na arriscada obrigação de lembrar de todos que contribuíram para que chegássemos até aqui. Mas ainda assim a tarefa é necessária, pois são raras – para não dizer inexistentes – as vezes que uma pessoa realiza um trabalho desses sozinho.

Tenho que agradecer, primeiramente, aos meus pais, Laertes Rebelo e Tânia Maria Corrêa Bianchini, por terem "apostado em mim", por terem levado a sério o sonho que era me dedicar à pesquisa quando algumas vezes até eu mesmo questionava se esse era o caminho. Os sacrifícios deles para me dar essa oportunidade foram tantos que não preciso enumerá-los. Eles sabem, por isso eu sou eternamente grato a eles.

Agradeço aos meus amigos que se mantiveram ao meu lado (mesmo que longe) nessa caminhada da pesquisa: Mateus (Matt), Lucas (Uba), Rafael (Rafa), Pietro (Pi), Arthur (Reys), Eduardo (Edu), Pedro (Tavares), Yan, só para citar os mais próximos. Não foi um trabalho fácil, mas com seu apoio a jornada se tornou bem mais leve e agradável. Obrigado pela paciência, pelo carinho e pela amizade. Um agradecimento especial à Flora e à Lucy, especialmente à Lucy, por ter me ensinado essa língua que me ajudou e sempre irá me fazer ir mais longe. Agradeço também o meu tio, padrinho e mentor, Vanderlei, o "Tio Lei", pela acolhida e pelo incentivo. A verdade é que todos vocês, de sangue ou não, são família para mim.

Agradeço aos meus queridos colegas de núcleo de pesquisa, especialmente a Gilberto Morbach, que há alguns anos vem se correspondendo comigo, me encorajou e me apresentou ao Prof. Lenio Streck.

Mais que isso, Gilberto foi um verdadeiro "coorientador" em minhas pesquisas, ajudando na indicação de diversas bibliografias e, como se não fosse suficiente, me apresentou ao próprio Quentin, que gentilmente me concedeu seu precioso tempo num ano sabático para responder alguns e-mails que foram muito importantes para finalizar a pesquisa sobre sua obra. Gilberto, te agradeço, de coração!

Não poderia, também, deixar de mencionar os demais colegas de programa. Uma vez mais, agradeço à Luísa Giuliani, pela amizade, pelas parcerias, pela paciência desde o início e por ter sido a melhor gerente que o "gabinete" – como chamamos nosso núcleo, o *Dasein* – poderia ter; agradeço imensamente aos professores Luã Jung e Clarissa Tassinari, pela generosa avaliação e presença em minha banca. Agradecimentos especiais ao Luã, pelas indicações e correções desde o início do projeto, especialmente com autores da tradição alemã.

Gostaria de fazer um agradecimento especial ao Prof. Ricardo Virgílio da Silva, da Universidade Federal de Santa Catarina (UFSC), um dos grandes *experts* em Skinner no país, que gentil e prontamente aceitou integrar e abrilhantar a minha banca com seus comentários que foram valiosos para que eu pudesse chegar à versão final da publicação.

Agradeço demais aos meus amigos de *Dasein*, a quem homenageio em nome dos queridos Vinícius, Francisco, Óliver, Leonardo, Frederico, Giovanna, Matheus, Thales, Bianca, Jefferson, Felipe e demais membros desse rico e diverso grupo de pesquisa. Que felicidade a minha conviver e trabalhar com vocês todos e que sorte a minha ter podido discutir minha pesquisa com vocês!

Não poderia me furtar também de agradecer ao corpo docente do PPG em Direito da Unisinos, do qual faço questão de destacar o nome de nosso incansável coordenador, Prof. Anderson Vichinkeski Teixeira, sempre muito gentil e interessado em minha pesquisa e ao Prof. Wilson Engelmann, cuja disciplina de metodologia foi crucial para aparar as arestas do projeto. Minha gratidão a todos vocês!

Por último, mas longe de menos importantes, foram as contribuições dos dois mestres que conduziram estre trabalho, a quem quero agradecer imensamente: Lenio Streck e Quentin Skinner. Ao professor Lenio, nosso maestro, minha eterna gratidão por esta orientação e por ter acreditado em mim, no meu sonho antigo de graduação de integrar o *Dasein*, e por ter confiado no meu projeto. Ter alguém que influenciou tanto nossa trajetória intelectual como orientador é um privilégio que jamais devemos banalizar; do mesmo modo, ao Prof. Skinner, agradeço pela gentileza em se corresponder comigo, mesmo estando oficialmente aposentado da posição de docente em Cambridge e na Queen Mary. A atenção, a humildade e o zelo com que o Prof. Skinner me tratou é um exemplo que levarei para a vida.

A todos que me ajudaram nesses anos, meu muito obrigado, *from the bottom of my heart.*

APRESENTAÇÃO DA COLEÇÃO

A grande discussão contemporânea tem sido o enfrentamento do problema da (in)determinabilidade do direito. Instigadas pelo impulso teórico de apresentar respostas ou diferentes leituras, várias correntes surgiram depois do segundo pós-guerra, buscando solucionar esse impasse. Por consequência, a partir de referenciais distintos, também surgem modos diversos de responder à pergunta pelo conceito direto, refletindo claramente no modo de compreender sua aplicação.

Nesse sentido, depois do histórico debate entre Herbert Hart e Ronald Dworkin, a exaustão das correntes positivistas – fenômeno que ficou vinculado à ascensão e recepção das teses neoconstitucionalistas no Brasil – e, ao mesmo tempo, sua sobrevivência (e reformulação), é uma *holding* de onde emanam diversas teses e subteses acerca das condições de existirem respostas corretas em Direito. A profundidade desse tipo de debate invariavelmente remete à relação Direito e Moral, discussão que está presente nos mais variados posicionamentos teóricos que direcionam sua preocupação sobre a interpretação do direito ou, mais especificamente, sobre a decisão judicial.

Com efeito, as teorias discursivas – fazendo menção especial a Jürgen Habermas e Robert Alexy – criam teses desafiadoras acerca do elo existente entre Direito e Moral. Com Habermas, tem-se a ideia de cooriginariedade; com Alexy, a defesa do papel corretivo da Moral. Por outro lado, Dworkin qualifica a moralidade como política, demonstrando suas raízes na tradição de determinada comunidade. Quais os efeitos da adoção desses paradigmas para compreender o fenômeno jurídico?

Atenta e preocupada com esse cenário sortido de teses antagônicas, a Editora faz uma aposta em uma coleção cujas obras pretendem abarcar a complexidade das teorias contemporâneas que buscam investigar e dar respostas às perguntas hermenêuticas, argumentativas e da teoria do Direito em face de um Direito cada vez mais fragmentado, como é o brasileiro. Em cada uma dessas obras, o leitor certamente encontrará sólidos caminhos para entender a dimensão do problema, mas também novos desafios reflexivos. Boa leitura!

Coordenador

Lenio Luiz Streck

APRESENTAÇÃO

É com imenso prazer que apresento a obra «A Pena é uma Poderosa Espada», escrita por Victor Bianchini Rebelo, que se destaca por sua abordagem inovadora e profunda da historiografia jurídica através da lente do contextualismo linguístico de Quentin Skinner. Este trabalho não é apenas um estudo acadêmico; é uma ferramenta essencial para entender como a história e a filosofia interagem dentro da arena jurídica, influenciando tanto a teoria quanto a prática do direito. A habilidade de Victor em sintetizar complexas teorias filosóficas e historiográficas e aplicá-las ao direito mostra uma impressionante profundidade de conhecimento e uma paixão por trazer novas perspectivas ao estudo do direito.

O autor mergulha profundamente no pensamento de Quentin Skinner, esclarecendo como nossa compreensão dos textos legais e eventos jurídicos é profundamente influenciada pelo contexto histórico em que foram criados. Victor argumenta persuasivamente que para entender plenamente o direito contemporâneo, devemos entender as histórias que moldaram sua evolução. Este enfoque não só enriquece a interpretação jurídica, mas também destaca a necessidade de uma abordagem mais crítica e contextual na aplicação das leis, uma abordagem que reconhece a influência da temporalidade e da intertextualidade.

Através de uma exploração detalhada da metodologia historiográfica e das implicações filosóficas do trabalho de Skinner, Victor nos convida a ver o direito como um fenômeno dinâmico e imerso em história. Ele desafia a noção tradicional de que o direito é estático e isolado, propondo em vez disso que é um campo vibrante de atividade humana onde passado e presente estão constantemente em diálogo. Esta perspectiva é vital para todos aqueles envolvidos na prática jurídica, pois sugere que cada ato de interpretação jurídica é também um ato de reinterpretação histórica.

Um dos maiores méritos do livro é a forma como Victor articula a intersecção da linguagem, história e direito, propondo que a compreensão de cada um destes elementos é crucial para a compreensão dos outros. Ele utiliza teóricos como Wittgenstein, Austin, e Collingwood para construir um argumento convincente de que a linguagem não apenas reflete, mas também forma a realidade jurídica. Essa abordagem não apenas ilumina a complexidade do fenômeno jurídico, mas também serve como um chamado para os juristas reconsiderarem as bases sobre as quais seus entendimentos e práticas estão fundados.

Victor aprofunda a discussão ao enfatizar a importância da "metodologia" fenomenológico-hermenêutica de Heidegger e do conceito de paradigma hermenêutico de Gadamer na interpretação do direito. A fenomenologia hermenêutica de Heidegger, focada na experiência do ser e na interpretação do sentido, se revela uma ferramenta poderosa para analisar como os textos jurídicos e eventos não apenas refletem, mas constituem a realidade jurídica. Esta abordagem hermenêutica, enriquecida pelo diálogo gadameriano, ressalta o processo interpretativo como um diálogo contínuo entre passado e presente, onde a compreensão evolui de forma contextual e histórica.

O trabalho se destaca por sua profunda análise crítica das visões "antiquarista" e "intencionalista" do contextualismo linguístico e de como essas perspectivas afetam a historiografia e a interpretação jurídica. Victor não se limita a defender Skinner, mas usa o debate como um ponto de partida para uma discussão mais ampla sobre a validade dos métodos historiográficos na interpretação do direito, enfatizando a importância de entender as motivações e contextos subjacentes aos textos legais históricos.

Outro ponto forte da obra é a ênfase na "historicidade" do fenômeno jurídico. Victor argumenta convincentemente que entender o direito requer mais do que apenas conhecimento das leis; requer um entendimento de como as leis surgiram, de como evoluíram e de como são interpretadas e re-interpretadas ao longo do tempo. Esta abordagem não só enriquece nossa compreensão do direito, mas também amplia o escopo através do qual podemos considerar sua aplicação e sua função na sociedade.

Este livro representa uma valiosa contribuição à literatura jurídica, desafiando concepções tradicionais e incentivando uma nova geração de estudiosos do direito a adotar uma abordagem mais questionadora e interdisciplinar. Ao fazer isso, Victor não apenas avança no campo do direito, mas também nos campos da história e da filosofia, mostrando como estes podem enriquecer e informar uns aos outros.

Finalmente, "A Pena é uma Poderosa Espada" é uma obra que transcende as fronteiras disciplinares e geográficas, oferecendo insights não só para a comunidade jurídica brasileira, mas para qualquer um, em qualquer lugar do mundo, interessado no papel vital que a história e a filosofia desempenham no desenvolvimento do pensamento jurídico. A obra de Victor é um lembrete poderoso de que o direito, em todas as suas formas, é uma construção humana profundamente enraizada em contextos históricos e culturais específicos, e que compreender esses contextos é crucial para qualquer tentativa de entender ou reformar sistemas legais.

Este livro é, portanto, um recurso essencial não apenas para acadêmicos e profissionais do direito, mas também para qualquer pessoa interessada em como as normas jurídicas perfazem a própria sociedade em seu sentido mais contextual. É um testemunho da habilidade de Victor em tecer juntos múltiplos fios de pensamento para criar uma narrativa rica e envolvente que ilumina as complexidades do direito em um mundo em constante mudança. A todos, desejo que conheçam os detalhes dessa complexa tessitura!

Lenio Luiz Streck

PREFÁCIO

Aprendi com Gerald Postema que se queremos compreender o direito, precisamos compreender como se desenvolveram ao longo da história as várias e diferentes articulações filosóficas ou teóricas sobre o fenômeno. Esse não é um *insight* trivial: não compreendemos bem o direito sem uma boa dose de filosofia, e não compreendemos bem a filosofia sem uma boa dose de história. Há, portanto, uma interface entre a filosofia do direito e a história das ideias — isto é, há uma dimensão histórica na própria abordagem sobre a teoria do direito enquanto empreitada propriamente *filosófica*.

Essas diferentes articulações teóricas acerca do direito, enquanto conceito e em seu conteúdo, ao longo da história — e também Postema afirma isso —, foram formadas *a partir* das circunstâncias sociais e políticas de seu tempo e *em meio* a essas circunstâncias mesmas, ainda que essas articulações não o reconheçam. Ainda que se a busque, não há uma visão a partir de lugar nenhum: não compreendemos as diferentes explicações sobre o direito sem olharmos ao contexto histórico em que elas surgiram e apareceram como tais.

O *insight* não é trivial também por outros motivos: por mais indisputável que pareça, a mentalidade analítica que dominou a teoria do direito a partir do século XX tratou de colocá-lo em disputa ao longo de todo seu desenvolvimento, voltado exatamente a construir uma filosofia do direito desde lugar nenhum. Mesmo Hart, talvez o mais brilhante teórico do direito de sempre, atento à importância do ponto de vista interno na compreensão de uma prática, construiu sua teoria desde um olhar externo — e o olhar externo acaba tendo sempre na história um ponto cego, ainda que dela não escape.

Não é sem razão que falo disso aqui. É esse um dos motivos pelos quais recebo e apresento, com enorme satisfação, *A Pena é uma Poderosa Espada*, livro de Victor Bianchini Rebelo, no qual o autor aborda *o contextualismo linguístico de Quentin Skinner e a questão do método na historiografia (jurídica)*. Skinner é uma das maiores autoridades possíveis no que diz respeito ao contextualismo como abordagem historiográfica, *filosoficamente orientada*, e no que diz respeito à própria história das ideias *tout court*.

Sempre me causou um certo estranhamento a ausência de um tratamento dedicado a Skinner (e Pocock, e Dunn...) no *direito*. É certo, temos traduções e obras e trabalhos dedicados à Escola de Cambridge na história, na ciência política, eventualmente na filosofia; no direito isso é um tanto mais raro, ainda mais no direito brasileiro. A academia jurídica no Brasil precisava de um livro como o de Victor.

O livro tem ainda outros méritos, além da originalidade na proposta de dialogar com autores tão importantes quanto pouco considerados por aqui (e por *aqui* falo de nossa geografia e de nosso campo teórico). Victor não repete o pecado mesmo de procurar fazer filosofia desde lugar nenhum: o tratamento dedicado a Skinner considera *também o contexto de Skinner*; o trabalho olha para J.L. Austin, para Wittgenstein e, enfim, para R.G. Collingwood — um pensador tão brilhante quanto subestimado, cuja morte antecipada tirou de cena um dos únicos que parecia desafiar o domínio exatamente dessa mentalidade analítica de que falei, e que certamente chegou também ao direito.

Outro ponto que mostra como Victor não pretende partir de lugar nenhum está em seu diálogo com a filosofia hermenêutica, *contexto* exatamente dentro do qual o autor desenvolve seu trabalho. Demonstrando fina sintonia entre o respeito pelas raízes e a autonomia intelectual desenraizada, Victor coloca suas referências não em contraste, mas *em diálogo*, em "ajuste", em suas palavras, com o pensamento de Hans-Georg Gadamer, que informa o pensamento de Lenio Streck — orientador do trabalho e que tem nele um estupendo acréscimo à coleção conduzida nesta casa, a *Juspodivm*.

Para compreender o direito, não podemos dispor apenas de textos, mas também de contextos. Só compreendemos o melhor significado do direito se compreendemos o mais genuíno significado de viver sob as leis enquanto forma de vida. Isso só se faz com filosofia, com história, com a busca pelo saber desinteressado e desengajado que, ao mesmo tempo, se interessa e se engaja com o próprio objeto de conhecimento — não mais tratado como mero objeto.

A Pena é uma Poderosa Espada é um livro que vem preencher um espaço que lhe parecia esperando na literatura jurídica brasileira. Buscar uma compreensão mais completa, tão completa quanto possível, de nossas práticas, sem a cegueira voluntária que fecha os próprios olhos deliberadamente à filosofia e à história, significa buscar uma compreensão mais completa, tão completa quanto possível, acerca de nós mesmos. Essa busca é formada por livros como o de Victor Bianchini Rebelo.

Boa leitura a todos.

Gilberto Morbach

Arcadas, no início do outono de 2024

SUMÁRIO

Capítulo 1

INTRODUÇÃO

> Ocasionalmente, há argumentos construídos sobre e em favor daquilo que, ou deve ser próprio, específico do e sobre o direito [...]. O fato de que problemáticas específicas na teoria do direito sejam variações de problemas e debates mais gerais pode ajudar a manter argumentos teórico-jurídicos em perspectiva. Além disso, isso pode também indicar um caminho para se testar as respostas oferecidas por aqueles que participam de debates teóricos sobre o direito: olhar para respostas comparáveis em áreas de investigação relacionadas.[3]
>
> (Brian H. Bix)

O presente trabalho tem como intenção central realizar aquilo que o próprio autor que se pretende estudar, Quentin Skinner, fazia em suas pesquisas como historiador: contextualizar. Não se pretende aqui fazer uma mera exposição de suas ideias, mas sim narrar, dentro da pesquisa, uma história de *seu* pensamento, a qual se insere em um *contexto* determinado, onde ele, assim como todos os autores que estudava, também

3. "Occasionally, there are arguments about what is or should be distinctive about law [...]. The fact that issues within legal theory are often mere instantiations of more general problems and debates can help to keep jurisprudential arguments is perspective. Also, this hints at a way of testing the answers offered by participants in the jurisprudential debates: look at comparable responses in related areas of investigation." BIX, Brian. **Jurisprudence**: Theory and Context. 2. ed. Londres: Sweet & Maxwell, 1999. p. 8. Grifo do autor. Tradução de Gilberto Morbach in BIX, Brian H. **Teoria do direito**: fundamentos e contextos. São Paulo: Tirant lo Blanche, 2020. Doravante neste trabalho, todas as traduções serão nossas, exceto onde indicado.

estava inserido e também tinha suas intenções. Para manter a coerência com a teoria que iremos expor, decidimos por trabalhar da mesma maneira que nosso autor trabalhava. Passemos às considerações preliminares para situar o leitor sobre o que estamos falando.

Esta obra versa sobre uma metodologia historiográfica que é particularmente pouco trabalhada na academia jurídica brasileira,[4] apesar de ser amplamente difundida em outras áreas das humanidades, tratando-se principalmente do seu lugar de origem, a tradição acadêmica anglófona. Como parte da doutrina que trata da questão do método e da interpretação da história do pensamento político, o *contextualismo linguístico* é uma metodologia desenvolvida, entre outros, pelo historiador e teórico britânico Quentin Skinner, que se propôs a investigar textos e eventos históricos a partir do contexto linguístico em que os seus autores estavam inseridos, a fim de angariar mais evidências históricas sobre quais seriam seus objetivos — suas intenções (políticas) com aquele texto —, isto é, conceder à interpretação dos textos (políticos) mais historicidade.

O contextualismo linguístico é conhecido como a principal sistematização de um dos acadêmicos vinculados ao grupo conhecido como Escola de Cambridge (Quentin Skinner), que advoga(va) uma "contestação epistêmica" para reintroduzir a historiografia nos estudos de filosofia política e história das ideias a partir dos anos 1960. Outros acadêmicos citados como membros do grupo são, além de Skinner, Peter Laslett, J. G. A. Pocock e John Dunn e sua influência ainda é forte na disciplina da história do pensamento político. Pode-se afirmar que as posições desses autores recolocaram a história do pensamento no mapa das grandes disciplinas estudadas no campo das humanidades.

Nossa pesquisa se limita a delinear alguns aspectos principais da formação da problemática do método na história do pensamento, a qual deu origem à teoria defendida por Skinner, bem como essa mesma

4. Nossa pesquisa encontrou, no Brasil, uma série de trabalhos jurídicos que utilizam ou fazem menção à metodologia de Skinner para pesquisas historiográficas substantivas, mas não sobre a metodologia do contextualismo linguístico propriamente dita. Ricardo Marcelo Fonseca, Alexandre da Maia e Diego Nunes, e.g., são autores que reconhecem a influência skinneriana na historiografia contemporânea. Para um trabalho recente que utiliza a metodologia de Skinner substantivamente, *cf.* LAURINDO, Marja Mangili. **A interpretação na cultura jurídica da Primeira República**: "Nenhuma dessas impossibilidades está na letra da Constituição: mas todas estão no seu espírito". 2022. 237 f. Tese (Doutorado em Direito). Programa de pós-graduação em Direito, Universidade de Santa Catarina, Florianópolis, 2022. Disponível em: https://repositorio.ufsc.br/bitstream/handle/123456789/240867/PDPC1604-T.pdf?sequence=-1&isAllowed=y. Acesso em: 21 abr. 2023.

problemática deve(ria) ser considerada no campo do direito. Para tanto, algumas hipóteses epistemológicas têm de ser consideradas.

Primeiro delimitaremos o trabalho a partir de uma investigação sobre a metodologia historiográfica do contextualismo linguístico de Quentin Skinner, investigando suas origens teóricas, a partir da filosofia da linguagem, seus objetivos e seus questionamentos à historiografia convencional britânica do pensamento, que culminaram em uma nova escola historiográfica, a Escola de Cambridge, cuja metodologia trás aportes filosóficos que, unidos ao reconhecimento do *linguistic turn* na filosofia, podem ser úteis ao direito e à historiografia para a abertura e a compreensão da historicidade no horizonte de sentido do fenômeno jurídico.

Em suma, pretendemos com este trabalho responder a uma pergunta de cunho fenomenológico-hermenêutico:[5] quais as contribuições que o contextualismo linguístico, a partir de Quentin Skinner, pode ofertar para a questão do método na interpretação da história, viabilizando a abertura e a compreensão da historicidade no fenômeno jurídico?

Em relação às hipóteses epistemológicas que apontamos acima, partimos do pressuposto de que não é adequado falar em uma história *do* direito,[6] relegando à historicidade o seu caráter hermenêutico de abertura da linguagem, a partir da "metodologia" fenomenológico-hermenêutica de Heidegger e do conceito de paradigma hermenêutico de Gadamer. A partir de uma *compreensão hermenêutica da historicidade*, torna-se inadequada a vinculação a uma historiografia exclusivamente jurídica, sendo imprescindível uma metodologia que permita a abertura e a compreensão do fenômeno jurídico a partir do caráter intersubjetivo da linguagem e da historicidade como horizonte de sentido. Levando-se em conta a incindibilidade ôntica entre filosofia, história, direito e política, temos como hipótese que o contextualismo linguístico de Quentin Skinner

5. Aqui já se evidencia a metodologia que conduzirá o trabalho, o "método" fenomenológico-hermenêutico, consagrado por Martin Heidegger e introduzido no Brasil de maneira inédita por Lenio Luiz Streck, tradição que segue presente na linha de pesquisa "Hermenêutica, Constituição e concretização de direitos" do Programa de Pós-Graduação em Direito da Unisinos.

6. Adotamos a mesma conclusão que Ernildo Stein e Lenio Streck defenderam sobre a filosofia em conferência para o Programa de Pós-Graduação em Direito da Universidade Federal do Paraná, no ano de 2003. Lá os professores cunharam o termo "filosofia no Direito", afirmando-se que a didática da filosofia e do direito não poderiam estar à parte uma da outra e que não haveria possibilidade de se discutir o Direito separadamente da filosofia. Por isso o descabimento do nome "filosofia do direito", como é tradicionalmente denominada a disciplina que estuda o entendimento da natureza e do contexto do fenômeno jurídico. Dessa maneira, a partir de Heidegger, partimos da hipótese de que não há como cindir entes como a filosofia, a moral, o direito — e também a história.

possa contribuir, ainda que parcialmente, para tal abertura. Ao concluir o trabalho, pretendemos verificar se, e a que nível, essa hipótese pode ser tida com verdadeira.

Temos, então, como objetivo geral do trabalho *verificar se o contextualismo linguístico, a partir de Quentin Skinner, atende à necessidade de abertura para a interpretação da historicidade do fenômeno jurídico.*

Os *objetivos específicos*, por sua vez, estarão atrelados a cada um dos capítulos a seguir: *O primeiro* irá investigar as linhagens do pensamento filosófico que contribuíram para a fundamentação do questionamento filosófico dos historiadores que viriam a formar a Escola de Cambridge e a proposta de viragem metodológica do contextualismo linguístico, cujas influências compuseram os fundamentos das contestações às bases filosóficas da historiografia convencional britânica feitas por Skinner. Entre elas, figuram o *linguistic turn*, a filosofia da história de R. G. Collingwood, o segundo momento filosófico de Ludwig Wittgenstein e a teoria dos atos de fala de John L. Austin, cujas doutrinas são consideradas as mais influentes entre os teóricos da Escola de Cambridge, em especial Skinner. No *segundo capítulo*, trataremos de apresentar a metodologia *skinneriana* do contextualismo linguístico, seus pressupostos teóricos, paradigma filosófico e modelo historiográfico, a partir de revisão bibliográfica dos textos do autor que abordam a questão do método. O *terceiro capítulo* vai esquadrinhar as críticas feitas à metodologia de Skinner por autores inseridos no debate sobre a interpretação na história do pensamento e investigar as respostas de Skinner a essas críticas. Após essa revisão crítica, o quarto e último capítulo de desenvolvimento irá verificar a hipótese levantada de que o contextualismo linguístico é uma metodologia hermeneuticamente adequada, verificando quais são as contribuições teóricas possíveis que ele pode oferecer para realizar a abertura linguística necessária na interpretação da historicidade no pensamento jurídico, investigando as relações metodológicas entre a teoria política e a teoria do direito, identificando questões em comum, além de verificar relações que a tradição hermenêutica pode ter com o contextualismo linguístico.

Um trabalho que trata da questão do método na história do pensamento tem o dever de explicitar sua própria metodologia. Nesse sentido, propomos expor a teoria de Skinner a partir de uma análise crítica sob as lentes da hermenêutica-filosófica e do "método" fenomenológico-hermenêutico. Por meio desta abordagem, reconstruiremos a história intelectual do contextualismo linguístico sem realizar uma defesa prévia da proposta, mas a examinando criticamente, tendo em vista a hipótese de que ela pode contribuir para a abertura da historicidade no fenômeno jurídico, considerando antecipadamente as possíveis críticas (inclusive hermenêuticas) que essa proposta pode suscitar.

Esse processo que une a crítica (hermenêutica) do método cartesiano — base da fenomenologia-hermenêutica de cunho "existencialista" em Heidegger — origina uma "nova busca" por verdades parciais, realizando o *desvelamento* (des-cobrir) que origina o "método" proposto por Heidegger e consumado por Gadamer por meio de sua "dialética hermenêutica".[7] A mediação entre a fenomenologia e a hermenêutica-filosófica será sempre o "norte" epistêmico deste trabalho, que trata da questão do método e tem por isso a obrigação de realizar uma problematização intelectualmente responsável, calcada na exposição clara dos paradigmas filosóficos que serão apresentados ao longo do texto.

"Mas por que a história do pensamento? E por que o contextualismo linguístico?" Esse tema se torna relevante primeiramente pela intenção epistêmica deste trabalho em sugerir, tal como será apresentado e justificado no quarto capítulo, que o estudo da filosofia, da história, da política e do direito são onticamente incindíveis. Uma vez aceito esse pressuposto, é de suma importância conhecer o que está sendo produzido e debatido nas demais humanidades, para que a teoria do direito não reste "fechada em si mesma".[8] Como este projeto se fundamenta nos pressupostos filosóficos hermenêuticos, "destruir"[9] essa cisão ôntica passa a ser condição de possibilidade para a abertura e a *compreensão* da historicidade do fenômeno jurídico.

Para isso, é preciso ter atenção, já que a tradição do manejo teórico é tratar as humanidades (equivocadamente) como "entes separados". Ainda que haja movimentos cada vez mais enfáticos de aproximações e transdisciplinaridades,[10] teóricos das "ciências do espírito" ainda têm dificuldades em realizar aproximações entre campos e tradições distintas.

---

7. *Cf.* GADAMER, Hans-Georg. **Verdade e Método I**. 6 ed. Petrópolis, RJ; Bragança Paulista, SP: Vozes; Editora da Universidade São Francisco, 2004.

8. Sobre os pressupostos e contextos da teoria do direito e sua amplitude, de forma geral, *cf.* BIX, Brian. **Teoria do direito**: fundamentos e contextos. Tradução de Gilberto Morbach. São Paulo: Tirant lo Blanch, 2020.

9. *Cf.* OLIVEIRA, Rafael Tomaz de; STRECK, Lenio Luiz. Algumas indicações obre o método fenomenológico-hermenêutico. **Revista Eletrônica Consultor Jurídico**. São Paulo, 26 dez. 2015. Disponível em: https://www.conjur.com.br/2015-dez-26/diario-classe-indicacoes-metodo-fenomenologico-hermeneutico. Acesso: 21 abr. 2023.

10. Nesse sentido estão os trabalhos de filósofos como Edgar Morin e Bruno Latour.

Concluímos que este é um problema de ordem filosófica — predominantemente ontológico e epistemológico — que precisa ser enfrentado.[11]

Em se tratando de diferentes "áreas de estudo", a partir desta obra, iremos sugerir que teóricos do direito têm de olhar para a "história" não mais como mero campo do saber, que pode ser incluída no estudo do direito como "disciplina propedêutica", para usar um termo que a pedagogia jurídica costuma empregar, mas sim como um fenômeno linguístico, um produto da linguagem. Só assim ela irá permitir a abertura da "clareira" hermenêutica do horizonte de sentido da compreensão. "História", nesta perspectiva, passa a ter o sentido de historicidade, que não está inserida no direito. Ao contrário: é o direito que está inserido na historicidade — assim como a filosofia está na linguagem, a partir da reviravolta linguístico-pragmática.[12]

Por isso a justificativa de como a questão do método — e seu caráter epistemológico e ontológico — tem relevância, em especial quando se busca abordar um tema sob as lentes do paradigma hermenêutico. Buscamos neste texto fazer o cotejo de uma metodologia específica (o contextualismo linguístico) com as lentes do "método" fenomenológico-hermenêutico. A finalidade é avaliar sua relevância não só para o direito, mas para as humanidades em geral, pois buscar sua viabilidade apenas para "um dos entes" das humanidades seria cair em uma contradição evidente, já que defendemos a inseparabilidade entre os entes das *Geistenwissenshaften*.

De todo modo, a questão do método e o debate sobre a diferença entre teoria, filosofia e ciência se fizeram mais presentes nos estudos da política. Há na literatura dessa área décadas de estudos sobre o "fim da teoria política e a ascensão da ciência política".[13] Há também nos estudos políticos um debate intenso relativo ao método, sobre como a política deve ser estudada, com abordagens históricas (história do pensamento político, história dos conceitos, história intelectual, hermenêutica, entre outras) e não históricas (análise do discurso, linguística, teoria crítica,

---

11. Ontológico, no sentido heideggeriano de ser necessário onticizar diferentes campos; e epistemológico, pois se nota que a teoria do direito que se calca no senso comum dos juristas (no sentido atribuído a Luis Alberto Warat) se mantém fechada numa historiografia e numa epistemologia restritas.

12. *Cf.* OLIVEIRA, Manfredo Araújo de. **Reviravolta lingüistico-pragmática na filosofia contemporânea**. 3. ed. São Paulo: Loyola, 2006.

13. *Cf.* o capítulo "A ideia de tradição e a crise da Teoria Política" in GUNNEL, John G. **Teoria Política**. Tradução de Maria Inês Caldas de Moura. Brasília: Editora UnB, 1981. v. 54 (Coleção Pensamento Político).

teoria política analítica, pragmatismo, etc.) disputando o predomínio do campo.

Nesse debate, deve-se reconhecer que o contextualismo linguístico e a Escola de Cambridge têm alcançado grande prestígio na discussão metodológica contemporânea de cunho histórico. Trata-se de uma escola teórica que privilegia o pensamento político sob uma perspectiva histórica e pode contribuir para a "abertura hermenêutica das humanidades" (e da teoria do direito, consequentemente), bem como para a historicidade, que trazemos como hipótese.

A abordagem *skinneriana* do contextualismo linguístico, nesse sentido, também pode chamar atenção para a provisoriedade das soluções (Paolo Grossi), ou para que os atuais formatos teóricos não sejam simplesmente vistos como os mais avançados. Embora possa representar uma armadilha capciosa que se cria sobre nossa condição de contemporâneos da historicidade dos sistemas e teorias atuais, essa transitoriedade mostra que a resposta para certos problemas atuais nem sempre será inédita e, mesmo que o seja, é imprescindível conhecer mais detalhes das experiências passadas para apontar novos caminhos.

Daí a importância de diferenciar historicidade de historicismo. Por vezes se veem críticas filosóficas ao que se teria por exageros e reducionismos do historicismo. Com o cuidado de uma historiografia inserida em um contexto de intersubjetividade, calcada no paradigma posterior à virada linguística (hermenêutico), acreditamos que se possa deixar de lado esse "medo" atribuído aos historiadores de que eles normalmente reduzem "tudo à história". Assim se torna útil verificar se a história do pensamento político, especialmente aquela que subscreve, parcial ou totalmente, o contextualismo linguístico, seja uma metodologia adequada para se *interpretar a história no direito*, sem cair em um historicismo reducionista e metafísico.[14]

14. Conforme fala Maurizio Ferraris, a Escola Histórica nasce da vontade de romper com a filosofia da história de Hegel. No Direito, a Escola Histórica veio a ser representada principalmente pelo pensamento de Carl Von Savigny (1779-1861). Com o linguistic turn, e posteriormente com a hermenêutica filosófica, podemos afirmar que a filosofia da história poderá ser desenvolvida estendendo essa oposição a Hegel também aos historicistas, a partir do paradigma fenomenológico-hermenêutico, em face das metafísicas clássicas e modernas. *Cf.* FERRARIS, Maurizio. **Storia dell'ermeneutica**. Milano: Bompiani, 2010.

Por tudo que foi dito, nossa proposta de trabalho busca apresentar à comunidade jurídica, a partir desse olhar crítico da hermenêutica, uma abordagem historiográfica que não se restrinja às linhas fechadas de uma "história *do* direito", mas consiga abordar *o direito na história*. Mais que uma justificativa, acreditamos que este seja o principal argumento deste livro.

Capítulo 2

CONTEXTUALIZANDO O CONTEXTUALISMO: BASES FILOSÓFICAS DO "GIRO CONTEXTUAL" EM CAMBRIDGE

> Falar é sobretudo dar algum outro poder sobre nós e alguns afirmam esse poder se recusando a falar de todo modo, a falar compreensivamente ou (na medida do possível) dentro de qualquer estrutura de referência que eles não podem descrever unilateralmente. Um autor que queima seus manuscritos em seu leito de morte está recusando à posteridade o poder de interpretá-lo. O Humpty Dumpty de Alice existiu como o equivalente linguístico do estado de natureza hobbesiano.[15]
>
> (J. G. A. Pocock)

O século XX representou, especialmente nas décadas que compreendem os anos de 1920 e 1930, uma reviravolta "copernicana" para a filosofia. Compreender essa reformulação é condição de possibilidade para entender o que passaria a ser proposto por Quentin Skinner e seus pares em Cambridge a partir dos anos 1960. Queremos dizer que o "giro

15. "To speak at all is to give some other power over us, and some assert their own power by refusing to speak at all, to speak intelligibly or (so far as this is possible) within any frame of reference they cannot unilaterally prescribe. An author who burns his manuscripts on his death-bed is refusing posterity the power which comes of interpreting him. Alice's Humpty Dumpty existed in the linguistic equivalence of a Hobbesian state of nature." POCOCK, J. G. A. **Politics, Language and Time**: Essays on Political Thought and History. Chicago: The University of Chicago Press, 1989 [1971]. p. 24.

contextual" em Cambridge originado pelas novas metodologias propostas pelos teóricos associados a essa "escola" só foi possível graças a um "primeiro giro",[16] considerado fundamental e revolucionário na história da filosofia, que provocou mudanças paradigmáticas.

O chamado *linguistic turn* é caracterizado dessa maneira como uma "reviravolta", pois determinou uma ruptura no filosofar, onde a linguagem deixou de ser vista como instrumento ou ferramenta à disposição do sujeito (filósofo; pensante) e o objeto (pensado), paradigma que reinava desde o racionalismo cartesiano, passando a ser reconhecida como "condição de possibilidade para a própria constituição do conhecimento enquanto tal".[17] Isso só ocorreu porque algo de muito particular aconteceu: uma fixação de novas possibilidades filosóficas a partir de rupturas e ameaças sociais reais que aconteciam cotidianamente, no plano daquilo que futuramente seria, em uma linguagem hermenêutica, chamado de facticidade.

O início do século XX foi marcado pela Grande Guerra, um feito de proporções históricas inimagináveis até então, com consequências também sem precedentes. O teórico literário Terry Eagleton afirma que neste período histórico "a ciência parecia haver minguado a um positivismo estéril" e as ideologias e os valores culturais que haviam dominado a ordem social de que deles dependiam "também estavam em profunda agitação". Em suma, conforme o autor "a Europa estava em ruínas".[18] Mas apesar de o pensamento científico ter caído neste "positivismo estéril", a filosofia parecia seguir os mesmos passos e se aproximar cada vez mais de uma posição servil à ciência.

Desde a virada do século XX, a filosofia passava por uma transformação que tornava a metafísica uma área sistematicamente rechaçada. A doutrina que liderava a defesa dessa mudança no filosofar era o neopositivismo lógico. A ideia central do neopositivismo, que veio a

16. Lenio Streck articula que um primeiro giro linguístico aconteceu a partir dos desenvolvimentos dos filósofos Johann Georg Hamann (1730-1788), Johan Gottfried von Herder (1744-1803) e Wilhelm von Humboldt (1767-1835), sendo eles precursores do rompimento com o paradigma da filosofia da consciência. Essas fontes serão, posteriormente, resgatadas por Gadamer na construção de sua hermenêutica-filosófica. *Cf.* STRECK, Lenio Luiz. **Hermenêutica jurídica e(m) crise**: uma exploração hermenêutica da construção do direito. 2. ed., rev. e ampl. Porto Alegre: Livraria do Advogado, 1999. p. 127-132.

17. OLIVEIRA, Manfredo Araújo de. Reviravolta lingüístico-pragmática na filosofia contemporânea. *op. cit.* p. 128.

18. "Science seemed to have dwindled to a sterile positivism"; "The ideologies on which that order had customarily depended, the cultural values by which it ruled, were also in deep turmoil"; "[...] Europe lay in ruins, [...]". EAGLETON, Terry. **Literary Theory**: An Introduction. 2. ed. Oxford: Blackwell Publishing, 1996. p. 47. Tradução livre.

ser associado fundamentalmente com um agrupamento de filósofos do chamado Círculo de Viena, era a de contrapor a filosofia com qualquer fundamento "vazio" da metafísica e aproximar ao máximo a filosofia das verdades empíricas, sustentadas cientificamente.[19] Essa doutrina ficou conhecida primordialmente pelos estudos de Rudolf Carnap (1891-1970), filósofo austríaco radicado no Círculo de Viena, mas que posteriormente, já estabelecido como professor nos Estados Unidos, ficou conhecido por ser um expoente da linhagem de pensamento filosófico chamada de "analítica",[20] que até hoje figura como uma das correntes filosóficas mais evidentes da tradição anglófona.

Se hoje há muita polêmica sobre as origens da filosofia analítica e sobre se ainda faz sentido se falar em uma divisão entre "analíticos e continentais",[21] a origem da própria filosofia analítica no Círculo de Viena a partir de Carnap, aliada a suas intenções, pode nos ajudar a refletir sobre os caminhos posteriores da história da filosofia e por que afinal tudo o que estava sendo discutido naquela época se resumia a uma palavra: linguagem.

Tudo que passou a ser discutido na filosofia do início do século XX tinha algo a ver com a linguagem. Se os adeptos do neopositivismo queriam "abolir a metafísica" da filosofia, era porque eles acreditavam que todo problema de filosofia era, no fundo, "um problema de análise lógica da linguagem." O empirismo, portanto, assumia protagonismo como "redescoberta" da filosofia a partir da fundamentação teórica da ciência. Como Manfredo Araújo de Oliveira chama "critério da verdade do neopositivismo", o princípio da verificação parte do seguinte pressuposto: "somente sentenças de conteúdo podem ser verdadeiras ou falsas".[22] Essa conclusão, no entanto, só pôde ser obtida pelos teóricos de Viena a partir da leitura de um livro revolucionário para a época, que inspirou Carnap: O *Tractatus Logico-Philosophicus*, de Ludwig Wittgenstein (1889-1951).[23]

---

19. Sobre detalhes do Círculo de Viena, *cf.* EDMONDS, David. **The murder of professor Schlick**: the rise and fall of the Vienna Circle. Princeton, NJ.: Princeton University Press, 2020.

20. EILENBERGER, Wolfram. **Tempo de mágicos**: a grande década da filosofia: 1919-1929. Tradução de Cláudia Abeling. São Paulo: Todavia, 2019. p. 27.

21. PORTA, Mario Ariel González. **A filosofia a partir de seus problemas**: didática e metodologia do estudo filosófico. 4. ed. São Paulo: Loyola, 2014. p. 171-173.

22. OLIVEIRA, Manfredo Araújo de. Reviravolta lingüistico-pragmática na filosofia contemporânea. *op. cit.*, p. 80; 86.

23. WITTGENSTEIN, Ludwig. **Tractatus Logico-Philosophicus.** Tradução de D. F. Pears e B. F. McGuinness. Com introdução de Bertrand Russell. 2. ed. London: Routledge, 2001 (Routledge Classics).

Muito há de ser dito sobre um livro como o *Tractatus*, mas se ousássemos resumir toda a sua complexidade em uma frase, seria a seguinte: "sobre aquilo que não se pode falar, deve-se calar",[24] que aparece em seu prefácio. O objetivo central do *Tractatus* de Wittgenstein é demonstrar *linguisticamente* que muitas das indagações que perduraram por séculos (e milênios) na história da filosofia, muitas vezes não passavam de falsos enigmas. "O mundo existe?", pergunta Descartes, a partir do pressuposto da constituição de sentido subjetivo humano. Wittgenstein responde: "[p] ara uma resposta que não se pode formular, tampouco se pode formular a questão".[25] O enigma — assim como tantos outros da filosofia moderna — seria, portanto, falso.

A filosofia por trás do *Tractatus* é uma tentativa de ampliação (que posteriormente se traduziria em superação) do empirismo lógico, argumento filosófico trabalhado em diversas partes da Europa no início do século, em especial pelos teóricos de Viena. Nesse primeiro momento de sua filosofia há uma convergência nas ideias do que defendiam Wittgenstein e seu mentor à época, Bertrand Russell (1872-1970), a partir do conceito de atomismo lógico. Apesar de Wittgenstein não utilizar o conceito expressamente em sua primeira obra, seu acordo teórico com Russell é reconhecido pela literatura a partir dos seis seguintes pressupostos: (i) toda proposição contem uma análise final que revela uma "função de verdade" para todas as proposições elementares;[26] (ii) essas proposições elementares afirmam "estados de coisas atômico";[27] (iii) proposições elementares são mutualmente independentes — cada uma delas pode ser verdadeira ou falsa, independentemente da falsidade ou verdade das demais;[28] (iv) proposições elementares são combinações imediatas de símbolos semânticos simples, ou "nomes";[29] (v) "nomes" são referidos como coisas totalmente desprovidas de complexidade, assim

24. "[W]hat can be said at all can be said clearly, and what we cannot talk about we must pass over in silence." *Ibid.*, p. 3. Tradução de Cláudia Abeling *in* EILENBERGER, Wolfram. **Tempo de mágicos**. op. cit., p. 19.

25. "When the answer cannot be put into words, neither can the question be put into words. The riddle does not exist. If a question can be framed at all, it is also possible to answer it." WITTGENSTEIN, Ludwig. **Tractatus Logico-Philosophicus**. *op. cit.*, p. 88 (§6.5). Grifo do autor. Tradução de Cláudia Abeling in EILENBERGER, Wolfram. **Tempo de mágicos**. op. cit., p. 95.

26. WITTGENSTEIN, Ludwig. **Tractatus Logico-Philosophicus**. *op. cit.*, p. 15 (§3.25); p. 36 (§4.221); p. 43 (§4.51; §5).

27. *Ibid.*, p. 15 (§3.25); p. 36 (§4.21).

28. *Ibid.*, p. 36 (§4.211); p. 46 (§5.134).

29. *Ibid.*, p. 36 (§4.221).

chamadas de "objetos";[30] e (vi) estados de coisas atômicos são cominações desses objetos.[31-32]

Com o atomismo e a análise lógica, a possibilidade de superação da metafísica encontra no primeiro Wittgenstein um marco definitivo. Por isso o Círculo de Viena tinha tanto interesse em se aproximar daquele que, na visão dos "discípulos", seria seu "mestre". Wittgenstein, entretanto, não se mostrou tão animado com a ideia. Sua personalidade sempre transpareceu, aos olhos de comentadores e biógrafos, como difícil de decifrar, mas havia definitivamente um "dever" com a coerência: após ter escrito um livro que, em sua opinião, "resolvia as questões da filosofia", Wittgenstein decidiu por abandonar qualquer pretensão acadêmica e viver uma vida simples como professor primário no interior da Áustria.[33]

Seu temperamento difícil, contudo, o impediu de seguir esse rumo. Um caso afamado de agressão a um aluno da escola onde lecionava o fez abandonar a cidade interiorana onde vivia e voltar a Viena, para junto da família, onde curiosamente ele iria trabalhar no projeto arquitetônico da casa de uma de suas irmãs.[34] É nesse contexto que um dos líderes do Círculo, o professor Moritz Schlick (1882-1936), da faculdade de filosofia de Viena, decide por tentar a sorte e pedir uma audiência com Wittgenstein e seu grupo. O encontro finalmente acontece no verão de 1927, mas em termos opostos aos idealizados pelos discípulos.

A mensagem central que Wittgenstein passa aos membros do Círculo é: "não tenho método. Não existe *a* questão, muito menos a resposta. Se vocês acham que entenderam, isso mostra apenas que, na verdade, não entenderam nada." O momento foi de perplexidade. Aquilo que era esperado: o encontro do grupo com seu mestre se mostrou um fiasco: a linha de argumentação de Wittgenstein era "idiossincrática" e seu encontro deixou claro que seu pensamento não se alinhava de forma alguma com o empirismo lógico. "Não sou seu mestre."[35] O recado estava claro.

30. *Ibid.*, p. 7 (§2.02); p. 15 (§3.22).
31. *Ibid.*, p. 5 (§2.01).
32. A compilação de citações acima foi retirada de PROOPS, Ian. Wittgenstein's Logical Atomism. In: ZALTA, Edward N.; NODELMAN, Uri. (ed.). **The Stanford Encyclopedia of Philosophy**. Disponível em: https://plato.stanford.edu/cgi-bin/encyclopedia/archinfo.cgi?entry=wittgenstein-atomism. Acesso em: 25 abr. 2023 (Fall 2022 Edition).
33. *Cf.* MONK, Ray. **Ludwig Wittgenstein**: The Duty of Genius. London: Vintage, 1991.
34. EILENBERGER, Wolfram. **Tempo de mágicos**. *op. cit.*, p. 305-306.
35. *Ibid.*, p. 319-321.

Essa anedota na história da filosofia se tornou tão famosa justamente pelos debates que foram gerados a partir da interpretação de Wittgenstein por aqueles que, de certa maneira, se sentiram inspirados por sua obra. O momento ilustra historicamente como encontros e narratividade, aspectos centrais do conceito de historicidade, importam para o pensamento.

O encontro de Wittgenstein com o Círculo de Viena gerou consequências como as disputas interpretativas sobre o *Tractatus*, mas já dava sinais do que Wittgenstein estaria preparando em sua próxima obra, *Investigações Filosóficas*, que representaria uma ruptura com seu pensamento original, e alavancaria o status da linguagem não mais como um instrumento lógico (sintático ou semântico), que daria sustentação aos problemas solucionáveis (empíricos) da filosofia, mas sim como uma mediação intersubjetiva da própria existência humana.

Esse caráter especulativo da linguagem passa a configurar as raízes da reviravolta linguístico-pragmática, onde a linguagem deixa de ser objetiva para ser formadora do *agir* e do *ser* humano. Dessa maneira, o pensamento wittgensteiniano vai se aproximando do que Heidegger, anos antes, em *Ser e* Tempo, havia começado a debater com os conceitos de *diferença ontológica* entre Ser e ente e o próprio *Dasein*, o ser-aí, o elemento exclusivo do ser-humano, rompedor do sentido subjetivista e solipsista da metafísica clássica e moderna (filosofia da consciência) e condição de possibilidade da compreensão.[36]

É a partir dessa ruptura de pensamento vivenciada entre as primeiras décadas do século XX que se passou a fundamentar as bases para uma verdadeira "virada" linguística. Nesse contexto, ramificações de pensamento passam a ser consideradas como sucessoras dos "pontos desatados" articulados pelos mestres anteriores. O Círculo de Viena, em especial na pessoa de Carnap, vai encontrar no realismo filosófico britânico de Bertrand Russell e G. E. Moore (1873-1958) e na relação entre análise do pensamento como análise da linguagem presente em Gottlob Frege (1848-1925) as bases para a continuação do desenvolvimento da filosofia analítica;[37] o Wittgenstein das *Investigações* irá deixar um "caminho aberto" para a filosofia da linguagem ordinária trilhar, na qual os

36. *Cf.* HEIDEGGER, Martin. **Ser e tempo**. Tradução e organização de Fausto Castilho. Campinas, SP; Petrópolis, RJ: Unicamp; Vozes, 2012.

37. Sobre a controvérsia histórico-intelectual das origens da filosofia analítica, ver as coletâneas de ensaios em DUMMET, Michael. **Origins of Analytical Philosophy**. Cambridge, MA.: Harvard University Press, 1996; GLOCK, Hans-Johann. (ed.). **The Rise of Analytic Philosophy**. Oxford: Blackwell, 1997; e GLOCK, Hans-Johann. **What Is Analytic Philosophy?** Cambridge: Cambridge University Press, 2008.

protagonistas serão J. L. Austin (1911-1960) e J. R. Searle (1932-);[38] pouco antes disso, o psicologismo fenomenológico de Edmund Husserl (1859-1938) vai ser seguido pela fenomenologia hermenêutica de Heidegger, a qual, por sua vez, encontra em Wittgenstein uma mente distante, mas filosoficamente próxima.[39]

2.1. *LINGUISTIC TURN* E A SUA INFLUÊNCIA NO CONTEXTO BRITÂNICO

Até agora vimos que o *linguistic turn* foi na verdade fruto de um contexto bem mais complexo na filosofia do que uma mera "virada", tendo de fato representado uma "reviravolta" que resultou numa série de disputas sobre os rumos que a filosofia deveria tomar. O legado de Wittgenstein, sua própria mudança de rumo do *Tractatus* para as Investigações, a interpretação feita de seu pensamento que originou a rivalidade entre filósofos da linguagem ordinária e empiristas lógicos explicam parcial, mas não totalmente, o contexto britânico do *linguistic turn.*

A questão é que boa parte da comunidade filosófica britânica ficou em polvorosa com a publicação do *Tractatus.* Wittgenstein havia estudado em Cambridge e teve na universidade interlocuções importantes com acadêmicos de relevo por lá, sendo o mais notório deles Bertrand Russell, que à época já era um professor internacionalmente conhecido, com livros publicados e bem vendidos. Russell primeiramente serviu como uma espécie de orientador e mentor de Wittgenstein em Cambridge, para depois se render à genialidade do "protegido".[40]

O interesse pelos pensamentos articulados no *Tractatus* era autoevidente: sendo um dos estudiosos mais reconhecidos no campo da lógica, Russell se sentiu desafiado ao ler o manuscrito da obra em 1919, assim como os personagens do Círculo de Viena haveriam de se sentir alguns anos depois. A diferença entre Russell e os filósofos de Viena é que ele parecia ao menos compreender o caráter especulativo da filosofia de Wittgenstein, em oposição ao rigor metodológico comum e peculiar dos membros do círculo. Isso fica claro quando registros atestam sua perple-

38. OLIVEIRA, Manfredo Araújo de. Reviravolta lingüistico-pragmática na filosofia contemporânea. *op. cit.*, p. 149-200.

39. Wolfram Eilenberger, Ernildo Stein e Lenio Streck aproximam o segundo Wittgenstein de Heidegger. Para uma obra que trabalha aproximações e diferenças, *cf.* GIANNOTTI, J. A. **Heidegger/Wittgenstein**: confrontos. São Paulo: Companhia das Letras, 2020.

40. MONK, Ray. **Ludwig Wittgenstein**. *op. cit.*, p. 41-55.

xidade ao ler o *Tractatus*, que permaneceu por um longo período como "incompreensível",[41] mesmo para os pares mais brilhantes de Wittgenstein.

Quando Wittgenstein afirma no prefácio de sua obra que ele teria "resolvido todos os problemas" da filosofia, ele está falando não só dos problemas de filosofia da linguagem deixados por Russell e Frege — os mestres que viam nele potencial para dar o "próximo grande passo" na história da filosofia —, mas também as duvidas linguísticas levantadas naquele "império caído".[42] A verdade é que, após a Primeira Guerra, Viena recebe a obra de Wittgenstein com "profunda incompreensão", fato que vai mudar após o esforço hercúleo para a publicação de sua obra e sua tradução para uma edição inglesa, prefaciada por Russell. Nota-se, assim, que Russell, G. E. Moore (ambos participaram da banca que confere o grau de doutor a Wittgenstein com o *Tractatus*) conseguiram de modo paradoxal, justamente pela incompreensão, entender o caráter especulativo que distinguia Wittgenstein daqueles filósofos que, inspirados por uma interpretação analítica do *Tractatus*, seriam dispensados como pupilos pelo "mestre" em Viena posteriormente.

O ambiente acadêmico filosófico britânico, por sua vez, sempre afeito a ritos e tradições multicentenárias, demorou a sentir os efeitos do *linguistic turn*, o qual ficaria de fato nesses primeiros anos posteriores à publicação do *Tractatus* mais restrito a Cambridge. De todo modo, a obra influenciaria, como se verá nos próximos capítulos, a filosofia definitivamente. Por ora, nas primeiras décadas do século XX, o contexto da filosofia britânica se encontrava envolvido em outras polêmicas, as quais evidentemente diziam muito a respeito das discussões propostas por Wittgenstein, só não haviam sido "descobertas" ainda pelos teóricos de então.

Enquanto dentro do contexto específico do *linguistic turn* se travava uma batalha pelo "futuro" legado de Wittgenstein, enquanto o mesmo havia "desistido da filosofia" após resolver "de vez, todos os seus problemas",[43] o estudo dos "clássicos" em Oxford se debatia com outra polêmica que envolvia os filósofos realistas e os contrários a esse posicionamento. Nessa época, havia uma concepção que mais tarde seria definida por

41. EILENBERGER, Wolfram. **Tempo de mágicos**. op. cit., p. 84.
42. *Ibid.*, p. 87.
43. Ibid.

Gadamer como "história efeitual" (*Wirkungsgeschichte*).[44] Muitos desses filósofos "realistas" se posicionavam de maneira semelhante à posição que os membros do Círculo de Viena assumiriam depois, refutando o "idealismo" na filosofia em favor de um conhecimento prático e lógico. Os ideais eram os mesmos: aproximar a filosofia da ciência, alguns a partir de Bacon e Descartes, outros através da lógica, mas a finalidade em suma era distanciá-la da metafísica.

Dessa forma, os realistas se apoiavam na ideia de que o conhecimento filosófico deveria ser aprendido e criticado, à luz dos problemas presentes. Assim, a filosofia se distanciaria, também, da história. A conclusão desses autores é que a história não agregaria questões aos problemas filosóficos. Seriam coisas separadas. Isso faria com que problemas filosóficos se mantivessem "imunes" à história, como por exemplo nas obras que tratam de filosofia política. Em *A República* de Platão se discutiria o mesmo problema que no *Leviatã* de Thomas Hobbes. Ambas seriam obras que abordam o Estado, independentemente do contexto histórico que suscitam.[45]

Um filósofo que se levantou contra essa tendência na filosofia britânica de racionalizar problemas filosóficos ahistoricamente foi R. G. Collingwood, contemporâneo de Wittgenstein, mas professor em Oxford. A sua preocupação central, no entanto, seria com aquilo que ele chama de "reaproximação entre filosofia e história",[46] entes que na sua opinião nunca deveriam ter sido separados, sendo necessário compreender problemas filosóficos historicamente, antes de qualquer intenção de refutá-los. Apesar de uma vida curta, sua obra influenciará muito Quentin Skinner e a Escola de Cambridge no futuro.[47] Nesse sentido, não há como falar de *linguistic turn* na Inglaterra sem o *historical turn* de Collingwood (e posteriormente de Michael Oakeshott, na visão de J. G. A. Pocock),[48] os quais praticamente fundaram os esforços por uma filosofia da história em terras britânicas. Historicidade e linguagem caminharão lado a lado.

---

44. *Cf.* GADAMER, Hans-Georg. **Verdade e Método**: traços fundamentais de uma hermenêutica filosófica. 3. ed. Tradução de Flávio Paulo Meurer. Petrópolis, RJ; Bragança Paulista, SP: Vozes; Editora da Universidade São Francisco, 2004.
45. COLLINGWOOD, R. G. **An Autobiography**. Oxford: Oxford University Press, 1939. p. 61-62.
46. "Rapprochement between philosophy and history" *Ibid.*, p. 77..
47. Quentin Skinner reconhece a dívida para com Collingwood em SKINNER, Quentin. The Rise of, Challenge to, and Prospects for a Collingwoodian Approach to the History of Political Thought. In: CASTILGIONE, D.; HAMPSHER-MONK, I. (ed.). **The History of Political Thought in National Context**. Cambridge: Cambridge University Press, 2001. p. 175-188.
48. BROWNING, Gary. **A History of Modern Political Thought**: The Question of Interpretation. Oxford: Oxford University Press, 2016. p. 51-57.

2.2. COLLINGWOOD E A FILOSOFIA DA (SUA PRÓPRIA) HISTÓRIA

Robin George Collingwood (1889-1943) é um filósofo britânico que participou mais silenciosamente dessa "revolução copernicana" do início do século XX, muito por conta de ser conhecido por sua associação ao idealismo britânico,[49] mas sua influência foi sentida já nas décadas contemporâneas à publicação de suas obras e posteriores a sua morte, que veio muito cedo, quando contava com apenas 53 anos.

Justamente por ter uma saúde frágil, e por isso ter flertado com o fim da vida inúmeras vezes, Collingwood aproveitou tais momentos o máximo que podia para deixar sua contribuição. O maior exemplo disso por ter sido sua autobiografia, publicada em 1939, que foi escrita às pressas justamente com o intuito de expor suas principais ideias a tempo em um momento de instabilidade de sua saúde.

A proposta pela qual Collingwood é mais conhecido é seu *rapprochement* entre filosofia e história.[50] Essa intenção teórica demonstra as consequências do *linguistic turn*, o arquétipo daquele momento e como o filosofar "convencional" da época, subjetivista e racionalista, já encontrava seus desafiadores. Collingwood trilhou um caminho similar ao de outros filósofos mais associados ao *linguistic turn*, apenas o fez por outros termos, desafiando os realistas de Oxford e posteriormente os próprios analíticos.[51]

A própria condição que o fez articular suas teorias dentro de um exercício autobiográfico já demonstra a sua particularidade, que atraiu muitos olhares de jovens filósofos posteriormente.[52] Collingwood era de fato um jovem interessado em história, que acabou encontrando a filosofia como ofício, mas tinha a arqueologia como *hobbie*. O seu interesse pessoal pela arqueologia transparecia algo central em seu pensamento: a ideia de que não haveria uma separação entre teoria e prática, assim

49. Collingwood rejeitava ele mesmo o rótulo, evidência obtida em correspondência sua com o filósofo Gilbert Ryle. D'ORO, Giuseppina; CONNELY, James. Robin George Collingwood. In: ZALTA, Edward N. (ed.). **The Stanford Encyclopedia of Philosophy**. Disponível em: https://plato.stanford.edu/archives/win2020/entries/collingwood/. Acesso em 21 abr. 2023 (Winter 2020 Edition).

50. Além de ser conhecido por seu trabalho precursor na Inglaterra sobre filosofia da história, Collingwood é um filósofo cuja obra se estendeu por inúmeras áreas, compreendendo metafísica, metafilosofia, estética e arqueologia.

51. D'ORO, Giuseppina; CONNELY, James. Robin George Collingwood., *op. cit.*

52. *Cf.* TWINING, William. R. G. Collingwood's Autobiography: One Reader's Response. **Journal of Law and Society**, v. 25, n. 4, p. 603-620, dez. 1998.

como a filosofia e a história. Para Collingwood, sua ideia de história era prática, e isso pode ser levado em consideração graças ao seu *hobbie* de arqueólogo; já a filosofia era seu ofício. Mas uma coisa não poderia estar apartada da outra.[53]

Esse conflito entre suas diferentes personas é exposto na autobiografia. Sua visão ética dependia inclusive do reconhecimento de que uma reconstrução filosófica moral restaria incompleta tão logo seus hábitos fossem baseados na divisão vulgar entre homens pensadores e homens de ação. Collingwood lidava com tal conflito interno da seguinte maneira: para ele, haveria diferentes "versões" suas: havia um primeiro Collingwood, que sabia que a divisão entre teoria e prática era falsa, sendo mutuamente dependentes, e que ambas sofreriam igualmente se fossem separadas como competências específicas em diferentes disciplinas; havia um segundo Collingwood, que nos seus "hábitos diários" naturalmente separava o "pensador profissional", separado pelos portões universitários das questões da vida prática. Mas haveria ainda um terceiro Collingwood, o "homem de ação", cujos sonhos e vocações (como a de arqueólogo) afetavam e "tornavam cristalina" sua filosofia.

Seus hábitos e sua filosofia, então, pareciam estar em constante conflito. Collingwood lamenta que "vivia como se não acreditasse na sua própria filosofia e que filosofava como se não fosse o pensador profissional que era."[54] Isso só releva o grau de comprometimento ético entre uma vida bem vivida e sua coerência com o seu próprio pensamento filosófico. Essa coerência é chave no pensamento *collingwoodiano*, pois foi o que levou sua obra a uma oposição ao movimento "realista" que havia na filosofia de Oxford, sua *alma mater*.[55]

Os realistas eram encarados por Collingwood como a corrente "majoritária" na filosofia em Oxford no período.[56] Na sua autobiografia ele cita que seus desacordos com essa visão cética, que reduzia a filo-

---

53. COLLINGWOOD, R. G. **An Autobiography**. *op. cit.*, p. 143.

54. "There was a first R. G. C. who knew in his philosophy that the division was false, and that 'theory' and 'practice', being mutually dependent, must both alike suffer frustration if segregated into the specialized functions of different classes. There was a second R. G. C. who in the habits of his daily life behaved as if it had been sound; living as a professional thinker whose college gate symbolized his aloofness form the affairs of practical life. My philosophy and my habits were thus in conflict; I lived as if I disbelieved my own philosophy, and philosophized as if I had not been the professional thinker that in fact I was. (...) [T]here was a third R. G. C. [...] was a man of action, or rather he was something in which the difference between thinker and man of action disappeared." *Ibid.*, p. 150-152.

55. *Ibid.*, p. 44-52.

56. *Cf.* KRISHNAN, Nikhil. **A Terribly Serious Adventure**: Philosophy at Oxford (1900-60). London: Profile Books, 2023. p. 124-127.

sofia a "resolver problemas e provar se determinados filósofos estavam certos ou errados" começaram cedo, quando ainda não havia se tornado professor. Além disso, para ele, a filosofia analítica seria apenas "a mais recente manifestação de uma velha tendência cética da filosofia", que agora estaria sendo "extendida às aspirações da própria filosofia"[57] como um todo. Collingwood, contudo, não achava produtivo polemizar com tais autores, muitos deles mais experientes que ele próprio. Decidiu, então, ele mesmo, ao iniciar sua carreira docente, implementar uma práxis com seus alunos a fim de compreender o texto a partir do problema que o autor em questão estava querendo resolver.[58]

Com efeito, Collingwood procurava demonstrar uma metodologia historiográfica própria que se aproximava do que viria a ser construído posteriormente pelo seu *rapprochement* entre filosofia e história, a qual ele denominava de "perguntas e respostas".[59] Para ele, um historiador não pode afirmar o que uma proposição significa a menos que saiba qual pergunta quer responder: "você errará seu significado se errar a pergunta." Cada pergunta, para Collingwood, "tem de emergir (...). Cada resposta deve ser a resposta 'correta' para a pergunta que afirma responder."[60]

Essa atenção para com a possibilidade de interpretações corretas da história pode ter sido o que fez com que muitos o associassem a um certo "idealismo britânico". Mas o que se evidencia mesmo da leitura de suas memórias é muito mais uma dissidência com os realistas do que de fato uma adesão a qualquer tipo de idealismo. No sexto capítulo de sua autobiografia, "The Decay of Realism", isso se mostra claro. Collingwood critica o movimento que pretende a "extrusão da ética do corpo da filosofia",[61] notando que mesmo em Cambridge, com Bertrand Russell, essa tendência parecia estar dominando o campo.

57. "He [Collingwood] saw analysis as the most recent manifestation of an old sceptical tendency in philosophy, now being extended to the aspirations of philosophy itself." *Ibid.*, p. 125. Ver, também, COLLINGWOOD, R. G. **An Essay on Philosophical Method**. Oxford: Clarendon Press, 2005 [1933].

58. "What I wanted was to train my audience in the scholarly approach to a philosophical text, leaving on one side, as sufficiently provided by other teacher, the further business of criticizing its doctrine." *Ibid.*, p. 27.

59. "Question and answer." *Ibid.*, p. 29-43. Essa lógica irá reaparecer como um tópico específico em *Verdade e Método*, de Gadamer, décadas depois, atestando a influência collingwoodiana.

60. "Each question had to 'arise'; there must be that about it whose absence we condemn when we refuse to answer a question on the ground that it 'doesn't arise'. Each answer must be 'the right' answer to the question it professes to answer." *Ibid.*, p. 37.

61. "And Bertrand Russell at Cambridge proposed in the same spirit ["mesmo espírito" que os realistas de Oxford], and on grounds whose difference was only superficial, the extrusion of ethics from the body of philosophy." *Ibid.*, p. 47.

Em uma de suas críticas mais duras, Collingwood chega a afirmar que os realistas estariam, pouco a pouco, destruindo tudo que havia sido produzido em matéria de doutrina positiva (normativa) até então. Esse problema se tornava, para ele, especialmente problemático em relação à teoria política, pois os realistas, ao seu ver, estariam "revivendo velhos ataques positivistas à metafísica", deixando um legado de "preconceito geral à filosofia como tal". Collingwood não esconde sua crítica aos maiores "herdeiros" desse legado realista. Ele está falando de Bertrand Russell e A. N. Whitehead, que estariam, nas palavras do rival, "criando castelos de cartas a partir de um monte de mentiras". Para Collingwood, "a filosofia a partir da lógica proposicional"[62] propagada por Russell, Whitehead e Moore estaria relacionada ao realismo de Oxford, o que seria um mau sinal, tendo em vista o ceticismo e a negação de qualquer normatividade.

Collingwood admite que os realistas, de fato, são orgulhosos, pois acreditam ter transformado as escolas de filosofia do lugar comum da "oratória, que envolvia a velha e a má teoria de que a filosofia moral é ensinada com a ideia de fazer dos pupilos homens melhores". O ceticismo dos realistas — que nesse ponto acompanha as intenções do Circulo de Viena — é visto como "leviana", pois tornaria a filosofia "tão científica que ninguém cuja vida não fosse totalmente dedicada à pesquisa poderia apreciar."[63]

Para concluir, pode-se dizer que Collingwood apreciava a filosofia vivida, não distinguindo a prática da teoria. Para ele, uma filosofia que não fosse interessante e útil ao dia a dia não teria aplicabilidade. Percebe-se, portanto, como o filósofo já esboçava os fundamentos de muitos dos argumentos que viriam a ser protagonizados por filósofos do *linguistic turn*. O ápice de sua obra, cujo produto final foi a publicação póstuma de *The Idea of History*,[64] em 1946, organizada por um de seus diletos alunos, T. M. Knox, que posteriormente viria a se tornar ele próprio um conhecido professor.

62. "[P]ropositional logic [...] has left not only a heritage of general prejudice against philosophy as such, but a partial heir. Its propositional logic, as worked out by Bertrand Russell and A. N. Whitehead. has inspired a school of thought which is continuing the good work of jettisoning whatever can be recognized as positive doctrine by reviving the old positivist attack on metaphysics." *Ibid.*, p. 52.

63. "[...] oratory which was involved in the bad old theory that moral philosophy is taught with a view to making pupils better man. [...]; a philosophy so scientific that no one whose life was not a life of pure research could appreciate it." *Ibid.*, p. 51.

64. *Cf.* COLLINGWOOD, R. G. **The Idea of History**. Oxford: Clarendon Press, 1946.

A proposta elaborada em *The Idea of History* é uma expansão do que já havia sido elaborado previamente por Collingwood em sua autobiografia. Trata-se da tese de haver uma necessidade de uma transição da história da filosofia para a filosofia da história. Isso permitiria tratar a história racionalmente, isto é, filosoficamente, como uma ciência. Mas ele não iguala a ciência histórica às ciências naturais. O ofício do historiador seria, na sua visão, "recuperar o pensamento" (*reenactment*), mas isso envolveria "interpretação de evidência". Por isso, em Collingwood, "toda a história é história do pensamento", pois o autor leva em conta o pensamento interpretado e o pensamento do próprio historiador. O que diferencia Collingwood de autores realistas é que ele acreditava que esse processo poderia ser conduzido racionalmente, conferindo à interpretação certo grau de objetividade. O valor moral do estudo histórico residiria "na capacidade de mostrar como atores [históricos] lidam com situações únicas que são 'distintas de' e 'insuscetíveis a' regras gerais."[65]

Num dos ensaios presentes em *The Idea of History*, "History as Re-enactment of Past Experience", Collingwood sublinha que a interpretação é o fator que diferencia a compreensão de fenômenos históricos e fenômenos naturais. O conhecimento histórico consiste em repensar o que o agente estudado planejava "fazer e pensar em situações passadas à luz de uma avaliação crítica das evidências disponíveis".[66]

Assim, o pensamento em Collingwood é elemento central para compreender porque um historiador pode interpretar a história racionalmente. Ele defende que a noção de "verdade histórica pressupõe que o mesmo pensamento pode ser repensado em diferentes ocasiões", apesar de haver diferenças envolvidas nesse ato de repensar, "nas quais circunstâncias contextuais do presente asseguram que um pensamento recuperado do passado forma diferentes repertórios de pensamentos mantidos por historiadores".[67]

---

65. "The moral value of the study of history resides precisely in its capacity to show how actors deal with unique situations that are distinct from and insusceptible to general rules." BROWNING, Gary. **A History of Modern Political Thought**. *op. cit.*, p. 48.

66. "Historical understanding consists in the interpretation of past thought and action by rethinking what agents aimed to do and to think in past situations in the light of the critical evaluation of the available evidence." *Ibid.*, p. 53. *Cf.*, também, COLLINGWOOD, R. G. **The Idea of History**. *op. cit.*, p. 282-302.

67. "[...] historical truth assumes that the same thought can be rethought on different occasions, though there is a difference as well as sameness involved in its rethinking, in the contextual circumstances of the present ensure that a recovered past thought forms part of a different repertoire of thoughts that are maintained by the historian". BROWNING, Gary. **A History of Modern Political Thought**. *op. cit.*, p. 54.

Tanto a negação do ceticismo quanto a sua noção normativa, clamam pela relevância de Collingwood para a reviravolta vivenciada na filosofia. Em um momento de negação da metafísica pelos logicistas e realistas, que afirmavam não haver uma conexão entre filosofia e história, Collingwood argumentava que a história não poderia ser vista como um "mero instrumento" à disposição do filósofo, sendo a história da filosofia um conjunto de anedotas sobre os filósofos a serem estudados. A isso ele chamava de "*scissors-and-paste history*",[68] prática que deveria ser abandonada por qualquer estudioso que levasse a filosofia ou a história a sério.

Quando assume a história como condição de possibilidade, Collingwood indiretamente se aproximava de outro filósofo que estava prestes a encontrar um "novo caminho" para sua teoria, se afastando da lógica propositiva do antigo mestre Russell e agora dos "pupilos" renegados em Viena. Trata-se de Wittgenstein, que nessa nova fase irá "consumar" o *linguistic turn* a partir de uma pragmática analítica, distante das intenções originais de "resolver todos os problemas da filosofia". Sua proposta genuína era "aceitar" a linguagem como "condição de possibilidade para a constituição do conhecimento enquanto tal",[69] da qual todos comungamos, como jogadores ao redor de um tabuleiro.

2.3. WITTGENSTEIN DE VOLTA A CAMBRIDGE E O SEGUNDO MOMENTO EM SUA FILOSOFIA

Wittgenstein retornou a Cambridge no dia 18 de janeiro de 1929, depois de uma série de reviravoltas pessoais fazerem com que ele percebesse que aquela era, discutivelmente, sua única opção como filósofo, ainda que ele detestasse o ambiente acadêmico.[70]

Algumas figuras acadêmicas, contudo, tiveram o privilégio de fugir à regra. Uma delas era a de Frank Ramsey (1903-1930), um dos tradutores para o inglês do *Tractatus*, que acabou se tornando amigo de Wittgenstein. Às discussões com Ramsey, Wittgenstein atribuiu uma ajuda "em um grau em que eu mal posso estimar" para que ele pudesse notar os "erros" teóricos cometidos no *Tractatus*. Tais erros, segundo Monk,[71]

68. COLLINGWOOD, R. G. **An Autobiography**. *op. cit.*, p. 106; 114; 116. A expressão scissors-and-paste history é de difícil tradução, mas podemos livremente traduzi-la por "história 'copie e cole'".

69. OLIVEIRA, Manfredo Araújo de. Reviravolta lingüistico-pragmática na filosofia contemporânea. *op. cit.*, p. 128.

70. *Cf.* os detalhes da opinião de Wittgenstein sobre a academia em MONK, Ray. **Wittgenstein**. *op. cit.*

71. *Ibid.*, p. 273-274.

dariam início aos desenvolvimentos tardios da filosofia de Wittgenstein, culminando na redação de sua segunda grande obra, *Investigações Filosóficas*, que por sua vez só seria publicada postumamente.

Apesar de estar de volta a Cambridge, Wittgenstein fazia questão de não manter contato com figuras acadêmicas famosas. No entanto, se houve uma segunda exceção além de Ramsey, foi sem dúvida a do economista italiano marxista Piero Sraffa. Refugiado do regime de Mussolini por ser membro do Partido Comunista, Sraffa se tornou para Wittgenstein um interlocutor inusitado, mas não menos importante. No prefácio das *Investigações*, Wittgenstein chega a admitir que estava em dívida com Sraffa pelas críticas que geraram o estímulo para a escrita do livro.[72]

A reviravolta teórica vivida por Wittgenstein pode ser mais facilmente ilustrada a partir dos diálogos entre ele e Sraffa. Em um momento em que Wittgenstein ainda estava crente em seus pressupostos lógicos do *Tractatus*, como a tese de que uma proposição e o que ela a descreve deveria ter a mesma "forma lógica" ou gramatical, Sraffa, fazendo o gesto tipicamente italiano de coçar o queixo com a ponta dos dedos, perguntou: "qual é a forma lógica disso?"[73] A partir desse diálogo, para Wittgenstein, foi se desconstruindo a ideia que ele havia desenvolvido antes de que "uma proposição deve ser uma descrição da realidade que prescreve." Sua filosofia estava mudando.

Uma possível interpretação da filosofia do "segundo Wittgenstein" é, justamente, a sua "abordagem antropológica". Nas *Investigações* ele "enfatiza a importância do 'fluxo da vida' que dá aos discursos linguísticos seu significado."[74] A cotidianidade, as atividades e o modo de vida das comunidades dão significado na e pela linguagem. Compreender esse significado é, então, compreender a forma como certa comunidade *joga* com a linguagem. Surge, então, um dos principais termos desse seu novo momento filosófico: os jogos de linguagem.[75]

---

72. WITTGENSTEN, Ludwig. **Philosophical Investigations**. 3. ed., com index. Traduzido por G. E. M. Ascombe. Oxford: Basil Blackwell, 1967. p. viii.

73. "What is the logical form of that?" MONK, Ray. **Wittgenstein**. *op. cit.*, p. 260.

74. "[...] emphasizes the importance of the 'stream of life' which gives linguistic utterances their meaning: a 'language game' cannot be described without mentioning their activities and the way of life of the 'tribe' that plays it." *Ibid.*, p. 261.

75. *Ibid.*, p. 364-365.

Na contramão do que se ventilava na filosofia do início do século XX, Wittgenstein caminhava para afirmar que a filosofia não poderia nunca ser uma ciência, justamente porque nela não há nada para ser descoberto. Isso seria, para ele, penetrar para além da mística da filosofia. Compreender a filosofia a partir da cotidianidade e indeterminabilidade linguística seria, nesse novo momento, essencial. Respondendo aos "discípulos sem mestre" Waismann e Schlick, ele afirma que a "atividade" é anterior às regras e à teoria [lógicas]. "Isso vale tanto para a linguagem e a matemática quanto para a ética, a estética e a religião: '[d]esde que eu possa jogar o jogo, eu posso jogá-lo, e está tudo bem."[76] Daí por que Manfredo de Oliveira e outros autores chamam essa segunda fase de Wittgenstein de "pragmática analítica".

A virada estava, portanto, posta. Se na primeira vinda de Wittgenstein a Cambridge o que mais o entusiasmou eram as descobertas de Russell sobre as contradições da lógica de Gottlob Frege, agora ele queria declarar essas contradições como sendo triviais; declarar que, uma vez que a neblina some, "se percebe que o verdadeiro problema não eram as contradições em si, mas a visão imperfeita que fez com que elas parecessem dilemas interessantes e importantes."[77]

Uma das chaves centrais de leitura para a compreensão do pensamento wittgensteiniano é sua "recusa total"[78] em apresentar conclusões gerais. Mesmo para o leitor de filosofia iniciado, isso não é trivial. Estamos acostumados com a leitura de filósofos que defendem uma tese, tentam nos persuadir de que essa tese está certa. Wittgenstein não está preocupado em provar um ponto, mas sim em justificar que "provar pontos" é algo inócuo quando se trata de filosofia: "o que estamos destruindo é nada menos que castelos de cartas, estamos limpando o chão da linguagem no qual eles estão."[79]

Outra forma de definir a diferença entre o Wittgenstein do *Tractatus* e o Wittgenstein das *Investigações* e outras obras posteriores é definida por Monk como a presença de um "solipsismo ao qual ele estava anteriormente

76. "As long as I can play the game, I can play it, and everything is all right." *Ibid.*, p. 306.

77. "He now wanted to declare such contradictions trivial, to declare that, once the fog had cleared and these sorts of problems had lost their nimbus, it could be seen that the real problem was not the contradictions themselves, but the imperfect vision that made them look like important and interesting dilemmas." *Ibid.*

78. "[...] complete refusal [...]" *Ibid.*, p. 338.

79. "What we are destroying is nothing but houses of cards and we are clearing up the ground of language on which they stand." WITTGENSTEN, Ludwig. **Philosophical Investigations**. *op. cit.*, p. 48 (§118).

atraído e sua obra tardia se mostra contra".[80] Wittgenstein utiliza nas *Investigações* uma série de aforismos para ilustrar sua nova abordagem. Um dos mais famosos seria qual o objetivo do seu trabalho. Segundo ele, a sua filosofia era uma tentativa de "tirar a mosca da garrafa".[81]

Mas as razões para a virada de Wittgenstein não se explicam apenas na prosa das *Investigações* e demais obras de seu período tardio. Para compreender sua história intelectual também precisamos de um olhar atento para o contexto de sua vida. Monk nos socorre neste caso, afirmando que o solipsismo da primeira fase de sua obra tem um paralelo com o solipsismo com que conduzia suas próprias relações amorosas.

Wittgenstein foi um homem que sempre batalhou arduamente com a depressão em vida. Isso se deu, em partes, por um processo intenso de negação de aspectos da sua sexualidade e um senso de dever muito intenso. Seria ingênuo interpretar Wittgenstein como alguém que não tinha um senso moral rigoroso. Por mais que filosoficamente (em especial em seu primeiro momento) ele criticasse os "conceitos" e "problemas irrelevantes" nos quais os filósofos se debruçavam em vão, sua vida pessoal se constituía como a de uma pessoa que tinha um cuidado muito grande com a coerência e com o dever de "viver uma vida de trabalho honesto". Esse senso de dever fez com que o mesmo abdicasse de sua herança e deplorasse o "ambiente acadêmico" como "arrogante e raso", mas também fazia com que reprimisse os relacionamentos homossexuais que teve durante sua vida afetiva.[82]

Wittgenstein teve alguns companheiros em vida, mas quase sempre os tratou como "amigos", mesmo intimamente, em suas cartas e diários pessoais, com o adendo de sempre se afastar desses relacionamentos após um período de amor intenso, mas contido. Seu contato tardio com a religião não pode ser ignorado como um fator importante nessa reprimenda. Monk chega a afirmar que, ao fim da vida, a filosofia de Wittgenstein seria uma "reconciliação com Deus", entendendo que o "segundo Wittgenstein", ao privilegiar o trivial e o comum da cotidianidade, como nos jogos de linguagem, demonstra sua faceta mais enigmática: o que ele não poderia entender, poderia pertencer ao campo religioso. Essa

80. "The philosophical solipsism to which he had at one time been attracted, and against which much of his later work is addressed [...], has its parallel in the emotional solipsism in which his romantic attachments were conducted". MONK, Ray. **Wittgenstein**. *op. cit.*, p. 428.

81. "To show the fly the way out of the fly-bottle." *Ibid.*, p. 477-478.

82. *Ibid.*, passim.

transparência intelectual, ainda que rara, é admitida por Wittgenstein quando ele diz: "[e]u não sou um homem religioso, mas eu não consigo ver qualquer problema sem que seja sob um ponto de vista religioso."[83]

Outro aspecto pessoal apontado por Wittgenstein sobre a mudança no seu filosofar pode ser visto como algo curiosamente subjetivo. Em uma conversa com um dos seus colabores e amigos mais próximos, Rush Rhees, Wittgenstein admite que "conseguia se sentir verdadeiramente ativo só quando mudava alguma posição filosófica e desenvolvia algo novo."[84] Mas, como exemplo disso, Wittgenstein ofereceu nessa conversa outra bela ilustração de sua filosofia: a diferença entre proposições "gramaticais" e "materiais". Antes, ele acreditava que a distinção entre ambas as proposições deveria ser "fixa". Depois, passou a crer na fluidez dos dois tipos de proposição. Para ele, quando Sigmund Freud (1856-1939) conceituou o "inconsciente" ele não o descobriu. Na verdade, ele o *nomeou*, introduzindo termos como "pensamentos inconscientes" e "motivos inconscientes"[85] na gramática psicológica.

Ao sublinhar a fluidez da distinção entre proposições gramaticais e materiais, Wittgenstein chama a atenção para o fato de que conceituações — e as regras que as estabelecem — não são fixas por qualquer regra ou forma lógica (como ele havia afirmado no *Tractatus*), na verdade elas são ligadas a um costume, uma *prática*. Esse raciocínio nos ajuda a compreender o argumento contra qualquer tipo de linguagem privada, pois o conceito que se manifesta e "sobrevive" no uso da linguagem, sobrevive, pois está assentado na prática. É, portanto, público. O ponto de referência de Wittgenstein "deixa de ser a linguagem ideal [lógica] para se tornar a *situação* na qual o homem *usa* sua linguagem";[86] se dá nos infinitos jogos realizados por essa prática cotidiana, e é uma linguagem pública. A tradição poder ter na linguagem uma concepção subjetivista e individualista (privada), mas seu uso é intersubjetivo.[87]

---

83. "I am not a religious man but I cannot help seeing every problem from a religious point of view." RHEES, Rush. (ed.). **Recollections of Wittgenstein**. Oxford: Oxford University Press, p. 79.

84. "[...] he could feel really active only when he changed his philosophical position and went to develop something new." MONK, Ray. **Wittgenstein**. *op. cit.*, p. 414.

85. "[...] Freud did not discover the unconscious; rather, he introduced terms like 'unconscious thoughts' and 'unconscious motives' into our grammar of psychological descriptions." *Ibid.*, p. 438.

86. OLIVEIRA, Manfredo Araújo de. Reviravolta lingüistico-pragmática na filosofia contemporânea. *op. cit.*, p. 132.

87. *Cf.* WITTGENSTEN, Ludwig. **Philosophical Investigations**. *op. cit.*, p. 80 (§§198, 199).

A partir dessas inferências que se retiram as ideias mais influentes do segundo Wittgenstein para a filosofia contemporânea — e para a Escola de Cambridge, como veremos adiante. As afirmações de Wittgenstein se mostram mais como advertências do que conclusões: "A filosofia não deve, de modo algum, tocar no uso efetivo da linguagem; em último caso, pode apenas descrevê-lo"; "A filosofia simplesmente coloca as coisas, não elucida nada e não conclui nada. — Como tudo fica em aberto, não há nada para elucidar. Pois o que está oculto não nos interessa. Pode-se chamar também de 'filosofia' o que é possível *antes* de todas as novas descobertas e invenções."[88]

Em suma, o "novo" Wittgenstein não separa a linguagem da práxis. Pelo contrário, nos alerta para qualquer tentativa de lidarmos com a linguagem como um objeto. Wittgenstein, por exemplo, se recusa a dar uma definição do que seja um jogo de linguagem, "pois, do contrário, estaria incorrendo em essencialismo", o que contradiria sua "intenção básica de eliminar o sentido metafísico dado às palavras", retornando à cotidianidade. Aqui também se afasta de qualquer corrente filosófica que tente se aproximar das "ciências naturais", caso do logicismo, do empirismo lógico, ou mesmo do *behaviorismo*. Enquanto este último vê a linguagem como um "fenômeno natural", categorizando a linguagem como um sentido de estímulo-resposta, Wittgenstein interpreta a linguagem como um "fenômeno histórico, fruto da liberdade criativa do homem."[89]

Esse rompimento com suas bases de formação não veio sem rusgas. Enquanto desfrutava de um grande prestígio entre os estudantes mais novos de Cambridge (prestígio do qual sempre tratou com verdadeira indiferença), Wittgenstein passou a atrair olhares críticos (e alguns diriam, invejosos) dos seus antigos companheiros. Entre eles, evidentemente, se destaca Russell.[90]

---

88. "Philosophy may in no way interfere with the actual use of language; it can in the end only describe it. For it cannot give it any foundation either. It leaves everything as it is. It also leaves mathematics as it is, and no mathematical discovery can advance it. A "leading problem of mathematical logic" is for us a problem of mathematics like any other. [...] Philosophy simply puts everything before us, and neither explains nor deduces anything. —Since everything lies open to view there is nothing to explain. For what is hidden, for example, is of no interest to us. One might also give the name 'philosophy' to what is possible before all new discoveries and inventions." *Ibid.*, p. 49-50 (§§124, 126). Grifo do autor. Tradução de José Carlos Bruni in WITTGENSTEIN, Ludwig. **Investigações filosóficas**. Tradução de José Carlos Bruni. São Paulo: Victor Civita, 2000. (Os Pensadores). p. 67.
89. OLIVEIRA, Manfredo Araújo de. Reviravolta lingüistico-pragmática na filosofia contemporânea. *op. cit.*, p. 142-143.
90. MONK, Ray. **Wittgenstein**. *op. cit.*, p. 472.

Mas o fato é que esse momento de virada na filosofia britânica foi peculiar em inúmeros aspectos. Muito embora houvesse prestígio, Wittgenstein continuou contando com contestadores. A rivalidade entre a tradição de Oxford e a irreverência "sem causa" de Wittgenstein nunca se materializou, mas, de alguma forma, sempre esteve lá.[91] Com o tempo, notou-se a dificuldade dos contemporâneos — mesmo aqueles que admiravam a sua obra — em recepcionar um trabalho tão incomum, como é o caso das *Investigações*. O preconceito apontado por Manfredo Araújo de Oliveira como "essencialismo ocidental"[92] (paradigma metafísico clássico ou moderno, para Ernildo Stein) parecia fatal para o "método" de filosofar de Wittgenstein. A superação desse preconceito estaria, nas palavras do próprio Wittgenstein, na "superação da metafísica", da teoria da significação.

Os filósofos de então não pareciam dispostos a abandonar o "idealismo" pela linguagem por completo, ao menos não no sentido proposto por Wittgenstein no *Tractatus*. Mesmo entre o logicismo de Cambridge, ao qual Wittgenstein se opôs na sua filosofia tardia, e o realismo de Oxford, o qual Collingwood se opunha, há uma separação cronológica que pode considerada como desastrosa.[93] Na mesma *alma mater*, onde a tradição e os estudos dos clássicos se opunham à irreverência que reinava em Cambridge com os discípulos de Wittgenstein, nascia uma escola que não se preocupou tanto com essa rivalidade e se aproveitou dos caminhos abertos por Wittgenstein pela superação da semântica tradicional.

Wittgenstein abriu uma "perspectiva nova de trabalho" nas *Investigações*, atribuindo à linguagem um caráter de condição de possibilidade. Mas elas, as palavras, continuavam ali. Após revelar o novo "critério de sentido", o uso da linguagem, um professor de Oxford fez uma nova pergunta que esperou "dois mil e quinhentos anos"[94] para ser feita: o que

91. *Ibid.*, p. 496-497.

92. OLIVEIRA, Manfredo Araújo de. Reviravolta lingüistico-pragmática na filosofia contemporânea. *op. cit.*, p. 146.

93. Ray Monk chega a especular que se Collingwood e Wittgenstein tivessem tido um contato um pouco substancial em vida, talvez tivessem achado muitas convergências em seus pensamentos. *Cf.* MONK, Ray. How the untimely death of RG Collingwood changed the course of philosophy forever. **Prospect**, Londres, 5 set. 2019. Disponível em: https://www.prospectmagazine.co.uk/ideas/philosophy/39183/how-the-untimely-death-of-rg-collingwood-changed-the-course-of-philosophy-forever. Acesso em: 21 abr. 2023. Monk também afirma que Wittgenstein, equivocadamente, acreditava que Collingwood não apreciava sua obra, fato que o preocupou pelo fato de Collingwood ter sido apontado como um dos examinadores do processo de seleção para a cátedra de Professor de Filosofia em Cambridge. Wittgenstein foi unanimemente eleito professor em 1939. *Cf.* MONK, Ray. **Wittgenstein**. *op. cit.*., p. 414.

94. OLIVEIRA, Manfredo Araújo de. Reviravolta lingüistico-pragmática na filosofia contemporânea. *op. cit.*, p. 149; 152.

pode ser feito com as palavras? O filósofo se chamava John Langshaw Austin e sua teoria ficou conhecida como *Atos de fala*, dando continuidade aos caminhos da pragmática e da analítica de Wittgenstein a partir da filosofia da linguagem ordinária.

2.4. PARA ALÉM DA INDETERMINABILIDADE: AUSTIN, A LINGUAGEM ORDINÁRIA E OS ATOS DE FALA

John Langshaw Austin (1911-1960) foi professor de Filosofia Moral na Universidade de Oxford e, como havíamos dito, fez parte de uma linhagem filosófica bastante tradicional, tendo estudado "Classics" na *alma mater*, recebendo o grau máximo (*First*) em clássicos e filosofia. Em 1933, após sua graduação, recebe uma bolsa de estudos na All Souls College e em 1935 alcança seu primeiro posto de tutor e professor no prestigioso Magdalen College.[95]

Austin teve forte influência de seu meio. Seus primeiros interesses de estudo foram autores clássicos, como Platão, Aristóteles, Leibniz e Kant. Já entre suas influências mais recentes, figuravam nomes conhecidos como G. E. Moore (logicista que colaborou com Wittgenstein), mas principalmente Cook Wilson e H. A. Prichard. Por conta de sua filiação e identificação com esses dois últimos, parte da filosofia de Austin é enquadrada naquilo que já foi mencionado na seção sobre Collingwood acima: trata-se do realismo de Oxford.

Apesar de rótulos filosóficos serem questionáveis na filosofia — ainda mais em um período confuso como as primeiras décadas do século XX —, isso até pode fazer certo sentido no que se refere ao tema da linguagem e da verdade, um dos assuntos trabalhados por Austin.[96] Agora, quando se trata de seu desenvolvimento filosófico mais inovador, a teoria dos atos de fala, devido a sua relevância, torna o rótulo "realista" no mínimo inadequado para Austin. Isso porque a teoria dos atos de fala é vista, com Manfredo Araújo de Oliveira, como uma "continuação"[97] da reviravolta linguístico-pragmática na filosofia pela linguagem, que a torna difícil de ser assimilada à luz de qualquer realismo. Dessa forma,

---

95. *Cf.* LONGWORTH, Guy. John Langshaw Austin. In: ZALTA, Edward N.; NODELMAN, Uri. (ed.). **The Stanford Encyclopedia of Philosophy**. Disponível em: https://plato.stanford.edu/archives/sum2023/entries/austin-jl/. Acesso em: 23 abr. 2023.
96. Ibid.
97. OLIVEIRA, Manfredo Araújo de. Reviravolta lingüistico-pragmática na filosofia contemporânea. *op. cit.*, p. 136.

torna-se contraditório enquadrar Austin como um realista ao lado de Cook Wilson, quando se leva em consideração aproximações que podem ser feitas do segundo Wittgenstein com a filosofia de Collingwood,[98] este último sendo um crítico.

Uma etiqueta um pouco mais adequada talvez fosse considerá-lo como filósofo da linguagem ordinária, ao lado de Wittgenstein e Gilbert Ryle (1900-1976). Embora um alerta nos seja dado por Guy Longworth: esse agrupamento também é impreciso e "não parece claro"[99] qual seja seu objetivo. Alguém poderia, nesse caso, inferir que esse trabalho de categorização dos filósofos, incluindo-os em determinadas tradições, diz mais sobre quem os faz do que propriamente dos filósofos e das obras estudadas pelos mesmos.[100]

As evidências teóricas demonstram que Austin não era mesmo um filósofo fácil de se rotular. Há na sua obra indícios de influências dos realistas de Oxford e um forte apreço pelos clássicos. Outro ponto que torna qualquer classificação de sua obra controversa é o fato de Austin ter publicado poucas obras em vida. Um fator que pode ter contribuído para essa carência de publicações foi que ele exerceu ao longo de sua vida uma série de atividades fora da academia. Um exemplo foi o serviço militar junto à inteligência britânica, durante a Segunda Guerra Mundial, pelo qual foi condecorado com três distinções dos países vitoriosos, a ele atribuídas pelos méritos de seus serviços de inteligências para a campanha vitoriosa dos Aliados no Dia D.[101]

Após a Guerra (e indubitavelmente também por conta de seu prestígio adquirido nela), foi nomeado para a cátedra White de Filosofia Moral na Universidade Oxford, onde também assumiu cargo de membro do conselho da Editora da Universidade — *Oxford University Press* — como tesoureiro.[102] Além disso, tomou posse como presidente da *Aristotelian Society* no biênio de 1956-7, tendo exercido outras atividades administrativas em Oxford.[103]

---

98. *Cf.* nota 88, supra.
99. LONGWORTH, Guy. John Langshaw Austin. *op. cit.*
100. Esse ponto será articulado com mais detalhes quando estudarmos os argumentos de Quentin Skinner, especialmente no artigo Meaning and Understanding in the History of Ideas.
101. FANN, K. T. (ed.). **Symposium on J. L. Austin**. Londres: Routledge & Keegan Paul, 1963. p. 9.
102. "Chairman of the Finance Committee." LONGWORTH, Guy. John Langshaw Austin. *op. cit.*
103. Ibid.

Suas atividades fora da academia até podem explicar sua baixa produção bibliográfica, mas esse período não pode ser ignorado, pois ao voltar à docência em a sua *alma mater*, Austin estava começando o período de sua vida pelo qual suas realizações acadêmicas o tornariam ainda mais famoso: o período em que formularia sua teoria dos atos de fala.[104]

Em 1955, Austin proferiu as *William James Lectures*, na Universidade Harvard. Dessa série de palestras, assim como resultado de outras oportunidades, foi elaborada uma versão escrita, cujo título dado foi *How to do things with words*. Nesta obra, Austin se aventura em um campo dispensado por Wittgenstein, o campo da construção de uma teoria, ainda que essa teoria admitisse a indeterminabilidade da linguagem. O *leitmotif* que sustenta a teoria dos atos de fala de Austin é que, a partir das palavras, o ser humano realiza verdadeiros atos. Dessa maneira, Austin se volta, assim como Wittgenstein, contra a teoria tradicional da linguagem, que afirmava (no seu ápice, com o neopositivismo) que um enunciado não verificável era considerado um "disparate" linguístico.[105]

No entanto, o que Austin queria, agora, era afirmar que não haveria apenas um tipo de enunciado, mas que era preciso diferenciá-los como mais de um. Essa intenção parte do pressuposto que filosofar sobre temas "ordinários e razoavelmente práticos"[106] seria estudar detalhadamente o uso que fazemos da linguagem quando estamos estudando determinado tópico. A diferença entre Austin e os neopositivistas é que ele sabia (e de certo modo endossava) as sutilezas da linguagem apontadas por Wittgenstein, enquanto os neopositivistas e logicistas as descreviam como não sendo uma "forma séria"[107] de filosofar.

A partir da demonstração de que os enunciados linguísticos não representam apenas uma mera "descrição", Austin irá realizar uma primeira distinção: há por um lado, *(i) enunciados constatativos*, que não pretendem uma mera descrição, tendo em vista essa ser apenas uma das funções exercidas; *(ii) enunciados de fato*, que intencionam uma mera

104. Para uma generosa demonstração do legado de Austin para a filosofia de Oxford e a filosofia contemporânea como um todo, ver KRISHNAN, Nikhil. **A Terribly Serious Adventure**. *op. cit.*, p. 292; 297-298.

105. OLIVEIRA, Manfredo Araújo de. Reviravolta lingüistico-pragmática na filosofia contemporânea. *op. cit.*, p. 151.

106. "[...] ordinary and reasonably practical matters [...]." AUSTIN, John L. A Plea for Excuses: The Presidential Address. In: Id.; URMSON, J. O.; WARNOCK, G. J. (ed.). **Philosophical Papers**. Oxford: Oxford University Press, 1979. p. 175-204 [1957].

107. *Cf.* a subseção anterior.

constatação; mas, também, um terceiro grupo, que não constatam fatos ou ações, mas que, eles próprios executam determinado ato, tornando-se parte da ação. Alguns exemplos desse último grupo de enunciados são conhecidos. Entre eles, há o "sim" que um noivo e uma noiva dizem na celebração do casamento; o batismo de um navio ao quebrar uma garrafa em seu casco; uma aposta ou uma promessa. Em todos esses casos, "dizer alguma coisa significa 'fazer alguma coisa'".[108]

Nesse caso, não faria sentido indagar se essas expressões ou enunciados seriam falsas ou verdadeiras, mas sim "sob quais condições a ação em questão se realiza ou não." Ainda com Manfredo Araújo de Oliveira, nota-se que essa conclusão de Austin coloca a filosofia da linguagem ordinária no caminho da superação do solipsismo que caracterizou a filosofia da consciência, superando inclusive todo o paradigma aristotélico-tomista que vigorava nas metafísicas clássica e moderna. A linguagem é "um modo de agirmos no mundo"; a "forma de vida" de Wittgenstein, e, com ela, fazemos coisas. Por isso a tese de Austin complementa tão bem a tese de negação da linguagem privada de Wittgenstein: ao falar, pessoas engajam em uma práxis social. Logo, "o significado das expressões não se constitui a partir das intenções privadas do sujeito falante, mas a partir das práticas e instituições de uma comunidade linguística".[109]

Mas assimilar a publicidade da linguagem não era o bastante para Austin. Precisava-se ir além. Era necessário sistematizar "para se poder captar, com maior clareza, as diferentes funções da linguagem humana." Para isso, Austin buscou diferenciar o que seriam tais "atos de fala". Qual seria sua diferença. Em uma concepção mais generalizada, Austin define como "ato locucionário" toda e qualquer ação linguística em quaisquer dimensões. Um *ato de fala locucionário* corresponde, então, em Austin, a cada enunciado (*utterance*) que diz (*of saying*) algo linguisticamente.

Austin, entretanto, não acreditava que só se fazia "um tipo" de coisa com palavras. Suas lições apontavam para diferentes sentidos que atos de fala performativos poderiam ter. Nesse sentido é que se encaminha sua segunda definição de ato de fala: *os atos ilocucionários*. Neles, o locutor (falante) está a fazer algo *ao dizer* a palavra (*in saying*), e, assim, uma segunda dimensão é alcançada. Nela, para concluir qual ato ilocucionário está em questão, é necessário determinar em que *contexto* o ato está sendo

108. OLIVEIRA, Manfredo Araújo de. Reviravolta lingüistico-pragmática na filosofia contemporânea. *op. cit.*, p. 152.

109. *Ibid.*, p. 154.

utilizado: para fazer uma pergunta, para transmitir uma informação, fazer um juízo, uma ordem, uma ameaça, são inúmeros os exemplos: "para determinar quando um ato ilocucionário está sendo realizado, precisamos determinar *de que forma* estamos usando a locução."[110]

Mas distinguir a força ilocucionária (específica) de atos locucionários (gerais) não era o bastante, pois para Austin compreender o significado não era suficiente, sendo também preciso compreender o papel exercido pela expressão da linguagem. Quando compreendemos e executamos atos locucionários e ilocucionários, adentramos em uma terceira dimensão linguística, denominada por Austin de *atos perlocucionários*, os quais dariam efeitos e provocariam consequências "nos sentimentos, pensamentos e ações de outras pessoas" *por* se dizer algo (*by saying*). Sobre essa terceira dimensão e sua relação com as demais, Manfredo Araújo de Oliveira nos oferece uma feliz ilustração, utilizando um personagem fictício chamado Pedro e um jacaré:

> A expressão linguística [perlocucionária] pode ser proferida tendo como finalidade produzir esses efeitos, isto é, exercer influência, de uma forma determinada (convencer, levar a uma decisão, levar a um protesto, etc.), sobre outras pessoas. Em nosso caso: o jacaré é perigoso — a pessoa que diz isso pode fazê-lo na intenção de convencer os outros a se afastar do jacaré, ou seja, a execução desse ato de fala implica a intenção de produzir determinado efeito no parceiro. Que Pedro diga essa frase — o jacaré é perigoso — é um ato locucionário; que Pedro consiga afastar alguém do jacaré, isso [já] é o ato perlocucionário. Os três atos são realizados pela mesma expressão linguística, o que manifesta que não se trata de três assuntos distintos, mas de três dimensões do mesmo ato de fala. Não se trata, pois, de atos diversos, mas de "três aspectos, dimensões, momentos do único ato de fala".[111]

Então o que se evidencia, na reflexão sobre a obra de Austin, é que ele pretende jogar luz sobre a predominância do ato ilocucionário,

---

110. "To determine what illocutionary act is so performed we must determine in what way we are using the locution: asking or answering a question, giving some information or an assurance or a warning, announcing a verdict or an intention, pronouncing sentence, making an appointment or a criticism, making an identification or giving a description." AUSTIN, John L. **How to do things with Words**. Oxford: Oxford University, 1962. p. 98.

111. OLIVEIRA, Manfredo Araújo de. Reviravolta lingüistico-pragmática na filosofia contemporânea. *op. cit.*, p. 160.

que, segundo ele mesmo, foi ignorado por muito tempo pela tradição filosófica (metafísica) em favor dos locucionários e perlocucionários, inclusive pela filosofia da linguagem, ignorando a diferença entre as três dimensões.[112] Por essa razão não parece exagero retórico quando Wolfgang Stegmüller afirma ser

> um escândalo, uma vergonha para todos aqueles que nos últimos 2.500 anos se preocuparam de algum modo com a linguagem, não se haver chegado, há muito tempo, à descoberta feita por J. L. Austin (...). É particularmente surpreendente que, mesmo depois do linguistic turn da filosofia contemporânea, foi preciso que se passassem várias décadas até que um filósofo descobrisse que existem atos locucionais, ou atos de fala.[113]

Assim, conclui-se que a obra de Austin o aproxima do *linguistic turn* e o aprofunda, ainda que sua filiação filosófica, digamos, institucional-acadêmica, o distanciasse do segundo Wittgenstein e da tradição hermenêutica como um todo. Mas, ao interpretar a obra de Austin à luz da história da filosofia, percebe-se seu intuito de desvelar a linguagem, de demonstrar que investigar a linguagem seria tematizar o contexto de sociabilidade, isto é, compreender o contexto sociocultural no qual ela se insere. Como irá apontar Karl-Otto Apel, a "dimensão transcendental da linguagem" vai surgindo a partir daí na filosofia, e pouco haverá de ser feito para conter esse "giro". Como demonstra Richard Rorty,[114] essa perspectiva coloca a filosofia analítica e a reviravolta do segundo Wittgenstein em aproximação com a filosofia hermenêutica.[115]

Por mais que a filosofia do século XX tenha insistido em uma espécie de "rixa" institucional-teórica entre analíticos e "continentais", com todos os problemas que esses rótulos ensejam. A filosofia criativa

---

112. "One point is that Austin thought that philosophers have had a tendency to view some assessments as to happiness (or felicity) as really applying to perlocutionary acts, so as not bearing on the specifically linguistic things that speakers are up to. Another point—and perhaps the point of primary importance—is that Austin thought that philosophers have had a tendency to view assessments as to truth as applying most fundamentally to locutionary acts." LONGWORTH, Guy. John Langshaw Austin. *op. cit.*

113. STEGMÜLLER, Wolfgang. Teoria dos atos locucionais: J. L. Austin e J. R. Searle. In: Id. **A Filosofia Contemporânea**. São Paulo: EPU. p. 52.

114. *Cf.* RORTY, Richard. **Philosophy and the Mirror of Nature**. Princeton, NJ.: Princeton University Press, 1981.

115. O mesmo argumento é sustentado em STRECK, Lenio Luiz. **Hermenêutica jurídica e(m) crise**. *op. cit.*, p. 156.

e inventiva de Collingwood, o segundo momento de Wittgenstein e os caminhos abertos para que Austin ampliasse o trabalho das *Investigações* com a teoria dos atos de fala evidenciam que tal rixa é muito mais *acadêmica* do que *filosófica*.

Foi ignorando essa disputa, observando a necessidade de se olhar para a linguagem, para o contexto e seu elemento sociocultural, que alguns historiadores e estudiosos, algumas décadas depois, passaram a questionar não *o que* se estudava, mas *como* se estudava teoria política, história das ideais, história da filosofia, e, epistemologicamente, os próprios conceitos de história, filosofia, direito e política. Inspirados nas aproximações entre a história e a filosofia feitas por Collingwood, na cotidianidade da linguagem de Wittgenstein e na certeza de que "se fazem coisas com palavras" conforme Austin, alguns estudiosos de Cambridge passaram a questionar o método como se estudavam esses conceitos em si.

As implicações desses questionamentos seriam sentidas por todas as humanidades nas décadas seguintes.

2.5. TEXTO, PENSAMENTO, IDEIAS, MAS QUAL HISTÓRIA?

O fim da Segunda Guerra trouxe uma espécie de "consumação" do *linguistic turn* na filosofia britânica, a partir de um reconhecimento cada vez maior da importância da linguagem e da inevitabilidade da história para o estudo da filosofia. As perdas físicas de Collingwood, em 1943, de Wittgenstein, em 1951, e de Austin, em 1960, não significaram sua saída de cena; muito pelo contrário. Nos anos que seguiram ao falecimento desses personagens, a efervescência da academia britânica parecia girar em torno daquilo que Gary Browning, entre outros autores, chama de *historical turn*.[116]

Durante os anos que antecederam a Guerra, o próprio Collingwood já clamava por uma reaproximação entre filosofia e história. Mas ele não era o único. Outro autor relevante nesse período foi Michael Joseph Oakeshott (1901-1990), que, ao seu modo, também compreendeu a necessidade de fazer tal aproximação, apesar de insistir na independência de uma perante a outra.[117]

116. *Cf.* BROWNING, Gary. **A History of Modern Political Thought**. *op. cit.*, p. 46-66.

117. *Cf. Ibid.*, p. 57-63.

Tais debates acadêmicos não passaram despercebidos pelas lentes de um historiador de Cambridge, Thomas Peter Ruffell Laslett (1915-2001), mais conhecido como Peter Laslett. Outro veterano da Segunda Guerra, Laslett foi um historiador que já demonstrava pertencer a uma nova geração de pensadores. Após ter se formado em História em Cambridge em 1938, serviu na Marinha Real Britânica como tenente reservista, tendo estudado japonês para atuar na contrainteligência, decodificando comunicações navais nipônicas. Após o fim da guerra, Laslett foi agraciado com uma bolsa de estudos em Cambridge, que resultou numa pesquisa sobre o teórico absolutista britânico Robert Filmer (1588-1653). O resultado dessa pesquisa se traduziu em uma nova edição crítica de *Patriarcha and Other Political Writings*,[118] lançada em 1949, na qual estão os primeiros passos metodológicos do que posteriormente ficaria conhecido como o método da "Escola de Cambridge".[119]

Laslett tinha em si um ímpeto de levar o conhecimento histórico para além das fronteiras acadêmicas. Por isso, colaborou como produtor em um programa de rádio da BBC, além de ter escrito livros de divulgação histórica sobre a Inglaterra pré-industrial. Em 1953, contudo, foi nomeado para uma cátedra na Trinity College, a mesma que havia hospedado Wittgenstein algumas décadas antes. A bolsa foi concedida a Laslett por conta de uma descoberta inédita que o levaria a anos de pesquisa: o acesso a uma parte extensa da biblioteca e à correspondência pessoal de John Locke (1632-1704), um dos maiores antagonistas de Filmer, que Laslett havia dedicado sua pesquisa até então.[120]

A pesquisa de Laslett tinha como hipótese que a obra principal de Locke, *Two Treatises of Government*,[121] havia sido escrita "quase uma década antes da Revolução Gloriosa [1688-9], quando seu amigo e patrono partidário dos *whigs*, o Conde de Shaftesbury, ameaçou o Rei Charles II com a revolução."[122] A edição da obra, suas descobertas históricas, e o seu cuidado minucioso com a tese de que *com o texto*, Locke planejava

---

118. FILMER, Robert; LASLETT, Peter (ed.). **Patriarcha and other Political Writings**. Oxford: Oxford University Press, 1949.

119. *Cf.* POCOCK, J. G. A. **Linguagens do ideário político**. Tradução de Fábio Fernandez. São Paulo: Edusp, 2003 (Clássicos; 25). p. 24-25.

120. DUNN, John; WRIGLEY, Tony. Thomas Peter Ruffle Laslett. In: MARSHALL, P. J. (ed.). **The British Academy**: proceedings, [s.l.], n. 130, p. 109-129, 2005 (Biographical Memoirs of the Fellows. v. 4). Disponível em: https://www.thebritishacademy.ac.uk/documents/1778/130p109.pdf. Acesso em: 23 abr. 2023. p. 113.

121. LOCKE, John; LASLETT, Peter (ed.). **Two Treatises of Government**. Cambridge: Cambridge University Press, 1960.

122. DUNN, John; WRIGLEY, Tony. Thomas Peter Ruffle Laslett. *op. cit.*, p. 114.

fazer algo, fez com que a nova publicação de *Two Treatises of Government* fosse muito bem recebida em Cambridge e por toda a comunidade acadêmica. Notadamente, não passou despercebida por alguns historiadores da mesma instituição, que ao verem o quanto Laslett havia alcançado ao estudar o contexto de um texto clássico, passaram a questionar a metodologia historiográfica convencional aplicada aos textos políticos à época. A crítica central a essa "historiografia tradicional", apelidada de *whighish*, por conta de ser uma historiografia apologética "aos vencedores" e meramente celebratória e ornamental: uma historiografia tipicamente ufanista e tradicionalista, adepta a interpretações românticas da história da Inglaterra e, portanto, ideológica.[123] Por anos, se estudavam os cânones da política sem se ater à historicidade e ao contexto nos quais eles foram escritos. Os avanços de Laslett ao investigar com mais detalhes a história de Locke mostrou que isso não era mais possível. Era necessário ir além...[124]

É preciso ter em mente que não só o estudo da história passava por uma revisão no período, mas todas as humanidades, que ainda "lambiam as feridas" deixadas pelo *linguistic turn*. No campo de estudo da política, tanto a filosofia como a história disputavam e perdiam espaço para os céticos, que já não acreditavam ser possível "teorizar", que buscavam transformar a política numa verdadeira ciência,[125] cada vez mais aproximada das viragens que viriam a formar o campo das ciências sociais no futuro. Nesse caso, a teoria política perdia força, parecia "ultrapassada",[126] justamente por insistir num estudo de cânones que pareciam ser escolhidos arbitrariamente. Historiadores como John Greville Agard Pocock (1924-), Quentin Robert Duthie Skinner (1940-) e John Montfort Dunn (1940-), compreenderam que uma possível resposta a essa crise estava no trabalho iniciado por Laslett.[127]

---

123. *Cf.* PERREAU-SAUSSINE, Emile. Quentin Skinner in Context. **The Review of Politics**, v. 69, n. 1, p. 106-122, Winter 2007. O autor contextualiza as origens do movimento em Cambridge com uma série de fatores, entre eles, a queda do "mito nacional" do Império Britânico, com a queda das colônias nos anos 1960, e a queda do mito soviético, com a crítica de Khruchev a Stalin, antes uma esperança dos intelectuais como contraponto imperialista, o que promoveu uma geração de jovens mais céticos e com olhares mais crítico e menos ufanista — ávidos a se contrapor às gerações que os precederam. Skinner, Dunn e Pocock faziam parte dessa nova geração.
124. POCOCK, J. G. A. **Linguagens do ideário político**. *op. cit.*, p. 26.
125. Interessante que mesmo Laslett acreditava que a teoria política "havia morrido". Pocock aponta para a ironia de ter sido justamente seus trabalhos de resgate histórico em Filmore e Locke que fizeram florescer os debates da interpretação da história, que obviamente influenciaram no estudo — e de certa forma em um revival — da teoria política. *Cf. Ibid.*, p. 24.
126. *Cf.*, GUNNELL, John G. **Teoria Política**. *op. cit.*, p. 7-11.
127. BROWNING, Gary. **A History of Modern Political Thought**. *op. cit.*, p. 67-68.

No artigo, Pocock estabelece uma forma de conceber a história do pensamento como um campo próprio, na intenção de deixar de lado as disputas entre diferentes tradições que investigavam a história das ideias. Ele observa que, quando abordamos a história do pensamento, há diferentes níveis de abstrações, sendo a mais abstrata delas o estudo filosófico das ideias. Para Pocock, "é possível analisar esses níveis de abstração em que um tipo particular de pensamento ocorre a partir de uma abordagem convencional", mas sua maior crítica é sobre uma tendência que historiadores têm de priorizar o pensamento filosófico em detrimento da história. Uma resposta a esse vício seria interpretar os textos políticos como intervenções, nas quais os pensadores tinham objetivos. Ele imagina pensadores do passado como indivíduos se comportando em uma sociedade, cujos comportamentos registrados podem ser estudados por um método de reconstrução histórica, a fim de mostrar em que forma de mundo eles viviam e porque eles se comportavam assim: "(...) qualquer sociedade estável e articulada possui conceitos para discutir questões políticas e associá-los a um tipo particular de linguagem."[128]

Dunn também desde cedo contribuiu para formar abordagem de Cambridge para o estudo da história do pensamento político. Pupilo e posteriormente colega de Pocock, em 1968 publicou também um texto abordando a questão do método na história do pensamento, chamado *The Identity of the History of Ideas*. Nele percebe o quão limítrofe pode ser a nomenclatura do estudo da história do pensamento. Seria o mesmo que a história das ideias, o mesmo que a interpretação de textos? Dunn também se angustia com o tema. Para ele, contudo, a "culpa" pelas "críticas sofridas pelos historiadores do pensamento são de responsabilidade de ambos, filósofos e historiadores."[129] Por um lado, os historiadores são responsáveis por criticar — sem apresentar uma alternativa ao problema — a história do pensamento e como ela é praticada por filósofos, que "reificam"[130] genericamente termos como racionalismo e empirismo,

128. "It is perfectly possible, by the ordinary methods of historical reconstruction to determine the level of abstraction on which a particular piece of thinking took place. [...] The historian in interested in men thinking about politics just as in them fighting or farming or doing anything else, namely as individuals behaving in a society, whose recorded behavior can be studied by a method of historical reconstruction, in order to show what manner of world they lived in and why they behaved as they did." *Ibid.*, p. 186; 194-5.

129. "In short, the history of political thought is characterized by a persistent tension between the threats of falsity in its history and incompetence in philosophy." DUNN, John. The Identity of the History of Ideas. **Philosophy**, v. XLIII, n. 164, p. 85-104, 1968. p. 85.

130. "[...] historians are liable to critique how the history of political thought is conducted because of its reification of general terms such as rationalism and empiricism, which do not perform any reliable work in historical analysis. On the other hand, philosophers are justifiably suspicious of the mere

sem qualquer contextualização histórica. Já os filósofos, também têm suas razões de suspeitar da construção de narrativas históricas que não são colocadas à prova.

Dunn reconhece que um teórico que opta por uma pesquisa em história do pensamento tenderá a uma abordagem mais filosófica ou mais histórica, mas sugere a seus pares que não o façam. Para ele, os historiadores do pensamento devem resistir a essa tentação, pois as vantagens dessa autocontenção são muito maiores do que normalmente são admitidas; além disso as conexões entre uma abordagem filosófica adequada das noções tidas por um indivíduo no passado e uma abordagem histórica acurada dessas noções são íntimas. História e filosofia serão mais bem compreendidas se "perseguidas juntas, do que se uma fosse descartada pela outra nas fases iniciais de uma pesquisa."[131]

Como observa Gary Browning, Dunn se aproxima de seu mentor Pocock ao citar Austin quando este enfatiza a importância de conhecer o contexto nos quais os autores estavam escrevendo para poder interpretar o que eles estavam tentando fazer e para estabelecer um "critério de verdade"[132] ao qual eles tinham como objetivo se conformar. É importante sublinhar, do mesmo modo, que os três autores associados à Escola de Cambridge também publicaram obras substantivas, que ficaram famosas por se tornarem objeto de aplicação das metodologias defendidas (e aprimoradas) por eles nos citados trabalhos metodológicos.

Havia, entretanto, um terceiro membro desse grupo que também iria publicar artigos mais polêmicos nesse meio tempo. Artigos esses que nominavam quais historiadores estavam errando e o quê havia de errado em sua abordagem. Seu nome, já mencionado, era Quentin Skinner, e a partir dos anos 1960, bebendo da fonte de Laslett, já iniciava uma cruzada contra a "a propaganda política disfarçada de história",[133] como ele definia a interpretação *whig* da história britânica. Nascido de pais escoceses em

---

elaboration of historical doctrines, which are not put to the philosophical test." BROWNING, Gary. **A History of Modern Political Thought**. *op. cit.*, p. 69.

131. "[...] that the connections between an adequate philosophical account of the notions held by an individual in the past and an accurate historical account of these notions is an intimate one; that both historical specificity and philosophical delicacy are more likely to be attained if they are both persued together, than if one is deserted for the other at an early stage of the investigation." DUNN, John. The Identity of the History of Ideas. *op. cit.*, p. 86.

132. "Truth criteria." BROWNING, Gary. **A History of Modern Political Thought**. *op. cit.*, p. 69.

133. Provocações como essa já apareciam nos anos 1960, quando Skinner passa a publicar artigos desafiando a historiografia convencional em Cambridge. *Cf.* SKINNER, Quentin. History and Ideology in the English Revolution. **The Historical Journal**, v. 8, n.2, 1965. p. 178.

1940, Skinner, à época recém-graduado em Cambridge, se mostrava "frustrado" com o que via como as historiografias "da moda" nos anos 1950, uma historiografia que abraçava a interpretação tradicionalista e apologética da história do Império Britânico desde a Revolução Gloriosa — chamada de interpretação *whig (whighish interpretation of history)* —, uma escola histórica que se inspirava pouco no historicismo alemão, por exemplo. Mas como afirma Emile Perreau-Saussine, isso por si só não explicaria a origem do contextualismo linguístico para além de suas bases teóricas. Na sua visão, Skinner e os demais partidários do giro interpretativo em Cambridge teriam um motivo a mais para se distanciarem da interpretação *whigh*: "uma forma empolgante de se distanciarem da Inglaterra de seus pais e avós."[134] Portanto, o contextualismo, ao menos em Skinner, pode ser explicado também como uma batalha geracional e cultural e um movimento de autoafirmação, o que seria verificável em se tratando do apelo (contra) cultural e antitradicionalista que inspirava a juventude dos anos 1960.

É nesse *contexto* que se criarão as condições para os primeiros trabalhos de Skinner se formularem, entre eles, o seminal *Meaning and Understanding,* sendo considerado por muitos (por uma série de razões que incluem sua capacidade de articular conceitos e problemas específicos da historiografia convencional e buscar uma saída para eles) uma espécie de "carta de princípios" da Escola de Cambridge, que passou a formular uma nova abordagem para a história do pensamento político: o contextualismo linguístico.

---

134. "[C]ontextualism offered an exhilarating way to articulate the distance they felt from the England of their own parents and grandparents." PERREAU-SAUSSINE, Emile. Quentin Skinner in Context. *op. cit.*, p. 108.

Capítulo 3

QUENTIN SKINNER E SEU CONTEXTUALISMO LINGUÍSTICO

> "Minha suposição dominante é que mesmo os mais abstratos trabalhos de teoria política nunca estão acima da batalha; eles são sempre parte da própria batalha"[135]
>
> (Quentin Skinner)

O ano era 1978 e, aos 37 anos de idade, Quentin Skinner era eleito para o cargo de Professor de Ciência Política em Cambridge. A indicação se deu, em parte, por conta de sua extensa contribuição para a academia como *fellow* em Cambridge por mais de dez anos. Apesar da formação e titulação em história, tendo Peter Laslett como seu tutor, Skinner havia publicado inúmeros artigos que versavam sobre o método historiográfico e como o estudo da filosofia e da política não poderia passar ao largo da historicidade.[136]

Assim, departamentos de filosofia, de ciência política e sociologia passaram a se interessar pelo trabalho abrangente desse jovem historiador, já que sua abordagem limítrofe provocou não só os historiadores — o

135. "My governing assumption is that even the most abstract works of political theory are never above the battle; they are always part of the battle itself." SKINNER, Quentin. **Hobbes and Republican Liberty**. Cambridge: Cambridge University Press, 2008. p. xvi.

136. TULLY, James. The pen is mighty sword: Quentin Skinner's analysis of politics. *In: Id.* (ed.). **Meaning and Context**: Quentin Skinner and his critics. Princeton, NJ.: Princeton University Press, 1988. p. 3.

método para estudar textos e autores antigos era considerado por ele (e pelos demais adeptos da "abordagem *collingwoodiana*" de Cambridge) como "antiquado" — mas também filósofos que se interessavam por questões hermenêuticas como a interpretação da história e a epistemologia em si e acadêmicos das ciências sociais, pois havia à época uma espécie de "morte anunciada" da teoria política em favor de uma ciência política empírica e "baseada em evidências".[137] O estudo da *história das ideias*, portanto, figurava como algo "superado", um conjunto de cânones obrigatórios dentro das humanidades, sobre os quais, no entanto, poucos pesquisadores se debruçavam propriamente, muitas vezes perguntando: "por que devo estudar isso?"

Foi nesse contexto que surgiram obras como a de Peter Laslett, ele próprio um cético quanto às possibilidades de uma teoria política prosperar no século XX,[138] mas que fez seu movimento, como abordado na última seção do capítulo anterior. A partir dessa influência, os jovens Quentin Skinner e John Dunn, colegas em Cambridge, publicaram em datas muito semelhantes artigos desafiando a interpretação "canônica da filosofia", onde a história era constantemente ignorada em favor de "problemas perenes" que ultrapassavam os tempos. À publicação desses artigos e à interlocução de Skinner e Dunn com Pocock e Laslett podem ser atribuídos os primeiros passos do movimento historiográfico que posteriormente se transformaria na chamada "Escola de Cambridge".[139]

3.1. OS PRIMEIROS PASSOS

Em seu primeiro artigo metodológico desde que assumiu a posição de *Fellow* no Christ College em Cambridge, *The Limits of Historical Explanation*, Skinner começa a explorar seu questionamento ao método de interpretação exercido pelos estudiosos da chamada história das ideais. Diz ele que naquela quadra da história (década de 1960) a historiografia se mostrava em um impasse: de um lado, havia historiadores "idealistas" que acreditavam no poder do historiador em compreender textos antigos que teriam um caráter "perene", isto é, cujas ideias trabalhassem temas "atemporais"; e, do outro lado, havia uma forte tendência positivista em rejeitar essa historicização em favor de uma historiografia que, em sín-

137. GUNNELL, John G. **Teoria Política**. *op. cit.*, p. 19

138. *Cf.* nota 118, supra.

139. SKINNER, Quentin. The Limits of Historical Explanations. **Philosophy**, v. XLI, n. 157, p. 199-215, jul. 1966. p. 199, n. 2.

tese, é chamada por ele de "reacionista".[140] A historiografia reacionista, segundo Skinner, trata de um trabalho que busca direcionar os esforços historiográficos a dar "explicações" sobre os atos históricos. No caso da história das ideias, ou história do pensamento, a tendência positivista "crítica" e reacionista levou os historiadores das ideias a uma forma "causal" de explicação da origem histórica do pensamento de determinados autores considerados como "clássicos" pelo cânone filosófico e político.

O que mais importa nesse primeiro texto de relevo de Skinner, contudo, é sua crítica a uma atitude bem conhecida dos filósofos e historiadores à época, isto é, a construção de "tradições" que seriam criadas pelos historiadores como forma de explicar eventos históricos cuja facticidade seria extremamente frágil. Neste sentido, Skinner dá alguns exemplos: a identificação de uma influência *hobbesiana* em John Locke, ou uma "imensamente longa trajetória"[141] de Aristóteles a Hegel, ou de Platão a nós mesmos. Tais erros metodológicos, segundo Skinner, eram repetidos pela maior parte dos filósofos e historiadores de seu tempo, entre eles C. B. Macpherson e Karl Popper,[142] por exemplo. Para Skinner, inferir a influência de determinado autor em outro implicaria uma série de verificações que, levando a historicidade a sério, seriam "arriscadas". Há uma tendência em todo o discurso histórico em achar "coincidências" em forma de "conexões" que materialmente são difíceis de ser confirmadas:

> Quando é sabido que determinados eventos ocorreram, ou que ideias em particular foram valorizadas, é sempre fácil pensar em várias conexões possíveis para explicá-las. O ponto de vista cético, no entanto, é baseado em dúvidas metodológicas mais sérias.[143]

Skinner pondera, contudo, que historiadores reacionistas responderiam a essas indagações "tipicamente".[144] Questionado sobre a influência

---

140. *Ibid.*, p. 200-201.

141. "[...] by considering the influence of Hobbes, or even (over an immensely long run) that we may trace the influence of Aristotle on Hegel, or of Plato on ourselves." *Ibid.*, p. 206-207.

142. *Ibid.*, p. 207. *Cf.* MACPHERSON, C. B. **The Political Theory of Possessive Individualism, Hobbes to Locke**. Oxford: Clarendom Press, 1962. p. 270; POPPER, Karl. **The Open Society and Its Enemies**. Londres: Routledge, 1945. v. 2. p. 20-24.

143. "There is a tendency in all historical discourse for coincidences to be raised to the level of positive connections at any point where explanations seem hard, or that particular ideas were cherished, it is always easy to think of many possible connections to explain them. The skeptic's standpoint, however, is also grounded on more serious methodological doubts." SKINNER, Quentin. The Limits of Historical Explanations. *op. cit.*, p. 208.

144. "[T]ypically". *Ibid.*

que Hobbes teria sobre Locke, o reacionista tentaria construir uma tese cada vez mais detalhada do caso, demonstrando que as doutrinas mais características de Hobbes também poderiam ser encontradas nos escritos de Locke. Outros aspectos causais comumente levantados são justificados pela posse de obras ou o registro de que o suposto influenciado teria lido o autor a quem se alega a influência.

Há, portanto, "certa tendência metafísica" nessa visão de se interpretar a história com a certeza da existência uma linha cronológica de pensamento que una um pensamento a outro dentro do cânone das ideais políticas. Tal tendência afasta, segundo Skinner, contradições inerentes às doutrinas dos autores estudados, afirmando não haver "contradições reais", apenas aparentes, onde seria tarefa do historiador interpretar o texto até "extrair" — ou até mesmo "construir" — doutrinas mais abstratas do que as que o autor teria proposto.[145]

O "senso comum dos historiadores"[146] estaria, então, fundado em construções abstratas e ambíguas, com a única intenção de formular explicações adequadas. Ao assumir que boas explicações seriam construídas a partir das identificações de influências entre autores considerados "clássicos", histórias de ideais e eventos são apenas baseadas em biografias e os supostos impactos que tais autores teriam perante o cânone de líderes de figuras históricas, Skinner alerta que do ponto de vista da exegese do texto uma visão como essa até pode fazer sentido, mas em termos estritamente históricos tal abordagem pode ser muito enganosa.

A partir daí Skinner retira uma das conclusões que passará a marcar presença em toda sua trajetória teórica quanto ao método: se nós queremos saber, por exemplo, quais qualidades e objetos de pensamento político estavam *principalmente* presentes no século XVII — a coisa que mais temos de ter certeza é que eles não eram *como* os trabalhos de Locke, não eram *como* a maioria dos autores sistemáticos. O erro começa quando não conseguimos conceber que certas "qualidades de inteligência

145. "There is even a quite metaphysical tendency to suppose that any apparent contradictions in a writer's doctrines (making paraphrase difficult) cannot be real contradictions but must have some alternative explanation. The historian's interpretation may thus be based not merely on extracting but even on constructing doctrines more abstract than any which the writer in question might seem to have held, in order to dispose of inconsistencies in his opinions which would otherwise remain." *Ibid.*, p. 210.

146. "The historian's commonsense explanatory concepts seem too ambiguous, however formulated, to result in successful explanations." *Ibid.*, p. 212.

e apresentação que fazem de um autor a *melhor* ilustração em um cenário filosófico farão dele a *pior* ilustração num cenário histórico".[147]

A saída para o historiador seria, então, adotar uma estratégia diferente: não começar descrevendo as ideias abstratas mais importantes dos autores ou períodos estudados, mas sim descrever ao máximo possível o complexo e provavelmente contraditório contexto em que essa ideia ou evento a ser explicado pode ser localizado. O objetivo não deve ser excluir categorias de análise histórica, mas ampliá-las ao máximo, incluindo diversas abordagens. O objetivo, nesse sentido, para Skinner, não deve ser *explicar*, mas primeiro *descrever*.[148]

Skinner nota que fazer isso passa por adotar autocontenção por parte do historiador, que estaria sempre inclinado a explicar, ao invés de apenas descrever. Outro alerta feito pelo autor é para o problema de delimitar a separação entre explicar e descrever. "A suposição de que a linha entre descrever e explicar é rígida é, de fato, uma das mais sérias e mais criticadas formas de positivismo".[149] Entretanto, isso faz com que Skinner afirme que já seria um lugar comum nas "ciências avançadas" que a explicação pudesse ser o resultado do estabelecimento da mais precisa correlação entre todas as variáveis possíveis. "É mais do que provável que uma descrição histórica precisa e completa possa ser ela mesma explicação de uma forma parecida."[150] Assim, Skinner afasta desde um primeiro momento a ideia de que ele seria um positivista. A linha entre explicar e descrever era tênue e ele sabia disso, por isso afirmava que o historiador precisava "levar mais a sério a necessidade de ser capaz de explicar sem ambiguidade."[151]

A publicação desse texto, juntamente com o artigo *The Identity in the History of Ideas*, publicado por John Dunn logo após (1968) e no mesmo periódico (o *Philosophy*, do *Royal Institute of Philosophy*),

147. "The mistake lies in failing to concede that the qualities of intelligence and presentation which make a writer the best illustration in a philosophical picture will make him in a historical picture the worst." *Ibid.*, p. 213. Tradução de Ricardo Silva in id. O Contextualismo Linguístico na História do Pensamento Político: Quentin Skinner e o Debate Metodológico Contemporâneo. **Dados – Revista de Ciências Sociais**, Rio de Janeiro, v. 53, n. 2, p. 299-335, 2010. p. 213.

148. "The primary aim should not be to explain, but only in the fullest detail to describe." *Ibid.*, p. 214.

149. "The assumption that the line between describing and explaining is rigidly demarcated is indeed a part of the strictest and most criticised [sic] form of positivism." *Ibid.*, p. 214.

150. "It is more than arguable that very precise and complete historical descriptions might stand for themselves as explanations in a similar way." *Ibid.*

151. "The historian needs perhaps to consider more seriously the question of what it is that he may be capable of explaining without ambiguity." *Ibid.*

funcionou como um pontapé inicial para o movimento contextualista em Cambridge. Nota-se ainda certo receio na proposta que Skinner deseja propalar. Ele afirma que o historiador deveria evitar ao máximo a ambiguidade, mas sendo ele um historiador que não acredita no positivismo, como evitar a arbitrariedade das "explicações subjetivistas" da história? Skinner conseguiu formular uma resposta a essa pergunta em seu famoso artigo *Meaning and Understanding in the History of Ideas*, cujo teor será abordado a seguir.

3.2. QUESTIONANDO A CONVENCIONALIDADE HISTORIOGRÁFICA

Em seu ensaio metodológico *Meaning and Understanding*, Skinner, em retrospecto, afirma ter escrito um verdadeiro "manifesto", com um objetivo claro de polemizar. Sua intenção era "irritar" e "chocar" o cânone historiográfico anglófono da época.[152] As críticas, que já tinham aparecido no artigo *The Limits of Historical Explanations*, neste novo artigo passaram a ser mais bem delineadas, com Skinner apontando exemplos e definindo conceitos específicos de anacronismo em que tais historiadores das ideias e teóricos políticos incorriam sem muitas vezes nem mesmo notar.

O tom "radical" do artigo surtiu efeito, mas não sem que antes surgissem suas consequências. A começar, Skinner teve dificuldades para encontrar um periódico que publicasse o *paper*. Após ter sido recusado por diversas revistas especializadas, *Meaning and Understanding* foi aceito pela *History and Theory* e publicado em 1969, quando o periódico — hoje uma referência para o campo — ainda estava apenas no terceiro número do seu oitavo volume.[153] O artigo centraliza suas críticas às metodologias dominantes da época, sem se furtar de observar as tendências dos "novos e críticos tempos" que se viviam. Vale lembrar que se estava em 1969 e as revoltas em Paris no ano anterior causavam furor em toda a academia europeia. Mesmo que se leve em consideração a atitude insular e tradicionalista das universidades britânicas — especialmente as da ponte Oxbridge —,[154] não se pode deixar de observar

---

152. *Cf.* SKINNER, Quentin. **Visions of Politics**. *op. cit.*, p. vi.

153. SKINNER, Quentin. Meaning and Understanding in the History of Ideas. **History and Theory**, v. 8, n. 3, p. 3-53, 1969.

154. O termo "Oxbridge" é comumente utilizado para se referir às universidades de Cambridge e Oxford, as mais antigas e prestigiadas universidades da Inglaterra.

que a década de sessenta tornara Londres a capital cultural do mundo, a *Swinging London* com significativos expoentes culturais povoando a capital britânica. Mas essa virada cultural mascarava outro importante aspecto da vida nacional: a queda do que os britânicos conheciam como "império". Skinner tinha dezesseis anos durante a crise do Canal de Suez e observava tanto o cristianismo imperialista, quanto seu principal oponente, o socialismo soviético e sua filosofia marxista-leninista, ruindo com as condenações recentes de Khrushchev ao regime de Stalin. O Partido Trabalhista também não empolgava a juventude, tendo-se reduzido a uma agremiação "complacentemente satisfeita com o *welfare state* ao qual por tanto tempo almejou. Além disso, a luta de classes estava sendo absorvida por uma vasta classe média." A maioria da juventude buscava um novo vínculo social "fora das limitações da vida privada burguesa". Se a filosofia marxista não era mais uma opção, então com que um jovem de 20 anos em 1960 deveria se ocupar? A geração de Skinner tinha que achar uma solução e uma saída contextualista que rejeitasse qualquer mitologia — a velha interpretação conservadora da história ou a crítica soviética —, encontrando em um certo "ceticismo rebelde" uma saída para a própria identidade. Assim surgiram trabalhos sob uma nova abordagem limitando significativamente a "importância" de autores clássicos, como Locke (retratados por Laslett e Dunn). "Mitos nacionais" começaram a ter seus papeis históricos significativamente reduzidos a partir de uma historiografia mais acurada.[155]

Em correspondência que obtivemos com Skinner,[156] o autor afirma que o "clima" (*mood*) de transgressão na academia não poderia ser evitado, fato que se traduzia nas transgressões acadêmicas que se formavam também dentro dos limites universitários do período. Talvez seja um tanto radical e difícil inferir o quanto desse "clima" influenciou na ruptura que Skinner almejava produzir nos estudos de história,[157] mas, na sua visão, inegavelmente o departamento de História em Cambridge "não era receptivo à história intelectual". Segundo Skinner:

155. "If neither the church nor the empire would do, to what could a young man turning twenty in 1960 devote himself? Stalinism was no longer an option, [...]. The Labour Party was not attractive either: it had become complacently satisfied with the welfare-state it had long sought, and the class struggle was being transformed by the absorption of most of the working class into a vast middle class. Most young people aspired to something more, wanting to overcome the narrowness of bourgeois private life, to create a new type of social bond." PERREAU-SAUSSINE, Emile. Quentin Skinner in Context. *op. cit.*, p. 110.

156. Gostaríamos de agradecer ao Professor Quentin Skinner em atender nosso pedido e responder as perguntas por e-mail, cujas respostas serão abordadas a partir daqui ao longo do trabalho.

157. Pea

> Os objetivos principais do departamento eram estudar história política, com um crescente interesse por história econômica. Havia dois cursos na graduação sobre história da teoria política, mas os professores tratavam a matéria como simples cotejo de textos.[158]

Sintetizando as críticas expostas preliminarmente em *The Limits of Historical Explanations*, e ancorado nos diálogos com seus colegas John Dunn, John Pocock e seu supervisor de pesquisa Peter Laslett, Skinner lançou o "desafio" ao departamento de história de Cambridge com *Meaning and Understanding*. Tendo sido apontado como *fellow* em 1965, Skinner compilou uma série de críticas a historiadores e teóricos políticos famosos da época, a maioria deles professores em grandes centros de pesquisa,[159] os quais chamava de "textualistas". Essa definição englobaria todo e qualquer desenvolvimento teórico que acreditasse que haveria no pensamento político determinados "elementos atemporais", "ideias universais" e "uma sabedoria sem tempo" de "aplicação universal".[160] Isso quer dizer que, quando um determinado historiador clássico atribui um elemento "atemporal" a determinado cânone do pensamento histórico, o receptor acaba descobrindo muito mais sobre o historiador do que sobre a história propriamente dita. Isso se dá pelo subjetivismo presente nessas escolhas do que seriam textos "canônicos".

Assim, com a exegese textualista, criar-se-iam o que Skinner chama de "mitologias" — e não historicidade — nas análises do pensamento político. O autor subdivide quatro tipos de mitologias em que os historiadores convencionais incorreriam:[161] *(i) a mitologia da doutrina*, onde autores incorreriam no erro de tentar enquadrar pensadores e ideias em supostas *doutrinas* construídas *a posteriori*, não raramente pelo próprio historiador, ou outros historiadores a ele precedentes ou contemporâneos; *(ii) mitologia da coerência*, onde determinados historiadores costumam

---

158. "Generally speaking the mood in the Faculty of History at Cambridge when I was first appointed in 1965 was not receptive to intellectual history. The major focus of research was on political history, and increasingly on economic history. There were two undergraduate courses in the history of political theory, but the lecturers mainly treated the subject simply as a procession of texts."

159. Entre os autores criticados por Skinner no artigo estão Leo Strauss, George Sabine, John Plamenatz e Arthur Lovejoy, este último um dos fundadores da doutrina do *great chain of being*, que justamente ressaltava esse caráter "atemporal" dos grandes temas da filosofia política na história do pensamento. *Cf.* KELLEY, Donald (ed.). **Intellectual History**: Canon and Variations. Rochester, NY.: University of Rochester Press, 1990.

160. "'[T]imeless elements', in the form of 'universal ideas', even a 'dateless wisdom' with 'universal application.'" SKINNER, Quentin. Meaning and Understanding in the History of Ideas. *op. cit.*, p. 4. Tradução in SILVA, Ricardo. Quentin Skinner e o Debate Metodológico Contemporâneo. *op. cit.*, p. 304.

161. *Ibid.*, p. 7-28.

fixar esquemas lógico-formais fechados, nos quais um determinado pensamento do autor estudado se adéqua coerentemente a uma corrente de ideias, ignorando contradições comuns, que são ricas fontes históricas;[162] *(iii) mitologia da prolepse:* confusão entre os significados de enunciados. Seria algo como o famoso (e questionável) adágio: "o passado só se compreende com o distanciamento histórico do presente", confundindo o sentido do enunciado entre o autor e o historiador; e a *(iv) mitologia do paroquialismo:* costume dos historiadores em "atualizar" o universo histórico, onde determinado pensamento ou autor está inserido, com seu próprio universo, causando uma falsa semelhança entre universos culturais muito distintos.[163]

No mesmo texto, agora voltando a suas críticas aos defensores de uma historiografia preocupada apenas com o contexto social dos eventos políticos, Skinner defende que o contexto social está imbricado ao acontecer histórico, porém critica a visão de que a sociedade é quem determinaria as ideias, estando a linguagem em segundo plano. Para ele, o contextualismo sociológico cai dentro de uma "confusão conceitual" entre dois agires intelectuais diversos: "a determinação causal de uma ideia e a sua compreensão propriamente dita."[164]

Para Skinner, o correto não seria negar que as condições econômicas e sociais das sociedades em que os autores produzem seus textos possam ser apresentadas como causas contingencialmente conectadas com o enunciado contido no texto que se busca compreender. A determinação de causas externas à ação linguística seria um agir relevante para a explicação de tal ato, mas isso passaria ao largo da presunção exagerada de que as ideias dos textos devam ser compreendidas em termos de seu contexto social.[165]

A determinação da causalidade externa à ação linguística de determinado autor e a relevância da causalidade para atribuir sentido e historicidade ao texto estudado era determinante para Skinner. Mas isso estaria fundamentalmente longe de afirmar que "as ideias de um texto

162. Um dos livros mais recentes de Skinner, "Hobbes and Republican Liberty" aborda essa problemática, ainda que indiretamente, em relação a muitos comentadores de Hobbes que veem seu pensamento como fixo. Skinner vai de encontro a essa tese.

163. REBELO, Victor Bianchini. A Escola de Cambridge e a História no Direito. **Revista Eletrônica Consultor Jurídico**. São Paulo, 30 abr. 2022. Disponível em: https://www.conjur.com.br/2022-abr-30/diario-classe-escola-cambridge-historia-direito. Acesso em: 11 jun. 2023.

164. SILVA, Ricardo. O contextualismo linguístico na história do pensamento político, *op. cit.*, p. 305.

165. O ponto será discutido em mais detalhes em SKINNER, Quentin. Freedom and the Historian. In: Id. **Liberty before liberalism**. *op. cit.*, p. 83-97.

devem ser compreendidas *em termos* de seu contexto social."[166] A compreensão do surgimento de uma ideia vai além de sua causalidade social. Em se atendo ao contexto social, parte dessa literatura (em particular a de cariz marxista) "reforçaria uma visão em que o papel das ideias na sociedade e na política é desprovido de autonomia e eficácia". Assim, o pensamento e as ideais seriam reduzidos a "epifenômenos, expressões ou reflexos de uma 'realidade material' ontologicamente anterior ao — e determinante do — mundo da linguagem."[167] Aí está o que Skinner chama de caráter primordialmente "metafísico", algo que é comum aos historiadores convencionais "textualistas", mas também aos marxistas e contextualistas sociais. Por isso, mais uma vez em nossa correspondência, ele afirma que, ao escrever *Meaning and Understanding* e seus posteriores ensaios metodológicos nos anos 1970, estava

> (...) lutando contra a tendência de alguns acadêmicos marxistas de tratar história como epifenômenos do processo político e assim como tendo nenhuma importância para a explicação de ações sociais. Eu estava lutando contra Leo Strauss e seus seguidores, não apenas só sobre suas visões sobre a escrita secreta, mas também sobre a ideia de um cânone na teoria política ocidental.[168]

Desse modo, em Skinner, a compreensão de uma ideia no sentido de ação ou texto (evento) político reside na intenção do intérprete de recuperar a filosofia da história.[169] Para tanto, não basta(ria) uma explicação causal para se compreender a linguagem, que na acepção de Wittgenstein prescreve que as "palavras também são atos". Pode-se notar já aqui a influência forte também do filósofo britânico R. G. Collingwood[170] na obra de Skinner, cujo interesse pela natureza do conhecimento histórico, aliado à filosofia *wittgensteiniana* e às derivações da teoria dos atos de fala de Austin, deu fundamento filosófico a uma metodologia

---

166. "[...] that the ideas of a given text should be understood in terms of its social context [...]." SKINNER, Quentin. Meaning and Understanding in the History of Ideas. *op. cit.* p. 43. Tradução de Ricardo Silva in id. O contextualismo linguístico na história do pensamento político, loc. cit.

167. SILVA, Ricardo. O contextualismo linguístico na história do pensamento político, loc. cit.

168. "[...] fighting against the tendency of some Marxist scholars to treat political ideas as epiphenomena of political processes, and hence as having no independent significance in relation to the explanation of social action. I was fighting against Leo Strauss and his followers, not just their views about secret writing but also about the idea of a canon in the history of western political theory."

169. Posição também elaborada criticamente em SKINNER, Quentin. The Rise of, Challenge to, and Prospects for a Collingwoodian Approach to the History of Political Thought. *op. cit.*

170. *Cf. Ibid.*, p. 176.

que, em muitos casos, critica o próprio agir convencional da história e da filosofia da época.

Mas em *Meaning and Understanding* as influências de Collingwood, Wittgenstein e Austin ainda não estavam totalmente explícitas. Foi a partir da recepção do artigo pelos seus primeiros críticos que Skinner passou a articular melhor os fundamentos filosóficos de sua empreitada metodológica. Era a intenção do jovem historiador escrever um artigo provocativo e assim atrair a atenção dos demais teóricos. Quando seus pares voltaram seus olhos para o ensaio, contudo, críticas e acusações vieram de todos os lados, assim como os adeptos. Apenas aqueles filósofos que inspiraram as ideias transformadoras de Skinner poderiam socorrê-lo em sua defesa em relação às críticas. A questão, agora, não era mais *provocar* a historiografia convencional, mas sim *provar* que a sua proposta metodológica era filosoficamente viável. Seus artigos posteriores — e boa parte de sua trajetória acadêmica — foram dedicados à defesa e ao aprimoramento dessa proposta.

3.3. AS PRIMEIRAS RESSALVAS: CONVENÇÕES, MOTIVOS E AUTONOMIA DOS TEXTOS

Em *Meaning and Understanding*, Skinner, ainda que houvesse avançado no rigor de sua crítica a um caráter ahistórico de parte dos pesquisadores que figuravam nos maiores departamentos de filosofia em sua época, compeliu-se a escrever um "manifesto", cujo caráter crítico e provocador encontrou, já nos primeiros meses após a sua publicação, inúmeros críticos.[171]

A partir dos anos 1970, Skinner então responde ao desafio com uma série de ensaios metodológicos que buscam responder a essas primeiras críticas,[172] além de aprimorar o programa de seu próprio método, sempre

171. Entre essa primeira leva de críticos a abordagem metodológica de Skinner, figuram Margaret Leslie, B. Parekh & R. N. Berki e Charles D. Tarlton.

172. Tanto a primeira quanto a segunda fase de críticas e respostas serão abordadas com mais profundidade no capítulo seguinte. Skinner, posteriormente, fez parte de duas obras que podem ser consideradas determinantes como compilados de respostas aos críticos de uma forma mais ampla. *Cf.*, nesse sentido, TULLY, James (ed.). **Meaning and Context**. *op. cit.*; e SKINNER, Quentin. **Visions of Politics**. *op. cit.* A primeira obra, publicada em 1988, reuniu uma série de artigos críticos e uma longa resposta de Skinner aos temas abordos; a segunda, de 2002, é uma revisão geral de todos os artigos publicados por Skinner ao longo de sua carreira que tratavam do método historiográfico. Nesta revisão, dividida em dez capítulos, se intercalam desde textos revisados, alterados e ampliados a textos inéditos, muitos deles se adequando ou respondendo a críticas sofridas por Skinner ao longo da carreira. O próprio texto 'Reply to my Critics', de Meaning and Context, teve sua última

dentro de uma discussão filosófica, origem e formação da maioria dos seus críticos.

É preciso ressaltar que o argumento central de Skinner em *Meaning and Understanding* era que para a compreensão do significado de um texto histórico seria necessária uma reconstituição da intenção ilocucionária do seu autor. Para compreendermos um texto em sua completude, incluindo aí seu sentido histórico, seria necessário interpretá-lo para descobrir o que seu autor *estava fazendo* ao escrevê-lo. Isso passaria inevitavelmente por um debate quanto às intenções do autor com aquele texto, o que para Skinner se resolveria compreendendo como o texto se insere no contexto de convenções linguísticas compartilhadas no meio ambiente que foi produzido.[173]

A partir dos ensaios dos anos 1970, contudo, Skinner passará a detalhar sua proposta metodológica. A primeira missão era explicar para seus pares como a teoria dos atos de fala de fato funcionaria na sua abordagem metodológica. A isso ele se dedicou em seu artigo seguinte, *Conventions and Understanding of Speech Acts.*[174] Sua ideia principal para o artigo era esclarecer que não acreditava nas relações dos atos de fala ilocucionários com as convenções linguísticas que ele afirmava serem determinantes para e interpretar textos históricos. Assim, Skinner precisava explicitar o quanto da teoria de Austin ele adotava para seu contextualismo linguístico.

Para contrapor seu uso da teoria dos atos de fala, Skinner utilizou outro desenvolvimento da tese austiniana, feito pelo filósofo P. F. Strawson.[175] Ele parte da afirmação de Strawson que a teoria dos atos de fala de Austin apresenta duas lacunas, a primeira é que a teoria não explica de que modo poderíamos constatar que o interlocutor enunciante assegura a compreensão (*secure uptake*) de seu enunciado pelo receptor (audiência); e a segunda, para o fato de Austin não distinguir atos ilocucionários e os atos perlocucionários das demais manifestações "parasitárias"[176] da

seção adaptada e desenvolvida no sexto capítulo de Visions of Politics, intitulado 'Interpretation and the understanding of speech acts'.

173. SKINNER, Quentin. Meaning and Understanding in the History of Ideas. *op. cit.*, p. 49.

174. SKINNER, Quentin. Conventions and the Understanding of Speech Acts. **The Philosophical Quarterly**, Oxford, v. 20, n. 79, p. 118-138, abr. 1970.

175. *Cf.* STRAWSON, P. F. Intention and Convention in Speech Acts. **The Philosophical Review**, n. 73, p. 439-460, 1964.

176. A utilização do termo é de autoria de Isadora Cristina de Melo Coan. *Cf.* COAN, Isadora Cristina de Melo. **As bases filosóficas da metodologia de Quentin Skinner para a história intelectual**. 2013.

linguagem, entre elas usos não literais (como o humor, a ironia, etc.) de maneira satisfatória.

Strawson, diz Skinner, afirma que a recepção do enunciado se dá pela compreensão do receptor de um complexo tácito, mas na maioria dos casos explícito, do conteúdo enunciado. Assim, o autor fornece um teste para diferenciar atos ilocucionários dos demais atos de fala, de modo que nenhum ato ilocucionário pode deixar de ser um ato comunicativo completamente aberto, explícito e confesso. Mas Skinner não está satisfeito com a caracterização de Strawson, ele mesmo também acaba encontrando dois óbices ao próprio argumento: o primeiro seria o fato de o filósofo considerar apenas superficialmente a questão da necessidade de um verbo ser ou não transformável em um ato performativo explícito para ser considerado um ato ilocucionário. Segundo Skinner, Strawson afirma apenas que parece ser uma condição suficiente, embora não necessária. O segundo seria o fato de Strawson dividir atos de fala ilocucionários em apenas dois tipos: de "enunciados convencionais",[177] determinados por regras; e sentenças não convencionais, mais comuns, mesmo afirmando ser uma distinção arbitrária.

Skinner, então, desafia a tese strawsoniana a partir de uma nova definição de situações em que atos de fala teriam a força de enunciados, mas nenhuma forma de se abstrair uma força ilocucionária explícita, e outra situação onde, a princípio, tratar-se-ia de um ato chamado de ilocucionário, mas que o "o verbo ilocucionário"[178] não exerce qualquer força ilocucionária naquela situação específica. Por isso, Skinner concorda com Strawson que Austin não foi feliz em explicar aos seus leitores a diferença entre os atos ilocucionários (aqueles onde o interlocutor faz algo *ao* ter preferido o enunciado) e atos perlocucionários (aqueles onde o interlocutor faz algo *por* ter proferido o enunciado). Skinner afirma que a teoria de Austin "não fornece um teste para distinguir atos ilocucionários de atos perlocucionários e não fornece de nenhuma forma um teste para distinguir atos que Austin via como ilocucionários de atos que seriam 'de todo um outro tipo' de coisas [...] que poderíamos estar

---

122 f. Dissertação (Mestrado em Sociologia Política) – Programa de Pós-Graduação em Sociologia Política, Universidade Federal de Santa Catarina, 2013.

177. "[C]onventional utterances". SKINNER, Quentin. Conventions and the Understanding of Speech Acts. *op. cit.*, p. 121. Tradução de Isadora Cristina de Melo Coan in *Ibid.*, p. 39.

178. "Illocutionay verb". Ibid., p. 122. Tradução de Isadora Cristina de Melo Coan in *Ibid.*, p. 39-40.

fazendo quando usamos palavras."[179] Skinner, no entanto, vai além do que propõe o filósofo, pois joga luz nessa "zona cinzenta" de atos ilocucionários "intermediários" não abordada por Strawson em sua crítica, que podem ser explicados a partir das convenções sociais. O exemplo utilizado por Skinner é de um guarda alertando um patinador com o seguinte enunciado: "o gelo está muito fino".

> Pode ser dito, por exemplo, que se uma aparente indagação pode nas circunstâncias apropriadas e por convenção social ser corretamente tomada como uma ordem, pode igualmente ser dito que seja em virtude de alguma convenção que um pretendido alerta (no caso do patinador) pode ser entendido como um comunicado de alerta, e não como outro (talvez obscuro) ato ilocucionário.[180]

Por conta disso, Skinner afirma que "a questão permanece", no caso desse diálogo, em saber se existe alguma convenção mutuamente reconhecida que faça com que o guarda dê o aviso e o receptor (patinador) *aceite* essa forma de aviso e seja capaz de interpretá-la *como* um alerta de perigo. O historiador agora infere que tais situações são possíveis e cotidianas — justamente — por conta de haver convenções sociais e elas serem "razoavelmente claras" para os falantes, o que excluiria qualquer possível efeito "perlocucionário" da fala do guarda. O sucesso da comunicação do guarda com seu interlocutor é basicamente uma questão de papeis interpretados dentro da convenção social. Disso segue que uma das condições necessárias para entender o que um falante pretende com um enunciado e como seu interlocutor está entendendo deve ser a mesma forma como as pessoas em geral entendem aquele mesmo enunciado quando estão se comportando de maneira convencional, como as sociedades normalmente se comportam ao enunciarem tais enunciados.[181]

Seguindo a publicação de um artigo complementar a *Conventions and the Understanding of Speech Acts*, intitulado *On Performing and*

---

179. "It does not provide a test for distinguishing illocutionary from perlocutionary acts. And it does not provide a test at all for distinguishing acts which are genuinely illocutionary from what Austin perceived (p. 121). to be 'another whole range' of things [...] which we might be doing in using words." *Ibid.*, p. 118.

180. "For it can be said, for example, that an apparent enquiry may in appropriate circumstances and by social convention be correctly taken as an order, it might equally be said that it must be in virtue of some convention that an intended act of warning (as in the case of the skater) can be understood as the communication of a warning, and not as some other (perhaps oblique) illocutionary act." *Ibid.*, p. 131. Grifo do autor.

181. *Ibid.*, p. 133.

Explaining Linguistic Actions,[182] Skinner já notava uma lacuna na compreensão de sua teoria. Apesar de ter elencado as convenções linguísticas como primordiais para a compreensão de sua ideia de recuperar "o que os autores estavam fazendo" com seus atos de fala — seus textos —, inúmeros pares seus permaneciam céticos quanto à diferença entre o que Skinner chamava de *motivos* dos autores ao enunciarem seus atos de fala e as suas *intenções*, que na opinião desses mesmos pares seria impossível de ser recuperada pelo historiador em sua investigação por uma série de fatores. Foi para esclarecer e responder essas indagações que Skinner voltou suas energias em um novo ensaio metodológico, *Motives, Intentions and the Interpretations of Texts.*[183]

O texto, segundo Skinner, objetiva expor o que ele entende que seja, de fato, interpretação, além de expor os seus limites ao se tratar de textos históricos. O historiador assume que há uma metáfora muito utilizada quando se fala em interpretação de textos, que seria a da necessidade de se "ir além do [seu] simples sentido literal".[184] Mas, para tanto, falar em sentido era falar em significado (*meaning*), uma discussão filosófica profunda. Como explicar a atribuição de sentido pelo historiador, como reconstruir esse *significado* "original" e recuperar a historicidade do ato de fala? Foi pensando nessa pergunta exposta que Skinner fez uma primeira ressalva ou ajuste em sua abordagem exposta em *Meaning and Understanding*. O autor concede ao argumento de alguns dos comentadores e críticos de sua obra que afirmavam que ele atribuía ao conceito de *significado* um sentido excessivamente "estrito" e "reducionista".[185]

Sua saída, portanto, seria diferenciar tipos possíveis de *significados*. Para ele, haveria três tipos de significados: o primeiro (*meaning1*) seria um tipo mais simples, daqueles que podem ser referidos quando se faz uma pergunta como: "o que as palavras, ou específicas palavras ou sentenças, significam nessa obra?"[186] Tal significado é obtido pela semântica e sintaxe do texto, por meio do conhecimento do falante na convencionalidade da língua codificada na gramática e nos dicionários. O segundo, o qual Skinner chama de *meaning2*, estaria associado à interpretação subjetiva do

---

182. SKINNER, Quentin. On Performing and Explaining Linguistic Actions. **The Philosophical Quarterly**, Oxford, v. 21, n. 82, jan. 1971.

183. SKINNER, Quentin. Motives, Intentions and the Interpretation of Texts. **New Literary History**, Baltimore, MD, v. 3, n. 2, p. 393-408, 1972.

184. "[G]o beyond the plain literal sense." *Ibid.*, p. 394.

185. SILVA, Ricardo. O contextualismo linguístico na história do pensamento político. *op. cit.*, p. 308.

186. "What do the words mean, or what do certain specific words mean, in this work?" SKINNER, Quentin. Motives, Intentions and the Interpretation of Texts. *op. cit.*, p. 396. Tradução de Ricardo Silva in *Ibid.*

leitor, de onde se tira a máxima: "o que isto significa para mim?"[187] Nesse ponto, se trata de entender o efeito subjetivo do texto na experiência do leitor, que lhe atribuirá um significado especial e inédito. Esse é o caso do estudo da recepção de obras antigas e suas leituras contemporâneas, que podem transcender o contexto de seu surgimento originalmente. Por fim, Skinner afirma existir um terceiro significado (*meaning3*), cujo significado seria aquele que ele queria ressaltar a importância desde o início, onde a pergunta-chave seria: "o que o autor quis dizer com o que ele disse nesta obra?"[188]

Dessa forma, Skinner alerta que falar em intenções de determinados intelectuais incorporadas na sua obra e circunstâncias em que a obra foi gestada seria uma coisa. Outra bem diferente seria considerar os "motivos" que levaram determinado autor à escrita do seu texto. Motivos, segundo Skinner, são "fatores externos" ao enunciado linguístico consagrado no texto. Seriam, portanto, contingências do enunciado. Por outro lado, sua intenção em escrever o texto — incorporada pela própria ação linguística e não exterior a ela — "deve ser tratada como uma condição necessária para que se possa interpretar o *meaning3* [significado] de suas obras."[189]

Assim, Skinner deixa pela primeira vez em seus ensaios, heurísticas para a interpretação histórica: a primeira "regra" seria "focar não apenas no texto interpretado, mas nas convenções prevalentes que determinam o tratamento de questões e temas dos quais o texto trata"[190] Dessa primeira regra se tira que, para entender o que qualquer autor pode estar fazendo (*doing in*) utilizando um conceito ou argumento em especial, "nós precisamos antes de tudo compreender a natureza e o alcance das coisas que poderiam reconhecidamente ter sido feitas ao usar tais conceitos particulares, no tratamento daquele tema em particular e naquela época em particular."[191] A segunda regra, decorrente da primeira, prescreve que o estudioso dos textos históricos deveria "focar no mundo mental do escritor" estudado, no "mundo das suas crenças

187. "What does this work mean to me?" *Ibid.* Tradução de Ricardo Silva in *Ibid.*

188. "What does the writer mean by what he says in this work?" *Ibid.*, p. 397. Tradução de Ricardo Silva in *Ibid.*

189. "[M]ust be treated as a necessary condition of being able to interpret meaning3 of his works." *Ibid.*, p. 406. Tradução de Ricardo Silva in *Ibid.*, p. 309.

190. "[F]ocus not just on the text to be interpreted, but on the prevailing conventions governing the treatment of the issues or themes with which that text is concerned." *Ibid.*

191. "[W]e need first of all to grasp the nature and range of things that could recognizably have been done by using that particular concept, in the treatment of that particular theme, at that particular time." *Ibid.*

empíricas."[192] E para sustentar tal posição, Skinner usa como exemplo o *approach* histórico textualista de um pensador muito famoso: John Locke. O trabalho mencionado é o de C. B. MacPherson. Skinner afirma que a tentativa de MacPherson de interpretar o empirista britânico como tendo a "intenção de defender a racionalidade de acúmulo ilimitado de capital"[193] é frustrada pelo trabalho de Dunn,[194] o aliado contextualista, que teria compreendido que, para provar a afirmação de MacPherson, seria necessário comprovar três teses: primeiro, que a sociedade estava de fato se tornando "devota" do acúmulo ilimitado de capital; segundo, que tal atividade precisasse de uma justificativa ideológica; e terceiro, que fosse apropriado que Locke se dedicasse a essa tarefa de justificar ideologicamente o acúmulo. Skinner aponta como "impressionante" o fato de MacPherson nem mesmo tentar defender que Locke acreditasse em qualquer uma das três hipóteses. O trabalho de Dunn teria, então, provado que na verdade há evidências suficientes para comprovar que Locke *não* acreditava na terceira das três hipóteses, enquanto *não* há evidências suficientes que demonstrem que ele acreditava nas primeiras duas. E se Locke não tinha essas crenças, ele simplesmente não poderia ter a intenção de escrever *Two Treatises of Government* da forma como MacPherson descreveu.[195]

Em *Motives, Intentions and the Interpretation of Texts*, nota-se que Skinner está voltando seus argumentos especialmente contra críticos literários que, à época, nos anos 1960 e 1970, estavam tendo grande relevo acadêmico anunciando a necessidade de uma "leitura fechada" dos textos, isto é, textualista, na acepção de Skinner. Essa escola de crítica literária era a Nova Crítica ou Neocrítica (*New Critics*). O historiador se utiliza de alguns exemplos literários e teóricos para, enfim, explicar que, em sua abordagem metodológica, *motivos* não são a mesma coisa que *intenções*. Dessa forma, como aponta Nadia Urbinatti, a diferenciação que Skinner articula entre os dois conceitos se torna uma das mais significativas contribuições para o estudo da interpretação na história

---

192. "[F]ocus on the writer's mental world, the world of his empirical beliefs." *Ibid.*

193. "[T]he intention to defend the rationality of unlimited capital accumulation." SKINNER, Quentin. Motives, Intentions and the Interpretation of Texts. *op. cit.*, p. 407. *Cf.* MACPHERSON, C. B. **The Political Theory of Possessive Individualism**: Hobbes to Locke. Oxford: Oxford University Press, 1962. p. 206-209.

194. DUNN, John. **The Political Thought of John Locke**: An Historical Account of the Argument of the 'Two Treatises of Government'. Cambridge: Cambridge University Press, 1969. p. 208-220.

195. SKINNER, Quentin. Motives, Intentions and the Interpretation of Texts. loc. cit.

do pensamento político.[196] No entanto, tal ressalva não desvia a teoria skinneriana de sua proposta original, a de recuperar o *significado histórico* dos textos do passado, onde o *meaning3* seria o ponto de encontro entre significado e intenção.

A ressalva apontada por nós, nesta seção, enfatiza o caráter antissubjetivista da proposta skinneriana. O autor britânico busca, a partir do conceito interpolado em Austin e reformulado como *meaning3*, afastar também qualquer tipo de acusação de que seu contextualismo linguístico defenda uma hermenêutica subjetivista, que pensa ser possível estar "dentro da mente" dos autores do passado, resgatando seu pensamento. Skinner argumenta que sua teoria não seria, assim, hermeneuticamente "romântica". Desse modo, não haveria que se falar em uma busca pelo *mens auctoris* do passado em sua proposta metodológica, mas sim em um modo a recuperar *intenções*, onde haveria a necessidade de

> cercar o texto dado com o contexto apropriado de pressuposições e convenções a partir do qual o significado exato intencionado pelo autor pode ser decodificado. Isto acarreta a conclusão crucial de que o conhecimento das pressuposições e convenções deve ser essencial para a compreensão do significado do texto.[197]

Skinner, assim, afasta a chamada "falácia intencionalista", tão em voga nos círculos teóricos literários dos anos 1960 e 1970, que prescreve não haver qualquer relevância de se compreender a intenção dos autores para a compreensão das obras estudadas. Para ele, isso se trataria de uma confusão conceitual, onde a distinção entre motivos e intenções

> salvaguardaria a força explicativa da dimensão ilocucionária (intenções) da ação, sem cair na tentativa de recuperar estados cognitivos e afetivos do agente — tentativa esta tida não só como irrelevante, mas também como impossível pela teoria collingwoodiana do *re-enactment*.[198]

---

196. *Cf.* URBINATI, Nadia. The Historian and the Ideologist. **Political Theory**, v. 33, p. 89-95, 2005.

197. "[...] [T]o surround the given text with an appropriate context of assumptions and conventions from which the author's exact intended meaning can then be decoded. This yields the crucial conclusion that knowledge of these assumptions and conventions must be essential to understand the meaning of the text." SKINNER, Quentin. Hermeneutics and the Role of History. **New Literary History**, Baltimore, MD, v. 7, n. 1, p. 209-232, 1975. p. 216. Tradução de Ricardo Silva in SILVA, Ricardo. O contextualismo linguístico na história do pensamento político. *op. cit.*, p. 309.

198. COAN, Isadora Cristina de Melo. As bases filosóficas da metodologia de Quentin Skinner para a história intelectual. *op. cit.*, p. 49.

Intenções, na teoria de Skinner — e isso se faz uma constante —, são convencionalmente estabelecidas e, nesse sentido, podemos atribuir sentido a elas, recuperando-as.

Essa primeira ressalva marca um ponto de parada que iria se repetir algumas vezes ao longo da longa trajetória acadêmica de Skinner, das provocações de *Meaning and Understanding* até os dias atuais. A maioria desses ajustes veio a partir de interlocutores e críticos. As críticas e as respostas de Skinner a elas, juntamente com suas consequências para o contextualismo linguístico, serão abordadas no próximo capítulo. É evidente que a proposta metodológica skinneriana evoluiu por meio de diálogos e também de críticas, não sendo possível separar propriamente os dois em termos de influência na sua proposta. Sendo ele também produto seu tempo, cuja obra metodológica estamos buscando aqui contextualizar para fins didáticos, deixaremos para tratar das críticas e respostas a elas no capítulo específico a seguir. Por ora, ficaremos com um panorama geral da evolução do pensamento de Skinner sobre o método dessa primeira fase em diante.

Uma segunda ressalva se seguiu em *Hermeneutics and the Role of History*. O artigo foi escrito a fim de enfrentar teóricos literários da Nova Crítica, mas também não deixou de ser uma maneira de expor com mais detalhes um ponto importante na diferença entre o que Skinner entendia e defendia como sendo sua teoria da convencionalidade. A diferença que Skinner advoga é porque textos diferentes devem ser interpretados de forma diferente. Sua ideia é a de que existem "textos (fortemente) autônomos" *([strongly] autonomous texts)* e "textos (fortemente) heterônomos" *([strongly] heteronomous texts*). O teórico argumenta que é necessária uma diferenciação, pois há textos com uma carga de autonomia maior que outros. Skinner utiliza dois exemplos literários para ilustrar seu argumento. O primeiro é o de um texto heterônomo, que seria a obra *Dom Quixote*, de Miguel de Cervantes. O segundo, o de uma obra mais autônoma, é a peça *Júlio César*, de Shakespeare. Skinner argumenta que a obra-prima de Cervantes seria um texto heterônomo, pois a obra se trata de uma caricatura, cuja interpretação "errada" comprometerá a compreensão do texto. Nesse sentido, quanto mais heterônomo um texto for, é necessária uma "boa leitura que também seja a correta, no sentido que começa por identificar corretamente os polêmicos motivos do trabalho, focando a análise em torno de seu ponto central."[199] Já a peça de Shakespeare tratar-se-ia de um texto mais autônomo, pois descreve uma tragédia com elementos mais tradicionais e diretos da dramaturgia, onde figuras de linguagens como a paródia e a ironia não se fazem presentes. Por isso, mesmo que um crítico se equivocasse quanto às intenções de Shakespeare ao escrever a peça, ele talvez ainda conseguisse forjar uma ilustração convincente dos personagens simplesmente "com as pistas do que Shakespeare estava fazendo com o texto em si." Isso explica, para Skinner, que

> a relação entre a melhor, a correta e a variadas boas interpretações de textos fortemente autônomos podem ser um tanto quanto diferentes das relações que observamos em um texto fortemente heterônomo. Parece particularmente menos óbvio que a melhor leitura nesse caso seja a mesma que a historicamente mais correta.[200]

Nota-se, assim, que Skinner faz uma ressalva em sua tese que a interpretação correta de textos históricos implicaria, inevitavelmente, a leitura de atos ilocucionários que revelam a intenção dos autores. No caso de textos "autônomos", quanto maior sua autonomia, mais o intérprete teria uma garantia de leitura correta a partir do próprio texto. Mas Skinner não deixa de ressaltar o exemplo de Quixote, que serve para ilustrar que textos (literários ou políticos) fortemente heterônomos dependem de uma leitura correta, pois servem de figuras de linguagem como a paródia — caso do próprio *Príncipe*, de Maquiavel —, cujo teor (muitas vezes de cunho moral) requer uma investigação acurada da intencionalidade, a partir do que sugere a própria teoria skinneriana a partir do contextualismo linguístico e seu uso da teoria dos atos de fala.[201]

199. "[...] good reading that it should also be a correct one, in the sense that it begins by correctly identifying the polemical purposes of the work, pivoting the rest of its analysis around that central point." SKINNER, Quentin. Hermeneutics and the Role of History. *op. cit.*, p. 224.

200. "[...] the relationship between the best, the correct, and the various good readings of a strongly autonomous text may be quite different from the relationships we noted in the case of a strongly heteronomous text. It seems in particular much less obvious that the best reading must in this case be the same as the one which is historically the most correct." *Ibid.*, p. 226.

201. Skinner inclusive cita o caso de Maquiavel e *Il Principe* como exemplo de texto fortemente heterônomo. *Ibid.*, p. 222.

3.4. A EVOLUÇÃO DO PENSAMENTO METODOLÓGICO DE SKINNER: RETÓRICA, ARQUEOLOGIA E GENEALOGIA

Como todo acadêmico com décadas de cátedra, Skinner reformulou, revisou, ressalvou ou mesmo mudou sua teoria algumas vezes. Leitores estruturais e comentadores de sua obra — não necessariamente críticos, que serão discutidos no capítulo seguinte —, contudo, fizeram aquilo que Coan chama de "leituras panorâmicas"[202] da obra metodológica de Skinner.

Temos, entretanto, primeiro que levar em conta que uma leitura panorâmica passa por compreender a extensão de tempo em que esse panorama está inserido. Skinner, a partir da segunda metade dos anos 1970, esteve envolvido na publicação de seu maior projeto até então (até hoje seu livro mais influente e famoso), *The Foundations of Modern Political Thought*, obra com dois volumes, lançada em 1978.[203] Durante os anos 1980 em diante, sempre esteve à frente de pesquisas substantivas em história, sem é claro deixar de lado a questão do método. Mas como poderemos ver no capítulo a seguir, quando se tratou do método, Skinner parece ter sentido a necessidade — não necessariamente por *motivos* ou *intenções* próprios ou pelos constantes desafios de seus críticos — de defender sua metodologia, aprimorando-a, quando possível, de maneira a se adequar aos constantes desafios que sofria por parte dos céticos a ela. Isso fez com que sua obra metodológica tenha sido muito mais ajustada do que ampliada nas décadas que seguiram as suas "provocações" iniciais.

As reformulações tiveram, por fim, como consequência a publicação da coletânea *Visions of Politics* em 2002, cujo primeiro volume Skinner dedicou inteiramente à questão do método. Nessa obra, o historiador reescreveu, editou, modificou — e por vezes atenuou — suas ideias mais rígidas nos originais publicados e trabalhados neste capítulo, apresentando-os como sua "versão atualizada": uma síntese de décadas de diálogos, críticas e respostas, que deram como resultado uma obra com dez textos, entre eles inéditos e alterados, alguns deles baseados nos originais, outros apenas inspirados, mas todos sem exceção expressando a maneira como Skinner via o método nesse período mais atual de sua

---

202. COAN, Isadora Cristina de Melo. As bases filosóficas da metodologia de Quentin Skinner para a história intelectual. *op. cit.*, p. 77.

203. SKINNER, Quentin. **The Foundations of Modern Political Thought**: Cambridge: Cambridge University Press, 1978. v. 1. The Renaissance; Id. **The Foundations of Modern Political Thought**: The Age of Reformation. Cambridge University Press, 1978. v. 2. The age of Reformation. *Cf.* a edição brasileira em volume único: SKINNER, Quentin. **As fundações do pensamento político moderno**. Tradução de Renato Janine Ribeiro e Laura Teixeira Motta. São Paulo: Companhia das Letras, 1996.

carreira. Essa coletânea nos ajuda a compreender o que alguns autores (como Melissa Lane) entendem como "fases" da leitura metodológica de Skinner,[204] dentre as quais se destacam: a primeira — e mais radical — contextualista; uma segunda, arqueológica; e uma terceira, genealógica.[205]

Mas esse processo, como vimos, começou com ressalvas feitas já nos anos 1970, a partir de artigos como *Conventions and the Understanding of Speech Acts* e *Motives, Intentions and the Interpretation of Texts* e continuaram em um próximo artigo metodológico, *Some Problems in the Analysis of Political Thought and Action*,[206] esse ainda podendo ser descrito como sendo de sua "primeira fase", a contextualista. Neste artigo, escrito durante o período em que Skinner passava um período sabático como pesquisador visitante no *Institute for Advanced Study*, em Princeton, quando ele pela primeira vez admite que sua tentativa de aplicar a teoria dos atos de fala não foi tão bem-sucedida como ele esperava, baseado na recepção que estava tendo pelos críticos. De todo modo, ele reforça que textos como *Motives, Intentions and the Interpretation of Texts* e *Conventions and the Understanding of Speech Acts* expuseram seu argumento de maneira mais "satisfatória". De todo modo, Skinner já dá pistas que está abandonando algumas amarras da teoria dos atos de fala quando afirma não achar que há "real necessidade de depender dessa teoria para que possa estabelecer sua própria tese".[207] Mesmo assim, ele admite ainda não ter encontrado uma resposta à objeção dos "epifenomenalistas",[208] o que ele pretende com o trabalho responder.

Em *Some Problems in the Analysis of Political Thought and Action*, nota-se também que expressões austinianas como "*utterance*" e "*illocutionary force*" não se fazem mais presentes no texto.[209] Skinner centraliza seu argumento, agora, na ideia que já havia aparecido em *Motives, Inten-*

204. *Cf.* LANE, Melissa. Doing Our Own Thinking for Ourselves: On Skinner's Genealogical Turn. **Journal of the History of Ideas**, v. 73, n. 1, p. 71-82, jan. 2012.

205. Nessa seção iremos trabalhar dois comentadores em especial: Melissa Lane e Kari Palonen. A definição sobre as supostas "três fases do autor" (contextualista, arqueológica e genealógica), no entanto, é de Lane. Uma fase retórica, por sua vez, pode ser creditada a Palonen. Ambos, contudo, contribuem para a compreensão do avanço da metodologia skinneriana ao longo do tempo.

206. SKINNER, Quentin. Some Problems in the analysis of Political Thought and Action. **Political Theory**, v. 2, n. 3, p. 277-303, ago. 1974.

207. "[...] [T]hat I have no real need to rely on this theory in order to establish my own case [...]" *Ibid.*, p. 284.

208. Sobre o termo o argumento epifenomenalista, *cf.* a seção anterior. No capítulo a seguir voltaremos a essa resposta articulada por Skinner, tendo em vista que se trata de uma resposta aos críticos.

209. Observação feita por FERES JÚNIOR, João. De Cambridge para o Mundo: Revendo a Contribuição Metodológica de Quentin Skinner. **Dados – Revista de Ciências Sociais**, Rio de Janeiro, v. 48, n. 3, 2005, p. 655-680, 2005.

tions and the Interpretation of Texts, mas em um tom mais ameno: a de que a compreensão histórica dos textos políticos advém das convenções linguísticas que historicamente contextualizam o texto. Tais convenções "fechariam" a interpretação, de modo que o resgate da intenção do autor como "objetivo principal" do historiador é deixado de lado em favor de uma tese mais branda, onde a busca pelas intenções do autor estaria "entre as tarefas" do historiador e intérprete. Agora, Skinner já afirma algo que virá a ser um discurso teórico recorrente em sua nova fase teórico-metodológica: que a história da teoria política deve ser lida como uma história de ideologias e como essas ideologias, sendo elas mesmas convenções linguísticas, se alterariam ao longo do tempo. Percebemos que Skinner mantém sua atitude original de entender autores como "seres-no-mundo", dentro de um contexto determinado e também eles próprios são atores políticos ao teorizarem politicamente, de forma que uma história que enxerga a teoria como ideologia

> teria várias vantagens que se somariam ao fato de poder nos dar pela primeira vez um quadro realista de como o pensamento político em suas várias formas foi produzido no passado. Ela nos permitiria iluminar os papéis diversos desempenhados por fatores intelectuais na vida política, abrindo-nos o caminho para o estabelecimento de conexões entre o mundo da ideologia e o mundo da ação política. E isso, por sua vez, adicionaria uma dimensão a mais no estudo da história geral, que parece, no momento, faltar mesmo nas obras de autores mais consagrados.[210]

Mesmo assim, como observa Feres Júnior, Skinner não desiste do seu projeto metodológico, ainda que tenha adaptado algumas de suas teses. E há, segundo Feres, algumas provas para seu argumento. Uma delas seria a de que Skinner, por mais que tenha admitido o "fracasso" na aplicação — e acrescentamos, na interpretação — da teoria dos atos de fala não o leva a retirá-la de seu portfólio metodológico. Na verdade, conforme Feres argumenta, isso estaria de acordo com a teoria de Austin, pois o linguista acreditava que as convenções sociais são condições necessárias para a compreensão exitosa do conteúdo ilocucionário de um ato de fala. Se por qualquer razão essas convenções não existem ou não forem compreendidas pelo falante, a comunicação não se completa

---

210. SKINNER, Quentin. Some Problems in the Analysis of Political Thought and Action. *op. cit.*, p. 280. Tradução de João Feres Júnior in *Ibid.*, p. 662.

e o "ato que se propunha fazer se torna nulo ou vazio." Feres conclui, portanto, que Skinner, ao reformar sua tese adotando a convenção como método mais "satisfatório" para se conhecer e compreender as intenções autorais, "tenta se livrar da aporia inicial e transpõe de maneira ainda mais completa a teoria dos atos de fala para seu projeto de interpretação dos textos."[211]

A aposta skinneriana em uma tese instrumental dos textos, onde a sua interpretação teria de ser feita com base em um pressuposto mais ideológico e convencional, fez com que ele atualizasse sua metodologia incorporando um elemento particular na tentativa de compreensão do que "os autores estavam querendo fazer com seus textos": a retórica. A partir de seus trabalhos substantivos de história do pensamento, do final dos anos 1970 em diante, especialmente os livros que tratam das obras de Maquiavel e Hobbes,[212] Skinner passa a contemplar a retórica como um elemento cada vez mais importante na formação das convenções linguísticas que formariam o imaginário da compreensão e ação política dos autores por nós interpretados. Pode-se afirmar, sem grandes preocupações, que uma segunda fase skinneriana — retórica — se inicia em meados dos anos 1970 e vai se consagrando ao longo dos anos 1980 e 1990.[213]

Um dos comentadores que melhor descreveu essa nova fase retórica de Skinner foi Kari Palonen, em obra específica sobre a abordagem metodológica skinneriana.[214] A obra do teórico finlandês se divide em três teses: a primeira, descreve Skinner como um teórico revolucionário da política, pois conseguiu inverter o objeto de estudo do campo social e político — indo muito além de uma mera crítica ou rejeição das teorias prévias sobre o método —, mas também reconhecendo a importância dos debates intelectuais na formação dos contextos históricos reais dentro de um campo onde os *autores* seriam também *atores*, isto é, onde teorias

211. *Ibid.* Concordamos com a afirmação de João Feres Júnior quanto à permanência de um projeto austiniano em Skinner mesmo em suas fases posteriores. Quanto às razões que levaram Skinner a fazê-lo, contudo, como se trata de uma crítica, isso ainda será examinado no capítulo a seguir.

212. Essa tendência podia ser observada nos dois volumes de 'Visions of Politics', mas aparece de forma mais explícita em SKINNER, Quentin. **Machiavelli**. Oxford: Oxford University Press, 1981 e definitivamente quando Skinner volta seus estudos a Thomas Hobbes. *Cf.* SKINNER, Quentin. **Reason and Rhetoric in the Philosophy of Thomas Hobbes**. Cambridge: Cambridge University Press, 1996. *Cf.* as edições brasileiras das obras: SKINNER, Quentin. **Maquiavel**. Tradução de Denise Bottman. Porto Alegre: L&PM, 2020 [1981]; SKINNER, Quentin. **Razão e retórica na filosofia de Hobbes**. Tradução de Vera Ribeiro. São Paulo: Editora UNESP, 1999 [1996].

213. *Cf.* SKINNER, Quentin. Rhetoric and Conceptual Change. **The Finnish Yearbook of Political Thought**, n. 3, p. 60-73, 1999.

214. PALONEN, Kari. **Quentin Skinner**: History, Politics, Rhetoric. Cambridge: Polity, 2003.

seriam "argumentos em controvérsias específicas".[215] Dessa forma, Palonen descreve o contextualismo linguístico de Skinner como uma "nova forma de teoria", pois recupera tesouros perdidos (*lost treasures*) de um passado remoto, fazendo com que novas possibilidades de investigação possam surgir e revelando aspectos que podem ter sido ignorados até então.

Quanto aos argumentos que permitem Palonen verificar uma "virada retórica" em Skinner, figuram em destaque a aproximação de Skinner com a tradição continental. Já no artigo *Some Problems in the Analysis of Political Thought and Action* é possível perceber tal aproximação, com a crescente utilização de argumentos de Max Weber no que toca ao papel da legitimação, chegando ao limite de afirmar que teria compreendido o "real significado"[216] da teoria weberiana por meio da devolução da dimensão prática das ideias ao processo de legitimação das disputas políticas, fazendo com que as mudanças ideológicas de uma sociedade legitimem as mudanças políticas e institucionais.

Palonen, então, relaciona conceitos weberianos como o de dominação com o papel legitimador das ideologias na concepção skinneriana. A divisão desigual de poderes (dominação), nesse sentido, requer legitimação. Dessa maneira, o teórico finlandês caracteriza a metodologia de Skinner como uma atualização da proposta de Weber através de linguagem implícita na atribuição de sentido da ação humana em um contexto social.[217] Contudo, podemos observar que Palonen — sendo ele próprio um teórico inserido na tradição continental — prefere descrever a proposta de Skinner em termos continentais, como se o historiador britânico estivesse inserido em uma linhagem perspectivista, pela via weberiana. Mas tal descrição, como aponta Coan, parece uma mera tentativa de redescrição das teses de Skinner pelas lentes continentais, ignorando por vezes o conteúdo teórico dos autores comparados.[218]

Apesar de ser questionável a forma como Palonen incorpora uma vertente weberiana ao projeto de Skinner — mais do que o próprio histo-

215. *Ibid.*, p. 6.

216. "[W]hat I take to have been Weber's real meaning." SKINNER, Quentin. Some Problems in the Analysis of Political Thought and Action. *op. cit.*, p. 300.

217. PALONEN, Kari. **Quentin Skinner**. *op. cit.*, p. 57.

218. COAN, Isadora Cristina de Melo. **As bases filosóficas da metodologia de Quentin Skinner para a história intelectual**. *op. cit.*, p. 83. Inclusive Skinner comentou recentemente não concordar com a divisão do mundo entre analíticos e continentais, reforçando a influência de autores anglófonos e continentais em sua teoria igualmente, tendo em vista a relevância de Wittgenstein desde um primeiro momento até a influência mais recente de Foucault. *Cf.* SKINNER, Quentin. Is It Still Possible to Interpret Texts? **The International Journal of Psychoanalysis**, n. 89, 2008.

riador admita —, tentando de alguma forma incorporá-lo a uma tradição continental, seu livro nos mostra mais habilmente como o historiador se mostra, a partir da publicação de textos como *Reason and Rhetoric*, uma preocupação cada vez maior com a recepção de sua tese metodológica e das consequências que seu pensamento estava provocando na academia. É compreensível, tendo em vista que Skinner, na data da publicação de *Reason and Rhetoric*, em 1996, já contava com o prestígio próprio de um professor renomado, tendo assumido a cátedra de *Regius Professor of History* em Cambridge no mesmo ano.[219] Ao colocar a retórica em um lugar de destaque na linguagem teórica, Skinner revela esta preocupação com as lutas políticas atuais, incorporando os atos de fala e urbanizando-os dentro do vocabulário político contemporâneo.

Concordamos com Coan quando esta afirma que o argumento de Palonen quanto a uma "ressignificação" da teoria metológica skinneriana "perde o ponto",[220] justamente pelo fato de Skinner já em *Some Problems in the Analysis of Political Thought and Action* (1974) ter afirmado que, apesar de ele ter assumido que seu argumento de que a teoria dos atos de fala tenha fracassado em provar a força ilocucionária dos enunciados como um ataque à ideia de que teorias políticas são meras derivações de práticas políticas/sociais, isso não ameaçava sua afirmação de que a tese austiniana continua legando *insights* que aproximam princípios e práticas políticas e fornece "pistas relevantes"[221] em questões como a do ideólogo inovador, *e.g.* Em um novo artigo, publicado em 1999 e intitulado *Rhetoric and conceptual change*, Skinner pôde, enfim, responder algumas das considerações feitas por Palonen (tendo em vista que o texto é uma entrevista entre ambos, Skinner e Palonen). Nesse texto em especial fica evidente que Skinner, apesar de estar de fato apostando em uma nova leitura da história do pensamento, está muito mais preocupado com o alvo (a retórica) do que com os meios (método) para se chegar nesses alvos. Tanto é que insiste em utilizar o termo *speech act* no artigo.[222]

---

219. A cátedra Regius é uma das maiores posições acadêmicas da Universidade de Cambridge. Skinner, tendo antes ocupado o posto de Professor de Ciência Política de 1978 até 1996, foi indicado para a cátedra como reconhecimento de seu trabalho e relevância acadêmica, posto que ocupou até 2008.

220. COAN, Isadora Cristina de Melo. As bases filosóficas da metodologia de Quentin Skinner para a história intelectual. *op. cit.*, p. 84.

221. "If we now turn to ask how this central task of an innovating ideologist—that of legitimating untoward social actions—can actually be performed, the theory of speech acts immediately seems to provide an important clue to the answer." SKINNER, Quentin. Some Problems in the Analysis of Political Thought and Action. *op. cit.*, p. 293.

222. SKINNER, Quentin. Rhetoric and Conceptual Change. *op. cit.*, p. 61.

Outra aproximação feita por Palonen entre a tradição continental e Skinner, que encontra ecos até os dias, é da história dos conceitos (*Begriffsgeschichte*), formulada pelo historiador alemão Reinarh Koselleck.[223] Palonen afirma que tanto Skinner quanto Koselleck trabalham a contestabilidade dos conceitos como condição de possibilidade para a compreensão. Isso poderia, a seu ver, ser fundamentado por meio de obras historiográficas substantivas de Skinner, como *Liberty before Liberalism*,[224] publicada em 1998, onde Skinner traça uma linhagem de experiência disponível para os agentes políticos envolvidos no pensamento político que seria próxima aos objetivos de Koselleck de estudar espaços temporais mais amplos (*longue durée*) e suas influências nos conceitos ao longo do tempo. Assim, a virada retórica de Skinner poderia representar uma "passagem da história das ideias para a história dos conceitos."[225]

Skinner está de acordo com Palonen quanto à posição de que ambos assumem que é preciso tratar nossos conceitos normativos menos como descrições do mundo e mais como verdadeiras "armas para o debate", afirmando também não possuir qualquer objeção aos postulados metodológicos do historiador alemão. Entretanto, Skinner objeta a tendência de Palonen em identificar uma "mudança conceitual" em sua obra. Seu questionamento passa por identificar que as *mudanças conceituais* podem ser relacionadas à linguagem e ao tempo, o que na visão de Skinner tornaria a formulação vaga. Afirma ele que seu "desacordo quase paradoxal [tendo em vista que havia dito não haver objeções à teoria koselleckiana] é que as transformações [conceituais] que podemos esperar definir não ser de qualquer modo mudanças conceituais. Elas serão mudanças no uso dos termos pelos quais nossos conceitos são expressados."[226]

Skinner, além disso, também destaca como diferença entre a sua abordagem e a de Koselleck o fato de que a evolução de longo prazo de conceitos (*longue durée*) não é seu foco principal. Em sua visão, as mudanças de longo prazo não constituem seu interesse primário, justamente pelo fato de que as mudanças sociais seriam pouco mais que reflexos das transformações mais profundas da vida social. Skinner, nesse sentido, confessa não possuir o "talento necessário" para pesquisar e escrever com

223. *Cf.* KOSELLECK, Reinarh. **Histórias dos conceitos**. Tradução de Markus Hediger. São Paulo: Contraponto, 2020.

224. *Cf.* SKINNER, Quentin. **Liberty before Liberalism**. *op. cit.*

225. PALONEN, Kari. **Quentin Skinner**. *op. cit.*, p. 168.

226. SKINNER, Quentin. Rhetoric and Conceptual Change. *op. cit.*, p. 63.

o nível de história social que seria exigido para explicar tais mudanças sociais e seus reflexos nessas mudanças conceituais.[227]

Avaliando o processo de mudança de seu próprio projeto metodológico na resposta a Palonen, Skinner afirma que em um primeiro momento (textos publicados nos anos 1960 e 1970) sua empreitada era exposta sob o pressuposto de que cada termo avaliativo haveria de existir a qualquer tempo, sendo os ideólogos inovadores os responsáveis por quebrar esse padrão, manipulando o vocabulário normativo "com uma série de truques."[228] Mas como o próprio Skinner admite indiretamente, a ideia de um termo avaliativo "atemporal" iria ao encontro de seu argumento desde *Meaning and Understanding* de que simplesmente não haveria "ideias atemporais". Desse modo, pesquisando antigos teóricos da eloquência e retórica, Skinner passou a rever sua posição, expondo o vocabulário normativo e os conceitos políticos como fluidos. Assim, não faria sentido dizer que o vocabulário político seria "manipulado" ao ponto de ser simplesmente "aceito" socialmente, mas sim que teria de haver sempre um certo grau de "vizinhança"[229] (*neighbourliness*) entre as formas de comportamento descritas contrastando termos avaliativos dos próprios termos suscetíveis a serem usados numa série de formas de conflito. Em outras palavras, sempre que alguém tenta articular um discurso como "correto", haverá um juízo moral refletido no discurso avaliativo.

Mas é preciso ter cuidado ao avaliar as mudanças teóricas em Skinner com uma tendência de aproximá-las dos fundamentos filosóficos primários do seu contextualismo linguístico. Coan nos alerta para como Palonen acaba por cometer essa falha quando aproxima a referência skinneriana dos teóricos antigos da retórica com a abordagem austiniana, o que possibilitaria uma compreensão mais coerente da ideia de contingência dos conceitos normativos a partir dos vocabulários dos atos de fala. Contudo, não há, segundo ela, qualquer indicativo de que

---

227. "[...] [I]f a history of these conceptual changes were [sic] to have any explanatory value, the explanations would have to be given at the level of social life itself." [...] I lack any talent for writing the kind of social history that would be required." *Ibid.*, p. 65-66. Tradução de Isadora Coan in COAN, Isadora Cristina de Melo. **As bases filosóficas da metodologia de Quentin Skinner para a história intelectual**. *op. cit.*, p. 86.

228. "As a result, I portrayed the innovating ideologist as someone essentially engaged in the act of manipulating a normative vocabulary by a series of sleights of hand [...]." SKINNER, Quentin. Rhetoric and Conceptual Change. *op. cit.*, p. 67.

229. "Rather, as the ancient rhetoricians put it, there will always be a sufficient degree of 'neighbourliness' between the forms of behavior described by contrasting evaluative terms for those terms themselves to be susceptible of being applied in a variety of conflicting ways." *Ibid.*

Skinner concorde com tal afirmação.[230] Mas acrescentamos, ademais, que da mesma forma que não há qualquer fala do autor concordando, também não se verifica qualquer fala em sentido contrário. Assim, só mantemos o alerta para a possibilidade de Palonen haver cometido um dos tipos de mitologias anacrônicas denunciado por Skinner em *Meaning and Understanding* — nesse caso a da coerência e a da doutrina — contra o próprio autor da tese.[231]

O mesmo alerta também é feito para a aproximação de Palonen feita entre os jogos de linguagem de Wittgenstein e a disputa retórica. Por mais que a noção retórica de vizinhança se aproxime da noção wittgensteiniana de família de significados,[232] não fica evidente na obra de Skinner se o seu estudo da retórica se encontra no mesmo padrão da dimensão pragmática da linguagem, combinando ambas as influências num projeto teórico único. Mais uma vez, a nosso ver, parece que Skinner, na verdade, trata a retórica como objeto de estudo, não podendo confundi-la com as bases filosóficas de sua metodologia, como é o caso da pragmática do segundo Wittgenstein.[233] De todo modo, estamos de acordo com a descrição de Palonen quanto ao novo enfoque da obra substantiva skinneriana, mais atenta à retórica, mesmo que essa atenção, ainda que tenha ocasionado reflexos metodológicos, não possa ser vista como um rompimento total com o contextualismo linguístico inicial. Tanto é que o uso feito da teoria dos atos de fala parece afastar-se das considerações originais de Austin mais por uma atenção redobrada aos "usos não literais da linguagem do que por se concentrar na dimensão escrita, e não oral, da comunicação."[234]

Outra leitura panorâmica de relevo para a interpretação da obra metodológica de Skinner é a feita por Melissa Lane no artigo *Doing Our Own*

230. COAN, Isadora Cristina de Melo. As bases filosóficas da metodologia de Quentin Skinner para a história intelectual. *op. cit.*, p. 87.

231. *Cf.* p. 49-50, supra.

232. WITTGENSTEN, Ludwig. **Philosophical Investigations**. *op. cit.*, p. 36 (§77).

233. Em sentido contrário, analisando a retórica como nova base filosófica da metodologia, à guisa de um "segundo Skinnner", *cf.* LAMB, Robert. Quentin Skinner's revised historical contextualism: a critique. **History of the Human Sciences**, v. 11, n. 3, p. 51-73, 2009.

234. COAN, Isadora Cristina de Melo. **As bases filosóficas da metodologia de Quentin Skinner para a história intelectual**. *op. cit.*, p. 88. Em sentido contrário, entendendo que o contextualismo incorre em erro ao utilizar a teoria dos atos de fala para a análise do pensamento político pois Austin pretendia apenas utilizá-la para explicar o uso da linguagem oral, ver STEINBERGER, Peter J. Analysis and the History of Political Thought. **American Political Science Review**, v. 103, n. 1, p. 135-146, 2009. Para uma resposta a essa posição criticando a leitura precária de Wittgenstein por Steinberger, ver HAVERCROFT, Jonathan. Skinner, Wittgenstein and Historical Method. **Paragraph**, v. 34, n. 3, p. 371-387, 2011.

Thinking for Ourselves, publicado em um número especial do periódico *Journal of the History of Ideas* que comemorava em simpósio os quarenta anos da publicação original de *Meaning and Understanding*, em 2012.[235] O argumento principal de Lane no artigo para uma virada genealógica na obra de Skinner, abandonando o que para a autora representava uma abordagem arqueológica do autor,[236] seria um distanciamento em definitivo de uma posição tomada no início de sua trajetória, em *Meaning and Understanding*, quando afirmava que os papeis do teórico político e do historiador deveriam ser bem delimitados e separados. Nessa nova fase, Skinner já admite que estudos históricos podem — e em alguma medida até devem — inspirar o pensamento político contemporâneo, de maneira que a autora levanta a dúvida sobre o quanto Skinner estaria comprometido com essa divisão rígida de tarefas estabelecidas em sua proposta original.

Quando Skinner admite que a divisão entre o historiador e o teórico político é mais tênue do que ele mesmo pensava ser em seus primeiros ensaios, Lane afirma que ele entra definitivamente em uma nova fase. Aquela fase que Palonen chama de abordagem retórica do pensamento político, para Lane se chamará de fase arqueológica, muito porque para Skinner ali já se encontravam novos elementos adequados para uma nova forma de abordar a historiografia, como a falseabilidade (*falsifiability*) e a possibilidade de encontrar tesouros enterrados (*fruits*), que serviriam como uma passagem para sua última fase, onde o historiador britânico, incorporando as referências de Nietzsche, Weber e Foucault,[237] chega a uma abordagem genealógica e coesa em textos como *A Genealogy of the Modern State*,[238] completando com uma última "virtude" historiográfica: a liberdade (*freedom*). Enquanto a falseabilidade, por sua vez, seria algo maior do que a contingência, os frutos seriam a descoberta daquilo que Skinner chama de "tesouros perdidos" da história, pistas valiosas para

235. *Cf.* LANE, Melissa. Doing Our Own Thinking for Ourselves: On Quentin Skinner's Genealogical Turn. *op. cit.*

236. Assim como Coan, optamos por dividir as fases skinnerianas em três — contextualista, arqueológica e genealógica —, ainda que Lane não faça menção expressa à primeira, justamente pela coerência às posições originais de Skinner em seus primeiros ensaios metodológicos e como estes serviram como identidade da chamada Escola de Cambridge como contextualismo linguístico tornam implícita a primeira fase como contextualista. A virada retórica apontada por Palonen, contudo, serve como mais um elemento teórico skinneriano a ser abordado — e contrastado — com as fases identificadas por Lane, sem prejuízo de ter a fase metodológica inaugural do autor tida como contextual.

237. "[S]o implicitly (and sometimes explicitly) associating himself with practices of Nietzsche, Weber, and Foucault." LANE, Melissa. Doing Our Own Thinking for Ourselves. *op. cit.*, p. 74.

238. *Cf.* SKINNER, Quentin. A Genealogy of the Modern State. **Proceedings of the British Academy**, n. 162, p. 325-370, 2009.

encontrar linhagens de "valores presentes em um nível mais profundo".[239] Já a liberdade seria o caráter libertador que o conhecimento do passado nos dá e permite que conheçamos e pensemos melhor sobre nós mesmos e quem queremos ser.

Segundo Lane, as duas primeiras formas já estavam presentes nas primeiras fases do autor, mas a liberdade como valor que exsurge da metodologia pode ser identificada apenas na fase genealógica, em especial na revisão que Skinner fez de seus ensaios metodológicos e nas suas respostas aos críticos na coletânea *Visions of Politics: Regarding Method.* A autora recupera uma passagem específica da introdução da obra, onde Skinner já dá o tom de como essa revisão de sua obra se dará e como ela deve ser lida:

> Um entendimento do passado pode nos ajudar a apreciar o quanto os valores incorporados em nossa forma de vida presente, e a nossa maneira de pensar tais valores, refletem uma série de diferentes escolhas feitas em diferentes momentos entre diferentes mundos possíveis. Essa consciência pode ajudar a nos libertarmos da compreensão de qualquer descrição desses valores e como eles devem ser interpretados e compreendidos. Equipados com um senso mais amplo de possibilidade, nós podemos evitar compromissos intelectuais que herdamos e nos perguntarmos em um novo espírito de pesquisa o que nós devemos pensar deles.[240]

Em um primeiro momento, as aproximações que Skinner faz nessas segunda e terceira fase (arqueológica e genealógica, respectivamente), inclusive explicitamente, não só a Weber, mas também a Foucault e Nietzsche, poderiam fazer com que Lane repetisse o argumento de Palonen de que Skinner, ao longo de sua trajetória, estaria se aproximando da tradição continental, especialmente agora ao utilizar um termo explicitamente nietzschiano como a genealogia. Mas Lane vai na contramão e

---

239. "[T]hey now represent a valuable treasure, one which must match up to some degree to our present values at 'some deeper level' in order for us to be able to retrieve these fruits without fear of having 'alien values' [...] foisted upon us." LANE, Melissa. Doing Our Own Thinking for Ourselves. *op. cit.*, p. 74. *Cf.*, também, SKINNER, Quentin. **Liberty before Liberalism**. *op. cit.*, p. 83-97.

240. "An understanding of the past can help us to appreciate how far the values embodied in our present way of life, and our present ways of thinking about those values, reflect a series of choices made at different times between different possible worlds. This awareness can help to liberate us from the grip of any one hegemonal account of those values and how they should be interpreted and understood. Equipped with a broader sense of possibility, we can stand back from the intellectual commitments we have inherited and ask ourselves in a new spirit of enquiry what we should think about them." SKINNER, Quentin. Introduction: Seeing things their way. In: Id. **Visions of Politics**. *op. cit.*, p. 6.

afirma que a nova proposta de Skinner não possui qualquer traço para distingui-la como caudatária de genealogia de Nietzsche. O texto em análise, onde Skinner expõe com clareza sua nova faceta metodológica é *A Genealogy of the Modern State*. A sua proposta no ensaio é provar que nunca houve um conceito consensual de Estado. Dessa forma, Skinner se aproxima de Nietzsche quando afirma que "à medida que a genealogia do Estado se desdobra, o que é revelado é o caráter contingente contestável do conceito, a impossibilidade de mostrar que ele tem qualquer essência ou limite natural."[241] Na opinião de Lane, no entanto, a abordagem genealógica nietzschiana vai além de uma mera ponte com a contingência, sendo mais complexa que a aproximação feita por Skinner. Em *Genealogia da moral*,[242] por mais que Nietzsche ressalte sua recusa de posições teleológicas para com a história, a contingência continua não sendo o termo mais adequado para abordá-la. Lane aponta, então, que alguns dos termos mais bem adequados para descrever a abordagem genealógica de Nietzsche seriam: *(i)* contestação interpretativa como expressão de vontade; e *(ii)* destituir a continuidade de valores para motivos posteriores e valores assumidos por [questões] aderentes.[243] Por isso, Lane vai afirmar que a genealogia skinneriana, quando trata do Estado, se mostra como apenas uma face da contestação interpretativa, não colocando a contestação efetivada em conflitos sobre conceitos e ideologias como eventos dotados de uma vontade de potência. Para além disso, Skinner não se mostra preocupado em encontrar *uma* concepção de Estado como correta, não é disso que sua metodologia trata. Seu interesse está em buscar as origens dos conceitos em disputa, o que o torna apenas "parcialmente nietzschiano, mas apenas parcialmente".[244]

O que Lane quer nos dizer é que a tese genealógica de Skinner é muito mais skinneriana do que propriamente nietzschiana. Isso porque sua perspectiva posta nestes termos, ainda que com um novo sentido genealógico, é profundamente wittgensteiniana, pois estabelece, sem alterações desde *Meaning and Understanding*, a ideia de "significado pelo uso/emprego". Dessa maneira, a genealogia skinneriana seria mais um

241. "As the genealogy of the state unfolds, what it reveals is the contingent and contestable character of the concept, the impossibility of showing that it has essence or natural boundaries." SKINNER, Quentin. A Genealogy of the Modern State. *op. cit.*, p. 326.

242. *Cf.* NIETZSCHE, Friedrich. **Genealogia da moral**: uma polêmica. Tradução, notas e posfácio Paulo César de Souza. São Paulo: Companhia das Letras, 2009 [1887].

243. "(a) Contestation: interpreting as expressing will to power of life, with (b) Debunking: debunking continuity of value from origins to later purpose and values assumed by adherents." LANE, Melissa. Doing Our Own Thinking for Ourselves. *op. cit.*, p. 79.

244. "[P]artially nietzschean, but only partially." *Ibid.*, p. 80.

compromisso reiterado em investigar a história do uso dos conceitos ao invés de uma história dos conceitos *per se*, do que qualquer desvio em favor de uma perspectiva nietzschiana. Lane, no entanto, não deixa de elogiar a "riqueza" dessa nova fase metodológica de Skinner, concordando com a tese de que quando "pensamos por nós mesmos", nós fazemos uso de alternativas que estavam, de fato, "perdidas na história" e podem ser reincorporadas em nosso pensar outra vez. Já as condições para tal recuperação "são elas mesmas contingenciais, mas não descartadas pela mesma contingência"[245] de outrora.

No mesmo número onde foi publicado o artigo de Lane, Skinner também publicou uma resposta em razão do simpósio onde se debatia seu famoso artigo. No ensaio, ao discutir as observações de Lane, Skinner justifica sua recente preferência por metáforas genealógicas em face das arqueológicas,[246] porque o aforismo de Nietzsche segundo o qual apenas o que não é definível não tem história foi para ele como uma epifania: "o epigrama de Nietzsche parecia resumir com incomparável força uma boa parte do que eu vinha cambeleantemente tentando dizer sobre a relação entre filosofia e a sua história."[247] Em acordo com a interpretação feita por Lane, Skinner acrescenta que há mais em Nietzsche do que apenas a ênfase na contingência como interpretações conflitantes e vontade de potência, mas essas são águas que Skinner afirma "não desejar adentrar",[248] justamente por se utilizar do conceito de "genealogia" como metáfora, e não como fundamento para sua proposta metodológica.

Ao analisar as diferentes abordagens skinnerianas sob as lentes de Lane, uma observação importante é feita por Coan, que descreve a figura da árvore genealógica como uma figura "que coloca o passado, mesmo

245. "We do our thinking for ourselves in assessing the normative inadequacy of certain current accounts of the state to current purposes and needs [...]; and in doing that thinking we make use of certain alternatives that had been lost in history (buried treasure) but are potentially available to be incorporated into our thinking again. The conditions of that recovery—better termed a transformation than a simple retrieval—are themselves contingent, but they are not ruled out by that very contingency." *Ibid.*, p. 82.

246. Apesar de Lane identificar a utilização de uma abordagem "arqueológica" apenas nos ensaios revisados de Vision of Politics e Liberty before Liberalism, Skinner de alguma forma dá a entender em sua resposta que a autora atribui a ele duas fases, e que a arqueológica compreenderia toda sua primeira fase, desde Meaning and Understanding até a "virada retórica". Essa visão pode ser consequência de Skinner ter se acostumado com as críticas ao seu suposto "antiquarismo", da qual falaremos com mais detalhes no capítulo a seguir. *Cf.* SKINNER, Quentin. On the Liberty of the Ancients and the Moderns: A Reply to My Critics. **Journal of the History of Ideas**, v. 73, n. 1, p. 127-146, jan. 2012.

247. "Nietzsche's epigram seemed to summarize with unmatchable force a great deal of what I had been stumblingly trying to say about the relationship between philosophy and its history." *Ibid.*, p. 128.

248. "These are deep waters into which I have no desire to plunge." *Ibid.*, p. 129.

que não linearmente, em conexão com o presente", diferenciando-se, assim, da metáfora arqueológica, que por sua vez centra-se na recuperação de certo momento histórico, enquanto a genealogia "parece estabelecer conexões, não teleológicas, entre vários momentos passados que nos trouxeram a este presente em que vivemos".[249]

Independentemente de concordarmos ou não com as leituras feitas de Skinner por tais comentadores — e mesmo que possamos discordar das delimitações de fases metodológicas por eles apontadas —, fato é que muitos desses apontamentos representaram uma interpretação dos desvios e ressalvas que Skinner fez a partir das críticas que recebeu ao longo de sua carreira e à medida que sua obra alcançava horizontes mais amplos.[250] Tais críticas se mostraram presentes desde a repercussão polêmica de *Meaning and Understanding*, mas se mantiveram por muitas décadas, perpassando toda a cronologia metodológica de sua obra. A obra *Visions of Politics*, nesse sentido, representou não só uma última resposta, mas uma revisão geral de suas ideias metodológicas com a edição de inúmeros artigos anteriores. Além disso, o texto buscou reafirmar o contextualismo como metodologia ou heurística válida para "vermos as coisas como elas são" na política, reconhecendo o sentido retórico em diversos autores "clássicos", onde eles figuram como "ideólogos inovadores", mesmo nos "mais abstratos sistemas de pensamento", isso porque nenhum filósofo "está acima da batalha, pois a batalha é tudo que há."[251]

Textos como *On the Liberty of the Ancients and the Moderns: A Reply to My Critics*, a partir de indagações feitas a publicação de *A Genealogy of the Modern State*, são exemplos de que os debates recentes sobre a questão do método histórico permanecem suscitando debates interessantes. No próximo capítulo examinaremos algumas fases dessas críticas e as respostas que Skinner providenciou para cada um desses momentos.

---

249. COAN, Isadora Cristina de Melo. As bases filosóficas da metodologia de Quentin Skinner para a história intelectual. *op. cit.*, p. 96-97.

250. Skinner, em entrevistas recentes, chega a mencionar que não esperava que sua obra fosse ter um impacto fora da Inglaterra, e que ainda se surpreende do quão longe as discussões metodológicas em seu trabalho chegaram. Na sua visão, seu trabalho sempre foi focado a tratar "detalhadamente" a história de sua terra, a Inglaterra. "The only country, I must admit, in which I have any confidence that I may be communicating in the way I intend is England." *Cf.* SKINNER, Quentin. Concepts only have histories, Interview with Quentin Skinner (Emmanuelle Tricoire and Jacques Levy), **EspacestTemps.net**, 23 nov. 2007. Disponível em: https://www.espacestemps.net/articles/quentin-skinner/. Acesso em: 20 jul. 2023.

251. "[I]deological motivations underlying even the most abstract systems of thought [...] no one is above the battle, because the battle is all there is." SKINNER, Quentin. **Visions of Politics**. *op. cit.*, p. 6-7.

Capítulo 4

O CONTEXTUALISMO LINGUÍSTICO E SEUS CRÍTICOS

"Como historiadores é nosso dever apenas comparar e explicar, não pronunciar vereditos: o historiador não é um juiz, mas um detetive."[252]

(Joseph Femia)

Como dito anteriormente, a proposta metodológica de Skinner inspirou uma miríade de críticas sob os mais diversos vieses. Em sua primeira grande resposta direta aos seus críticos, *A Reply to my critics*, publicada na coletânea *Meaning and Context*, coordenada por James Tully, Skinner observa ironicamente ter "descoberto" através dos anos ser um "um idealista, um materialista, um positivista, um relativista, um antiquarista, um historicista e um metodólogo com nada substancial a dizer".[253]

Skinner, nessa obra publicada em 1988, já fala de um lugar privilegiado, tendo passado por um estágio de pesquisa em Princeton entre 1976 e 1979, onde conviveu com grandes nomes das humanidades, como os filósofos Thomas Khun (1922-1996) e Richard Rorty (1931-2007) e o antropólogo Clifford Gertz (1926-2006), e ter sido reconhecido pela sua obra magna *Foundations of Political Thought*, de 1978. De todo modo, o

252. "As historians it is our duty only to relate and explain, not to pronounce verdicts: the historian is not a judge but a detective." FEMIA, Joseph. A Historicist Critique of "Revisionist" Methods for Studying the History of Ideas. In: TULLY, James. (ed.). **Meaning and context**. op. cit., p. 162.

253. SKINNER, Quentin. A reply to my critics. In: TULLY, James. (ed.). **Meaning and Context**: Quentin Skinner and his critics. Princeton, NJ.: Princeton University Press, 1988. p. 231-288.

tom irônico de sua resposta revela uma insatisfação, pois aquela não era a primeira vez que ele respondia a críticas aos seus projetos, em especial o metodológico, já que o autor havia se dedicado a fazer algumas ressalvas e reconhecendo algumas das limitações de sua abordagem em textos como *Some Problems on the Analysis of Political Thought and Action* e *Hermeneutics and the Role of History*. Skinner admite que suas primeiras respostas "estiveram longe do suficiente para satisfazer seus críticos".[254] Após sua resposta em *A reply to my critics*, elas continuaram sendo insuficientes para a maioria dos seus críticos, mas serviram para que as críticas se tornassem mais refinadas. Nota-se, assim, um aumento na sofisticação dos críticos de Skinner hoje em relação aos primeiros críticos.

Nossa missão neste capítulo é abordar tanto os debates sobre essas críticas mais velhas, quanto as mais recentes, avaliando as objeções à proposta metodológica de Skinner, bem como apresentar as demais respostas dadas pelo teórico aos seus inúmeros críticos. Ricardo Silva chega a sistematizar as variadas críticas a Skinner em três grupos: o primeiro são as objeções a um "historicismo radical do historiador", presentes na acusação generalizada de que "sua teoria desemboca num 'antiquarismo' improdutivo para o entendimento dos dilemas do presente"; o segundo é como "as objeções à teoria intencionalista do significado de textos como expressões de atos linguísticos"; e o terceiro constitui-se de como as "objeções [gerais] ao estatuto epistemológico da metodologia skinneriana, ora acusada de relativista, ora de objetivista (ou mesmo positivista), ora de nem mesmo ser uma metodologia."[255]

Além dessa útil divisão, achamos importante também contextualizar minimamente as críticas em agrupamentos a partir de uma ordem cronológica, como que em *fases*. A *primeira fase* de críticas engloba inclusive alguns artigos mencionados no capítulo anterior e, nesse sentido, elas se dividem tanto com o primeiro, quanto como a segundo agrupamentos mencionados acima por Silva. Uma *segunda fase* pode ser identificada também com os dois primeiros (e talvez em alguns casos com o terceiro) grupos formulados acima, mas também como uma tréplica, já que todos os textos dessa fase foram publicados após as ressalvas e primeiras respostas aos críticos feitas por Skinner ainda nos artigos publicados em *Some Problems on the Analysis of Political Thought and Action* e *Hermeneutics and the Role of History*. Essa fase também deve ser associada à

254. SKINNER, Quentin. **Visions of Politics**. *op. cit.*, p. 6.

255. SILVA, Ricardo. O contextualismo linguístico na história do pensamento político. *op. cit.*, p. 311.

obra *Meaning and Context*, onde Skinner responderá a uma segunda leva de críticas com seu *A reply to my critics*. Por fim, uma *terceira fase* pode ser identificada justamente como uma nova tréplica de novos críticos, que irão abordar o próprio *A reply to my critics* e posteriormente a coletânea de revisões e novos textos publicados como *Visions of Politics: Regarding Method*.

Por uma questão de organização sistemática e didática, dividiremos as seguintes subseções respeitando a divisão feita por Ricardo Silva, alterando apenas a ordem por ele imposta, de modo a privilegiar uma noção cronológica, ainda que as críticas ao intencionalismo, antiquarismo e ao estatuto epistemológico do contextualismo estejam intercaladas entre todas as fases que identificamos.[256] É possível verificar críticas que abordam os três temas em todos os movimentos críticos ao longo destes mais de cinquenta anos desde a publicação de *Meaning and Understanding*, que funciona como marco inicial para o início das críticas, tendo em vista a fama que o artigo logrou. O que se pode observar desde já, contudo, é a sofisticação das críticas mais recentes, que foram sendo mais e mais apuradas, até pela necessidade de estar à altura de cada nova resposta de Skinner aos críticos que as precediam, os quais seguiram também um apuramento cada vez mais rigoroso, ainda que sua proposta tenha assumido um caráter mais maleável ao longo das décadas. Por fim, este capítulo também conterá um interlúdio para o seguinte, onde discutiremos a questão da diferença entre as abordagens de Skinner e de outros membros da chamada Escola de Cambridge — mormente Pocock — e se é possível ou mesmo adequado continuar a utilizar esta nomenclatura, mesmo com uma relativa diferença entre suas abordagens historiográficas.

4.1. O CONTEXTUALISMO LINGUÍSTICO "ANTIQUARISTA": CRÍTICAS E RÉPLICAS

Alguns dos primeiros a desafiar a proposta metodológica de Skinner tiveram como foco principal as duras críticas que o autor fez na primeira versão de *Meaning and Understanding* ao anacronismo presente no estudo

256. É possível associar as críticas ao antiquarismo e ao intencionalismo, p. ex., mais presentes nos primeiros textos publicados criticando a primeira versão de Meaning and Understanding, ainda nos anos 1970. Já a questão do questionamento do contextualismo linguístico como método e a apuração dessa crítica é observável como crescente desde as indagações de *Meaning and Context* até artigos publicados posteriormente à *Visions of Politics* e as críticas mais recentes a Skinner, que arrefeceram desde o simpósio em homenagem aos 50 anos de publicação de Meaning and Understanding em 2009.

convencional da história das ideias e por isso podem ser identificados como membros de uma "primeira fase" de críticos de Skinner. Nesse período se destacam os textos de Margaret Leslie e Bhikhu Parekh & Robert Berki,[257] nos trabalhos publicados ainda na primeira metade dos anos 1970, mas também alguns dos colaboradores de *Meaning and Context* e outros autores cujos textos foram publicados nos anos 1980, entre eles Joseph Femia, Dominick LaCapra e Kenneth Minogue.[258]

Como vimos no capítulo anterior, Skinner estava preocupado com a reconstrução dos contextos linguísticos de cada autor estudado, principalmente os antigos, os quais não podiam ter suas obras simplesmente "presentificadas" por uma leitura que se apropriasse dos conceitos e ideias autorais, sem qualquer intertextualidade, como se tratassem de pensamentos atemporais e universais. Para ele, o historiador deveria focalizar sua investigação de modo a vê-las como os autores as viam. Assim, a tentativa "presentista" de incorporar ideias do passado como soluções para problemas atuais seria não apenas um erro metodológico, mas também um equívoco "moral", uma vez que representaria uma prática política preguiçosa, onde nos esquivaríamos de tarefa incontornável de encontrar soluções adequadas para nossos dilemas morais e políticos. Por isso Skinner, desde a primeira versão do texto, nos alerta que "devemos aprender a pensar por nós mesmos."[259]

Os opositores de Skinner, entretanto, eram céticos quanto a essa proposta, pois acreditavam que, levando a cabo a hipótese metodológica de seu oponente, o estudo do passado perderia objeto e até mesmo sentido. Leslie, por um lado, faz uma defesa do anacronismo, tratando-o como inevitável e até positivo, em certo sentido. A autora afirma que "pensar como nós mesmos", como quer Skinner, deixaria os estudiosos do pensamento com apenas duas opções: "se transformar em historiadores

---

257. LESLIE, Margareth. In Defense of Anachronism. **Political Studies**, v. XVIII, n. 4, p. 433-447, 1970; PAREKH, Bhikhu; BERKI, Robert. The History of Political Ideas: A Critique of Quentin Skinner Methodology. **Journal of the History of Ideas**, v. 34, n. 2, p. 163-184, apr. /jun., 1973; TARLTON, Charles. Historicity, Meaning and Revisionism in the Study of Political Thought. **History and Theory**, v. 12, n. 3, p. 307-328, 1973.

258. FEMIA, Joseph. A Historicist Critique of "Revisionist" Methods for Studying the History of Ideas. *In*: TULLY, James. (ed.). **Meaning and context**. *op. cit.*, p. 156-175; LACAPRA, Dominick. Rethinking Intellectual History and Reading Texts. **History and Theory**, v. 19, n. 3, p. 245-276, out. 1980; MINOGUE, Kenneth. Method in intellectual history: Quentin Skinner's Foundations. *In*: TULLY, James. (ed.). **Meaning and context**. *op. cit.*, p. 176-193.

259. "[W]e must learn to do our own thinking of ourselves." SKINNER, Quentin. Meaning and Understanding in the History of Ideas. *op. cit.*, p. 52.

ou renunciar à tentativa de fazer conexões entre passado e presente".[260] Nesse caso, para ela, aquele que tenta *pensar por si mesmo* está fadado a ser limitado "pela linguagem e pressupostos de seu próprio meio" e, dessa forma, "como ele poderia expandir seus limites conceituais sem se aventurar no território estranho do passado?"[261] A professora segue reconhecendo que a "nova tendência" de separar a história intelectual da história contemporânea está baseada na "descoberta histórica da alteridade do passado", mas que isso não poderia transformar a historiografia numa "camisa de força" contra o uso de analogias entre passado e presente: é possível esclarecer pontos importantes "pelo diálogo entre as preocupações do próprio historiador e o passado que ele busca compreender."[262]

Parekh & Berki também questionam a viabilidade da proposta antianacrônica de Skinner, apontando para o fato de que a tese skinneriana levaria à necessidade de tratar de cada autor ou texto individualmente, concluindo-se uma interpretação "isolada"[263] do autor original relativa à análise textual de outros contextos e autores. Os acadêmicos ainda criticam a abordagem contextualista, dizendo que "o contexto não é algo tão óbvio e dado como Skinner imagina, mas algo que precisa ser construído e de fato criado pelo comentador [historiador]."[264] O comentário revela mais uma vez o ceticismo também com a ideia skinneriana de que seria possível realizar um trabalho "genuinamente histórico", o que implica a hipótese normativa de que é possível um trabalho historiográfico imparcial e verdadeiro. Os críticos, dessa vez, enxergam como problemática a ideia de que a "historiografia especializada", que estaria concentrada em indivíduos, seria a melhor alternativa, ou mesmo a "mais importante",

260. "We either become historians, and renounce the attempt to make connections with the present; [...]." LESLIE, Margareth. In Defense of Anachronism. *op. cit.*, p. 435.

261. "The man who tries to 'do his thinking for himself' is bound to be limited, perhaps cripplingly, by the language and presuppositions of his own environment, and how can he extend his conceptual range without venturing into the alien territory of the past?" *Ibid.*, p. 441.

262. "The root of the current tendency to separate historical and contemporary intellectual enterprises lies in the historians' discovery of the otherness of the past. But the perception of similarity otherness, of unity in difference, is the very life-blood of analogical thinking, one of the commonest ways in which we extend the limits of our thought and break out of the strait-jacket of common-place assumptions." *Ibid.*, p. 442. Leslie também cita exemplos de autores que, segundo ela, apresentavam exemplos importantes de anacronismo ou analogia positivas. Entre eles, o trabalho extensivo de Brian Barry (1936-2009) e sua analogia do conceito contemporâneo de interesse coletivo e a ideia de "vontade geral" de Jean-Jacques Rousseau (1712-1778) e o paralelo que a filósofa Simone Weil (1909-1943) faz entre a ideologia expansionista nazista e a do Império Romano. *Ibid.*

263. "What follows from this thesis is that each individual author, or indeed each individual 'text', should be analyzed and interpreted in isolation from other authors or texts." PAREKH, Bhikhu; BERKI, Robert. The History of Political Ideas. *op. cit.*, p. 180.

264. "[C]ontext is not something obvious and given as Skinner imagines, but has to be constructed, indeed created by the commentator." *Ibid.*, p. 182.

para se "fazer" história. Os críticos, então, sugerem que Skinner "parece não notar a possibilidade de uma divisão de trabalho aqui e, dessa forma, ele evoca o assustador mito de que para ser um devido historiador das ideias seria necessário vasculhar todas as declarações já feitas por qualquer escritor que já viveu."[265] Para ambos os historiadores e os historiadores das ideias seria "aconselhável", então, "olhar para o presente como parte da história". Nesse sentido, "isso significaria que historiadores estariam errados em assumir que suas noções metodológicas" são as melhores e "válidas" sempre:

> A "compreensão" de ideias passadas nunca pode ser um dado abstrato, mas um constante, historicamente evolutivo, processo. Metodologias, por mais plausíveis que elas possam parecer a uma geração de estudantes, não são avanços insuperáveis de mitos para realidade, ou da mentira para a verdade, ou da confusão à clareza. Lidar com o passado é uma questão do presente e à medida que o presente muda o mesmo acontece com o "passado" do historiador.[266]

Outros críticos, como Lockyer, LaCapra e Femia, foram um pouco mais longe em suas críticas ao aspecto (ou consequência) "antiquarista" de Skinner. Para eles, ao se admitir a proposta de Skinner, a própria noção de tradição intelectual estaria comprometida.[267] Caberia, portanto, ao historiador, realizar um diálogo entre obras clássicas e as questões contemporâneas, como numa "fusão de horizontes"[268] entre passado e presente. A metodologia de Skinner, no entanto, para tais autores, inviabi-

---

265. "Specialist historiography which concentrates on individuals is not the only legitimate way of dealing with the past, and, from the point of view of political thought, it is at least debatable if it is the most important one. Skinner does not appear to notice the possibility of a division of labor her, and accordingly he conjures up the frightening myth of an historian of ideas proper having to ransack every statement of every writer who ever lived." *Ibid.*, p. 183.

266. "The historian, and the historian of ideas [...] is well advised to look upon the present as a part of history. In the present context this means that historians would be wrong to expect their methodological notions to be final and valid for all times. The 'understanding' of past ideas can never be an abstract given, but a constantly, historically evolving process. Methodologies, however plausible they may appear for a generation of students, are not once-and-for-all breakthroughs from myth to reality or from falsehood to truth, or from confusion to clarity. Dealing with the past is a present concern, and as the present changes so does the 'past' of the historian." *Ibid.*, p. 184.

267. *Cf.* LOCKYER, Andrew. 'Traditions' as Context in the History of Political Theory. **Political Studies**, v. 27, n. 2, p. 201-217, jun. 1979.

268. Ricardo Silva destaca uma "perspectiva gadameriana" em alguns críticos de Skinner (*cf.* SILVA, Ricardo. O contextualismo linguístico na história do pensamento político. *op. cit.*, p. 322). Um questionamento mais aprofundado quanto ao contextualismo linguístico e a hermenêutica filosófica serem conciliáveis ou não será feito no capítulo seguinte.

lizaria tal diálogo, por conta da "retranca" histórico-documental exigida. Como afirma a crítica de Femia, "se todos os eventos são *sui generis*, não podemos escrever história; podemos apenas empilhar documentos."[269] Os críticos ironizam, então, o fato de Skinner, um ativista mordaz contras as historiografias mitológicas, ter ele mesmo caído numa espécie de "mitologia da fragmentação",[270] onde o uso da metodologia skinneriana poderia levar a um questionamento do sentido do próprio estudo do "processo histórico".

Outra crítica no mesmo tom avalia que uma atenção exclusiva ao contexto linguístico da produção de um texto poderia reduzir a importância de grandes obras, diluindo grandes textos entre outros de menor significação. Superestimar o contexto do desenvolvimento do texto antigo estudado seria, nas palavras de John Gunnell, "depreciar o texto em favor do contexto",[271] o que levaria sua "historicidade rigorosa" a nada mais que de "antiquarismo acadêmico."

Skinner, responde a essas críticas antiquaristas tanto em sua *Reply to my critics* quanto em *Visions of Politics: Regarding Method*, lamentando que a leitura "depressivamente filistina"[272] feita por alguns comentadores de sua obra, que insistem na hipótese de que a história intelectual só seria "relevante" se nos permitisse refletir nossas crenças atuais. De todo modo, Skinner faz duas justificativas do porquê seria importante estudar o passado: a primeira é uma justificativa antropológica, segundo a qual a "investigação" de sistemas de pensamentos estranhos a nós nos providencia "meios insubstituíveis" de evitar nossas próprias impressões a pressuposições a diferentes formas de vida. Assim, na esteira do pensamento de autores como Rorty e Gadamer, Skinner considera que é possível alcançar "certo grau de objetividade" avaliando "sistemas de

---

269. "If all historical events are sui generis, then we cannot write history, we can only pile up documents." FEMIA, Joseph. A Historicist Critique of "Revisionist" Methods for Studying the History of Ideas. *op. cit.*, p. 168. Tradução de Ricardo Silva in id. O contextualismo linguístico na história do pensamento político. *op. cit.*, p. 322.

270. "As a tendency to distort a writer's coherence arising from too gross a concern with context, we might, after Skinner, call this the 'mythology of fragmentation' [...]." MINOGUE, Kenneth. Method in intellectual history. *op. cit.*, p. 179.

271. "It does seem clear at least that what he [Skinner] describes as a historical approach tends to depreciate the text in favor of the context."; "[A]part from scholarly antiquarianism, the purpose [...] is far form clear." GUNNELL, John G. Interpretation and the History of Political Theory: Apology and Epistemology. **The American Political Science Rev.**, v. 76, n. 2, p. 317-327, jun. 1982. p. 322. Tradução de Ricardo Silva in SILVA, Ricardo. O contextualismo linguístico na história do pensamento político. *op. cit.*, p. 323. Mark Bevir, por sua vez, irá fazer questionar a diferenciação entre texto e contexto, mas essa problemática será vista na terceira seção deste capítulo.

272. *Cf.* SKINNER, Quentin. A reply to my critics. *op. cit.*, p. 286; Id. **Visions of Politics**. *op. cit.*, p. 6; 125.

pensamento rivais", alcançando dessa forma uma melhor compreensão dos fenômenos históricos.[273] Em seguida, ele afirma que estudar o passado com os olhos do passado pode ser útil para derrubar preconceitos que estamos inclinados a aceitar, como o de que um sistema de poderes constituídos e centralizados seria imprescindível para se desenvolver um conceito de Estado — exemplo que é refutado pela pesquisa de Geertz. Em *Negara: The Theatre State in Nineteenth-Century Bali*, o antropólogo atestou que povos originários da ilha de Bali, sem qualquer concepção centralizadora de poder, constituíram em sua cultura um conceito próximo do que consideramos como "Estado moderno".[274] O mesmo poderia ser dito sobre a inclinação de que tendemos a acreditar que não poderia existir uma teoria da liberdade individual sem uma teoria de direitos individuais, sendo que a própria pesquisa de Skinner, segundo Geertz, comprova o contrário.[275]

Um segundo argumento que Skinner utiliza para contestar quem o acusa de antiquarismo ou menospreza a história intelectual e qualifica como "disciplina menor" é a de que, embora os conceitos que os historiadores intelectuais estudam sejam "bastante desconhecidos", os conceitos que utilizamos hoje são derivados deles. Isso sugere que um estudo "puramente histórico" do pensamento político e social nos permite iluminar as mudanças na aplicação de conceitos importantes para nossa formação de corpo social, como demonstra a pesquisa de um dos adeptos da abordagem de Cambridge, Richard Tuck. A partir do contextualismo linguístico, Tuck avançou muito nos estudos históricos sobre as origens das teorias do direito natural, o que acabou representando um avanço para o desenvolvimento da própria teorização do direito natural.[276]

Por tudo isso, Skinner acredita haver uma "justificativa antropológica para se estudar a história intelectual"[277] que passaria longe de qualquer antiquarismo. Para ele na verdade ela nos capacita para que não caiamos no paroquialismo habitual de nossos próprios valores. Estaria, assim,

---

273. "We can hope to attain a certain kind of objectivity in appraising rival systems of thought." SKINNER, Quentin. A reply to my critics. *op. cit.*, p. 287.
274. *Cf.* GEERTZ, Clifford. **Negara**: The Theatre State in Nineteenth-Century Bali. Princeton, NJ: Princeton University Press, 1981.
275. Cf. SKINNER, Quentin. The idea of negative liberty: philosophical and historical perspectives. In: RORTY, Richard; SCHNEEWIND, Jerome B.; SKINNER, Quentin. (ed.). **Philosophy in History**: Essays on the historiography of philosophy. Cambridge: Cambridge University Press, 1984. p. 193-224.
276. *Cf.* SKINNER, Quentin. A reply to my critics. *op. cit.*, p. 288. *Cf.* TUCK, Richard. **Natural Rights Theories**: Their Origins and Development. Cambridge: Cambridge University Press, 1979.
277. "[...] the anthropological justification for studying intellectual history." SKINNER, Quentin. A reply to my critics. *op. cit.*, p. 286.

justificado, ao menos sob a objeção antiquarista, seu contextualismo linguístico. As críticas, entretanto, foram muito mais longe. Por isso, Skinner teve que exercitar profundamente sua verve filosófica, especialmente quando o debate era a intencionalidade dos autores estudados pela história intelectual.

4.2. O CONTEXTUALISMO LINGUÍSTICO "INTENCIONALISTA": MAIS CRÍTICAS E MAIS RÉPLICAS

O debate sobre o intencionalismo na obra de Skinner — isto é, o aspecto central de buscar o que os autores queriam com suas obras — vem sendo questionado também desde um primeiro momento, ainda nos anos 1970. Mas, para entendermos essas primeiras críticas, devemos mais uma vez, como Skinner mesmo prescreve, contextualizar suas origens.

Os anos 1960 e 1970, como dito acima, viu surgir (na crítica literária, principalmente) um "caso anti-intencionalista", uma verdadeira tendência desde os anos 1950 na popular Nova Crítica norte-americana, que passou a propagar a tese de que "o desígnio ou intenção do autor não é nem disponível nem desejável como padrão de julgamento do sucesso de uma obra de arte literária."[278] Teses como essa reverberaram em movimentos teóricos distintos, como o pós-estruturalismo e o desconstrutivismo, onde, a partir da década de 1960, surgiram visões textualistas mais radicais, tendo as famosas máximas da "morte do autor" de Roland Barthes (1915-1980), subscrita por Michel Foucault (1926-1984), e a tese de que "não há nada fora do texto", de Jacques Derrida (1930-2004), como exemplos de um ceticismo em relação às chances de se recuperar qualquer intencionalidade autoral.[279] O fundamento para essa crítica seria que nem mesmo os autores poderiam saber ao certo as motivações de suas ações ao escreverem seus textos, levando em conta que as razões para uma obra vir à tona muitas vezes escondem motivos "que escapam à consciência." A própria psicanálise, nesse sentido, funcionaria como

278. "We argue that the design or intention of the author is neither available nor desirable as a standard for judging the success of a work of literary art [...]." WIMSLATT, William; BEARDSLEY, Monroe. The Intentional Fallacy. In: WIMSLATT, William. (ed.). **The Verbal Icon**: Studies in the Meaning of Poetry. Lexington: University of Kentucky Press, 1954. Tradução de Ricardo Silva *in id.* O Contextualismo Linguístico na História do Pensamento Político. *op. cit.*, 316.

279. *Cf.* BARTHES, Roland. La Mort de L'auteur. **Mantéia**, v. 5, n. 4, p. 12-17, 1968; FOUCAULT, Michel. Qu'est-ce qu'un Auteur. **Bolletin de la Société Française de Philosophie**, v. LXIV, 1969; DERRIDA, Jacques. **De la Grammatologie**. Paris: Minuit, 1967.

um alerta de que o autor nem sempre dispõe de um acesso privilegiado a suas intenções.[280]

As críticas quanto à intencionalidade avançaram também no campo estritamente hermenêutico, a partir de aportes filosóficos de Paul Ricoeur (1913-2005), para quem o discurso escrito, a intenção do autor e o significado de um texto não coincidem. Tal diferença entre o significado verbal e a intenção autoral (mental) é o que está no centro do debate sobre o discurso. O que a intenção autoral faz é "complicar" a ligação entre o autor e o discurso por este proferido: o destino do texto escapa à finitude do horizonte vivido pelo seu autor. Assim, o discurso escrito se mostraria diferente do discurso oral, pois no oral o caráter referencial se mostra "ostensivo", enquanto no escrito "ao libertar-se, não somente do seu autor, mas dos constrangimentos de uma situação dialógica" que viabilizaria algo como uma "abertura" para "novas dimensões de nosso ser no mundo."[281] Mas em Ricoeur, a principal distinção entre discurso escrito e discurso oral é que o primeiro se destina a uma audiência incontrolável, que pode "se criar a si própria". Qualquer interlocutor que saiba ler é um possível receptor do discurso, o que torna a linguagem escrita, para Ricoeur, universal, uma vez que "o desconhecido e invisível leitor passa a ser o destinatário não privilegiado do discurso."[282]

É dessa forma que o uso da teoria dos atos de fala e da filosofia da linguagem ordinária de cunho analítico, em uma acepção mais ampla, estaria ameaçado a partir dos alertas de Ricoeur. Enquanto as dimensões locucionarias e ilocucionárias do discurso podem ser identificadas em sentenças, o discurso escrito não daria conta de incorporar elementos gestuais e aspectos não articulados do discurso da dimensão oral. Daí o risco de subestimar a dimensão perlocucionária ao avalizar a filosofia da linguagem ordinária para promover a compreensão de textos escritos. Os efeitos psicológicos e mentais (emoções, afetos, etc.), tão evidentes na conversação ordinária, podem não se expressar tão claramente no discurso escrito.[283] Tais aportes de Ricoeur fazem com que adeptos de

280. SILVA, Ricardo. O contextualismo linguístico na história do pensamento político. *op. cit.*, p. 316.

281. "Only writing, in freeing itself, not only from its author, but from the narrowness of the dialogical situation, reveals this destination of discourse as projecting a world." RICOEUR, Paul. The Model of a Text: Meaningful Action Considered as a Text. In: RABONOW, Paul; SULLIVAN, William M. **Interpretive Social Science**: A Reader. Berkeley, CA: University of California Press, 2020 [1979] (UC Voices Revived). p. 78-79. Tradução de Ricardo Silva in *Ibid.*, p. 317.

282. "An unknown, invisible reader has become the unprivileged addressee of the discourse." *Ibid.*, p. 80. Tradução de Ricardo Silva in *Ibid.*, p. 317.

283. SILVA, Ricardo. O contextualismo linguístico na história do pensamento político. *op. cit.*, p. 317-318.

sua hermenêutica, como o brasileiro João Feres Júnior e o britânico John Keane, argumentem que a teoria dos atos de fala austiniano, da maneira como é utilizada por Skinner, desconsidere "a independência relativa do texto",[284] reduzindo-o a um "ato de fala compreensível apenas mediante a recuperação das intenções autorais em um contexto sincrônico de convenções linguísticas [...], perdendo de vista a dimensão diacrônica da vida do texto",[285] conceito importante na hermenêutica ricoeuriana. O filósofo e politólogo espanhol Enrique Bocardo Crespo também questiona a tentativa skinneriana de conciliar-se com Ricoeur, quando afirma estar "plenamente de acordo com a formulação de significado excedente"[286] presente na obra do francês.[287] Para Crespo, a proposta skinneriana e a noção de significado excedente de Ricoeur são "incompatíveis": a de Skinner prevê que os significados dos textos podem ser identificados pelo que seus autores quiseram dizer e a outra diz que o sentido de um texto contenha um significado excedente que escapa ao que o autor originariamente intencionava dizer. Portanto, na visão de Crespo,

> se Skinner está disposto a admitir a existência de um sentido excedente, então também deveria reconhecer que a recuperação das intenções originais de um autor, último preceito de sua concepção de história genuína, possa ser uma condição necessária para entender o *significado* de um texto, mas está longe de ser um recurso necessário para avaliar o *sentido histórico* do texto.[288]

---

284. FERES JÚNIOR, João. De Cambridge para o Mundo. *op. cit.*, p. 673; KEANE, John. More Theses on the Philosophy of History. In: TULLY, James. (ed.). **Meaning and context**. *op. cit.*, p. 206-207.

285. SILVA, Ricardo. O contextualismo linguístico na história do pensamento político. loc. cit.

286. "Paul Ricoeur has spoken in this connection of surplus meaning, and with this formulation I am in complete agreement." SKINNER, Quentin. **Visions of Politics**. *op. cit.*, p. 113. *Cf.*, nesse sentido, a comparação entre as abordagens de Skinner e Ricoeur *in* THOMPSON, Martyn P. Reception Theory and the Interpretation of Historical Meaning. **History and Theory**, v. 32, p. 248-272.

287. *Cf.* RICOEUR, Paul. **Hermeneutics and the Human Sciences**: Essays on Language, Action, and Interpretation. Translation, notes e introduction by John B. Thompson. With a preface by Charles Taylor. Cambridge: Cambridge University Press, 2016 [1981] (Cambridge Philosophy Classics).

288. "Hay proposiciones que resultan ser incompatibles. Una que los significados de los textos se pueden identificar con lo que sus autores quisieron decir, y otra que el significado de un texto de cierta complejidad contenga un significado excedente que escape a lo que originariamente su autor quiso decir. Si Skinner está dispuesto a admitir la existencia de un sentido excedente, entonces también debería de reconocer que la recuperación de las intenciones originales de un autor, sobre la que descansa en último extremo su concepción de la historia genuina, pueda que resulte una condición necesaria para entender el significado del texto, pero está lejos de ser un recurso necesario para evaluar el sentido histórico del texto." BOCARDO CRESPO, Enrique. Intención, convención y contexto. *In*: *Id.* (ed.). **El giro contextual**: cinco ensayos de Quentin Skinner, y seis comentários. Madri: Tecnos, 2007 (De Ideas y Política. v. 1). p. 346. Grifo nosso.

Já no prisma da filosofia anglófona, Skinner também sofreu críticas quanto às limitações do intencionalismo em sua tese metodológica. Uma das críticas que se destaca é a oferecida por Keith Graham, em *Meaning and Context*. O filósofo critica Skinner promover uma falsa equiparação entre *atos* ilocucionários e *intenções* ilocucionárias. Para Graham, é perfeitamente possível que ocorra um ato ilocucionário *não intencional*, isto é, que um locutor profira um enunciado gerando efeitos de compreensão secundários em sua audiência sem a intenção de fazê-lo; ou mesmo casos onde a intenção ilocucionária não se efetiva em uma ação. Exemplo de Graham para o segundo seria quando um locutor tenta provocar o interesse de uma plateia em sua fala, mas ela se mostra "surda, ou estúpida, ou estrangeiros não familiarizados com a língua"[289] falada pelo locutor tentam entendê-la. O autor também faz menção à possibilidade de que determinados enunciados tenham uma dimensão ilocucionária diversa e independente das intenções do autor (anunciante). O que o agente faz, nesses casos, "depende menos de sua intenção *ao* dizer o que disse do que das convenções linguísticas que regulam a recepção do conteúdo semântico do ato linguístico."[290]

Mesmo dentro de uma abordagem que aposte na viabilidade do intencionalismo Skinner é também atacado. É o caso de Mark Bevir, cuja obra em um primeiro momento se dedicou principalmente a refutar o contextualismo "forte" ou "fraco". Na visão do filósofo britânico, haveria dois tipos de contextualismo, sendo que um deles seria forte (*hard contextualism*), representado por autores que apostam em uma busca *ampla* da intencionalidade por meio da investigação de linguagens que permanecem ao longo da mudança de paradigmas, como é o caso da obra de Pocock;[291] já o contextualismo fraco (*soft contextualism*), cujo maior representante para Bevir é Skinner, seria uma abordagem cuja investigação histórica estaria mais centrada em "micro" eventos, neste caso, onde os enunciados (textos) poderiam ser explicados pelo seu conteúdo ilocucionário, recuperando assim seu "significado histórico".[292] Bevir admite que a tese de Skinner é mais qualificada do que o "intencionalismo

289. *Cf.* GRAHAM, Keith. How do Illocutionary Descriptions Explain? In: TULLY, James (ed.). **Meaning and context**. *op. cit.*, p. 151-152.

290. SILVA, Ricardo. O contextualismo linguístico na história do pensamento político. *op. cit.*, p. 318.

291. *Cf.*, e. g., POCOCK, J. G. A. **The Machiavellian Moment**: Florentine Political Thought and the Atlantic Republican Tradition. 2. ed., com uma introdução de Richard Whatmore. Princeton, NJ: Princeton University Press, 2016 [1975] (Princeton Classics).

292. *Cf.* BEVIR, Mark. The Errors of Linguistic Contextualism. **History and Theory**, v. 31, n. 3, p. 276-298, out. 1992.

forte" dos contextualistas *hard*, mas ainda assim vê como problemática sua abordagem: sua abordagem "peca" ao usar ou se ater exclusivamente à força ilocucionária dos enunciados como meio de investigação, o que leva(ria) o historiador a captar apenas aspectos como "desejos" e "pró-atitudes" dos autores, quando uma atenção maior a suas crenças seria mais importante. Para Bevir, a historiografia deveria se ater mais às "crenças substantivas" do que aos atos ilocucionários de cada autor. Quanto ao "papel dos leitores na atribuição de sentido ao texto" Bevir (de maneira bastante ricoueriana, diga-se) acusa Skinner de compartilhar os mesmos problemas dos contextualistas *hard* que optam por ignorá-lo. Nesse sentido, Skinner é acusado de uma espécie de naturalismo, como se os textos tivessem sentido em si mesmos e apenas a intenção original do autor importasse para uma interpretação histórica correta, podendo-se ignorar a criação interpretativa dos leitores. O significado histórico estaria apenas esperando — lembremos da metáfora arqueológica do "tesouro perdido" — para ser "corretamente recuperado". Bevir, contudo, se mostra cético quanto às capacidades do contextualismo linguístico (moderado ou forte) nesta empreitada. Isso se dá pelo ceticismo sobre a viabilidade de qualquer método como detentor de uma virtude de permitir uma interpretação correta.[293] Dessa forma, não havendo texto "com significados em si mesmos", estaríamos sujeitos sempre ao papel do intérprete: "Sem a intervenção humana, textos nada mais são do que marcas registradas em papel ou outro meio físico. São os indivíduos" — autores e leitores —, "dotados de capacidade de agência, que a eles atribuem significados."[294]

Outro questionamento comum feito a Skinner no que toca seu intencionalismo se refere à ressalva feita por ele desde *Motives, Intentions and the Interpretation of Texts*. Como descrito acima, esse é um texto onde Skinner explica melhor aos seus primeiros críticos o que quis dizer com "recuperar as intenções" autorais via "convenções linguísticas" e que não se tratava de acessar a mente do passado de autores ou tentar reconstruí-los. Décadas depois, porém, em obra coletiva abordando criticamente a obra de Skinner, aos moldes do que foi feito por Tully em *Meaning and Context* quase vinte anos antes, o filósofo espanhol Enrique Bocardo Crespo, em *El giro contextual*, voltou a questionar a convencionalidade

293. Sobre o questionamento da própria viabilidade do contextualismo linguístico como método, *cf.* a última seção deste capítulo, infra.

294. SILVA, Ricardo. O contextualismo linguístico na história do pensamento político. *op. cit.*, p. 319. *Cf.* BEVIR, Mark. **The Logic of the History of Ideas**. Cambridge: Cambridge University Press, 1999. p. 69.

como "saída" para o argumento skinneriano da intencionalidade. Em uma entrevista realizada pelos autores da obra e em um texto específico seu, Bocardo Crespo afirma que Skinner nunca conseguiu, de fato, explicar o que seriam as convenções linguísticas em sua obra. Para ele, não está claro que em todos os enunciados políticos existe um "contexto de emissão, mas isso não significa que exista uma convenção para realizar atos ilocucionários".[295]

O crítico também faz menção ao que avalia ser uma extensão da interpretação skinneriana da obra de Wittgenstein em sua tese metodológica. O mestre austríaco afirmava nas *Investigações* que a linguagem seria um sistema de regras capaz de gerar um número infinito de expressões, de forma que seria impossível levantar um número limitado de convenções que ditem ao autor o que teria que dizer em cada enunciado por ele proferido, seguindo um determinado padrão. Haveria, então, para Crespo, novamente "duas teses incompatíveis", pois se admitíssemos ter "a capacidade de emitir um número finito de frases que nunca antes havemos ouvido, então não podemos explicar essa capacidade apelando para a obediência de um conjunto de convenções."[296] Justamente por isso que "dizer que nosso comportamento é intencional não é o mesmo que afirmar que nosso comportamento se conforma sempre a um conjunto de convenções sociais."[297]

Em seguida, Bocardo Crespo avalia quais objetivos o termo "convenções linguísticas" cumpre na obra skinneriana. São na sua visão "proporcionar ao escritor os meios verbais para expressar suas intenções; e para que a audiência seja capaz de reconhecer as intenções de quem escreve com base nas identificações de convenções comuns."[298] Mas acontece que, segundo ele, Skinner não esclarece exatamente o que entende por convenções, mesmo em seus textos revisados de *Visions of*

---

295. "Es cierto que en todos esos casos se podría hablar de un contexto de emisión, pero eso no significa que exista una convención para realizar actos ilocucionarios, porque la misma existencia de diferentes contextos de emisión hacen que la noción de convención resulte irrelevante." BOCARDO CRESPO, Enrique. Intención, convención y contexto. *op. cit.*, p. 329. *Cf.* também a entrevista de Skinner ao autor, que serve de introdução à obra in *Ibid.*, p. 45-60.

296. "Nos encontramos pues con dos tesis incompatibles, si admitimos que tenemos la capacidad de emitir un número finito de frases que nunca antes hemos oído, entonces no podemos explicar esa capacidad apelando a la obediencia de un conjunto de convenciones." *Ibid.*, p. 330.

297. "Decir que nuestro comportamiento es intencional no es lo mismo que afirmar que nuestro comportamiento se conforma siempre a un conjunto de convenciones sociales." *Ibid.*

298. "Uno proporcionarle al escritor los medios verbales para expresar sus intenciones, y otro, que la audiencia sea capaz de reconocer las intenciones del que escribe sobre la base de la identificación de las convenciones comunes." *Ibid.*, p. 332.

Politics. Alerta Crespo que neste livro mais recente Skinner faz menção ao conceito apenas duas vezes, sempre apoiado em David Lewis, que fala da necessidade de uma "convenção de veracidade" (*convention of truthfulness*) para que nos comuniquemos em sociedade.[299] Dessa maneira,

> o escritor e sua audiência deveriam compartilhar uma espécie de convenção de veracidade que garantisse precisamente que um falante recorreria à mesma convenção que alguém utilizaria caso que queira expressar a mesma intenção. Essa condição, ainda que Skinner não a enuncie explicitamente, é fundamental para assegurar a recuperação das intenções de um autor que o texto incorpora.[300]

Mas as convenções utilizadas por Lewis e incorporadas por Skinner de modo a complementar seu aporte austiniano da teoria dos atos de fala, para Crespo, nem sempre precisam ser condição de possibilidade para atos de fala ilocucionários. Dito de outro modo, é possível haver atos "de fala que "não dependam de convenções", mas sim de outros fatores mais amplos" que podem incluir

> concepções religiosas ou sociais, hierarquias de poder, crenças sociais genéricas, concepções filosóficas ou metafísicas, a representação subjetiva de certos fenômenos como tempo, a noção de homem e mulher, as concepções científicas de uma certa época ou a construção da realidade conceitual que tenha havido em uma época particular a partir dos símbolos e da herança cultural herdada.[301]

Por fim, Crespo ataca o que seria sua crítica "mais decisiva" ao contextualismo linguístico e seu aporte dos atos de fala: a questão dos

---

299. *Cf.* LEWIS, David. **Convention**. Oxford: Blackwell Publishing, 2002 [1969].

300. "El escritor y su audiencia deberían de compartir una especie de convención de veracidad que garantice precisamente que un hablante recurría a la misma convención que uno utilizaría en el caso en que quiera expresar la misma intención. Esta condición, aunque no enuncie explícitamente Skinner es fundamental para asegurar la recuperación de las intenciones del que el texto incorpora." BOCARDO CRESPO, Enrique. Intención, convención y contexto. loc. cit.

301. "Es posible que la misma noción de actos de habla, lo que se hace com las frases que emitimos em el linguaje, no dependa de convenciones sino de otros factores más amplios que podrían incluir formas de entender y representarse la realidad, concepciones religiosas o sociales, jerarquías de poder, creencias genéricas sociales, concepciones filosóficas o metafísicas, o la representación subjetiva de ciertos fenómenos como el tiempo, la noción de hombre y mujer, las concepciones científicas de una cierta época o la construcción de la realidad conceptual que haya hecho una época particular a partir de los símbolos y la herencia cultural que ha herdado." *Ibid.*, p. 337.

atos perlocucionários e sua "inconvencionalidade". Como afirma Crespo, Austin compreende os atos perlocucionários — aqueles que alguém causa *por* dizer algo — como não sendo atos convencionais, diferentes dos atos ilocucionários,[302] o que tornaria a invocação de um conjunto de convenções para explicar quais efeitos ou fins o escritor pretendia produzir ou alcançar quando proferiu seu enunciado, se mostra impossível: "ou se admite que existem atos perlocucionários que não são convencionais e se aceita que a referência às convenções não são uma condição necessária para se entender o sentido do texto", fato que faria com que a tese de Skinner corresse sério perigo, ou se chega a algum outro tipo de solução que seja compatível com um conjunto reconhecível de convenções como parte do sentido do ato perlocucionário que se realiza. A solução proposta por Skinner passa por admitir que

> as intenções perlocucionárias do escritor (o que ele pode ter querido dizer ao escrever de certa maneira) não é necessária mais ser considerada. Não parece que requerem uma um estudo à parte, já que a questão de se a obra teria a intenção por parte do seu autor, por exemplo, de induzir um sentimento de tristeza ao leitor, parece que se poderia resolver (se é que se poderia fazê-lo) somente se considerarmos a obra mesma e as indicações sobre seus efeitos pretendidos como se estivessem contidos nela.[303]

Mas Crespo se mostra cético quanto à saída proposta de Skinner de ignorar a distinção entre atos perlocucionários e ilocucionários. Diz ele que se apagarmos a distinção que Austin faz entre a força de ambos em um enunciado, corremos o risco desnecessário de deixar de explicar um dos aspectos mais característicos da linguagem política: "sua capacidade para criar ações sociais, para mover os indivíduos a tomar decisões que alterem determinada situação ou que produzam certas mudanças institucionais, sociais ou simplesmente políticas."[304]

---

302. AUSTIN, John L. **How to do Things with Words**. *op. cit.*, p. 120-121.

303. "On the one hand, I shall concede that a writer's perlocutionary intentions (what they may have intended by writing in a certain way) do not need to be further considered. They do not seem to need any separate study, since the question of whether a work was intended by its author, say, to induce a feeling of sadness in the reader does seem to be capable of being settled (if at all) only by considering the work itself and such clues about its intended effects as may be contained within it." SKINNER, Quentin. **Visions of Politics**. *op. cit.*, p. 99. Grifo do autor. Tradução in BOCARDO CRESPO, Enrique. Intención, convención y contexto. *op. cit.*, p. 351.

304. "[S]u capacidad para crear acciones sociales, para mover a los individuos a tomar decisiones que cambien una determinada situación o que produzcan ciertos cambios institucionales, sociales o simplemente políticos." *Ibid.*, p. 352.

Skinner vem se defendendo de há muito dos ataques advindos dos anti-intencionalistas das mais diferentes frentes descritas neste trabalho. Isso pode ser observado desde as "ressalvas" feitas já nos anos 1970, refinando seus argumentos anteriores à *Meaning and Understanding* — lembremos da diferença entre os "significados 1, 2 e 3":[305] o significado histórico (*meaning3*) que é considerado o que ele buscava como tendo o "valor ilocucionário" —, bem como desenvolvendo novas teses, como se vê na sua "virada retórica". Seu argumento principal, contudo, se manteve depois de *A reply to my critics*, em *Visions of Politics*, marcando a diferença de seu projeto das demais variadas teorias intencionalistas mais ortodoxas. Para ele, dever-se-ia diferenciar o que ele defendia como recuperação da força ilocucionária do "significado verbal" (*verbal meaning*) como condição de possibilidade para se recuperar a vontade do autor.[306] Para Skinner, essas teses mais radicais eram as que deveriam ser de fato atacadas como promotoras da "falácia intencionalista" tão difundida pelos críticos literários. Segundo Peter L. Janssen, o contextualismo linguístico nunca pressupôs qualquer coisa parecida,[307] pois não acredita que as intenções dos falantes ou escritores constituam o único ou mesmo o melhor guia para a compreensão de seus textos ou enunciados; e, ademais, que não concorda "que os significados dos textos possam ser identificados com as intenções dos autores."[308] Contudo, como bem aponta Silva, nos mesmos textos mais recentes, Skinner já deixa de lado o significado histórico (*meaning3*) de um enunciado e a intenção ilocucionária autoral, para esclarecer apenas que sua "preocupação principal tem sido não com significado, mas, antes, com a performance de atos ilocucionários."[309]

Aqui já se pode ver incorporada a retórica como produto da performance dos atos ilocucionários, uma saída que Skinner encontrou ao longo dos anos a partir das inúmeras críticas ao seu intencionalismo.[310]

---

305. *Cf.* p. 59, supra.

306. Skinner, contudo, não esgota a refutação da convergência de sua tese com os teóricos intencionalistas ortodoxos. *Cf.*, nesse sentido, BROWN, Vivienne. Historical Interpretation, Intentionalism and Philosophy of Mind. **Journal of the Philosophy of History**, v. 1, n. 1, p. 25-62, 2007.

307. *Cf.* JANSSEN, Peter L. Political Thought as Traditionary Action: the Critical Response to Skinner and Pocock. **History and Theory**, v. 24, n. 2, p. 115-146, May 1985.

308. "The theory does not tell us, nor do I believe, that the intentions of speakers and writers constitute the sole or even the best guide to understanding their texts or other utterances." SKINNER, Quentin. **Visions of Politics**. *op. cit.*, p. 110. Grifo do autor. Tradução de Ricardo Silva in id. O contextualismo linguístico na história do pensamento político. *op. cit.*, p. 320.

309. "[M]y principal concern has not been with meaning but rather with the performance of illocutionary acts." *Ibid.*, p. 111. Tradução de Ricardo Silva in *ibid.*

310. Entre outros críticos que também abordaram o intencionalismo skinneriano, *cf.* LACAPRA, Dominick. Rethinking Intellectual History and Reading Texts. *op. cit.*, p. 284; ' p. 318; FEMIA, Joseph. A Histori-

Em uma última análise sobre os ataques que sua metodologia sofreu por não conseguir de fato estabelecer o que os autores queriam ou se referiam ao escrever seus textos — como se mostram as críticas que afirmam que o contextualismo linguístico até pode estabelecer o que o autor estava *fazendo*, mas apenas para mostrar, na analogia de Hollis, que a "carapuça serve, não que o autor estava usando-a"[311] —, Skinner busca uma resposta definitiva para escapar das acusações de que sua teoria identificaria forças ilocucionárias, mas não necessariamente atos ilocucionários. Para ele, uma resposta "mais radical" seria simplesmente devolver a pergunta, indagando aos críticos se "deveríamos mesmo nos preocupar com a mentalidade de autores individuais", mas uma "resposta alternativa seria reconhecer que textos têm, afinal, autores e que autores têm intenções ao escrevê-los." Talvez uma forma de explicar isso seria "estreitar o espaço entre afirmar que um *texto* está fazendo algo e afirmar que o *autor* está fazendo." Skinner, então, usa o exemplo da opinião de Maquiavel sobre exércitos de mercenários. Nós sabemos uma lista de coisas que ele estava fazendo ao dizer que o que dizia sobre mercenários, mas nós também sabemos que, se ele estava engajado em um ato de comunicação intencional, deveria haver algo que ele estava intencionalmente fazendo quando dizia o que disse. Então, "talvez a melhor hipótese seja assumir que, seja lá o que ele estivesse fazendo, ele estava fazendo-o intencionalmente" e assim poderemos identificar a faixa de forças ilocucionárias intencionais com a qual seu enunciado foi produzido.[312]

A partir de sua defesa, por mais que Skinner e seus defensores (como Jensen) não tenham respostas para todas as críticas (vide a crítica de Crespo), fica claro que o historiador britânico realiza alguns recuos e ressalvas para evitar que sua metodologia seja facilmente atacada. Mas o que também fica claro, contudo, é que seus recuos e sua virada retó-

---

cist Critique of "Revisionist" Methods for Studying the History of Ideas. *op. cit.*, p. 157. Ver também: SEIDMAN, Steven. Beyond Presentism and Historicism: Understanding the History of Social Science. **Sociological Inquiry**. v. 53, p. 79-94, 1983. p. 83; 88; HARLAN, David. Intelectual History and the Return of Literature. **American Historical Review**, v. 94, p. 581-609, 1989.

311. "But as Hollis has remarked, this is only to show that the cap fits, not that the author was wearing it." SKINNER, Quentin. **Visions of Politics**. *op. cit.*, p. 118. Cf. HOLLIS, Martin. Say it with Flowers. In: TULLY, James. (ed.). **Meaning and context**. *op. cit.*, p. 140. Cf., também, TULLY, James. The pen is mighty sword. *op. cit.*, p. 10.

312. "But an alternative reply would be to acknowledge that texts do, after all, have authors, and that authors have intentions in writing them. Perhaps the right aspiration is to try to close the gap between claiming that a text is doing something and claiming the author is doing it. [...] [I]t sometimes seems a matter of no great difficulty to move from the claim, say, that an utterance constituted a retort to an established line of argument to the further claim that this is to be explained by the fact that its author intended the utterance to constitute just such a retort." SKINNER, Quentin. **Visions of Politics**. *op. cit.*, p. 119.

rica não o aproximam do ceticismo radical sintetizado pelos aforismas da "morte do autor" (Barthes) e da universalidade do texto (Derrida). Pelo contrário, considera que o ceticismo dessa posição nos levaria a um caminho sem saída: se admitir a hipótese que algo *é* apenas quando podemos demonstrá-lo *com certeza*, então igualmente se segue que nunca conseguimos saber ao certo que a vida não é nada menos que "um sonho". Isso demonstraria um racionalismo desnecessário de tais posturas céticas. "Assombrados como parecem estar pelo fantasma de Descartes", os céticos "se concentraram em atacar uma posição que nenhum teórico da intencionalidade precisa defender."[313] De uma forma ou de outra, as críticas e respostas ao contextualismo linguístico se voltam ao método. Os críticos mais recentes de Skinner também. E é sobre esse debate que nós também nos voltaremos agora.

4.3. O CONTEXTUALISMO LINGUÍSTICO É MESMO UM "MÉTODO"? CRÍTICAS ANTIGAS, RECENTES E UM DEBATE EM ABERTO SOBRE A QUESTÃO DA "VERDADE (HISTÓRICA)"

Sem dúvida, foram muitos os ataques epistemológicos a Quentin Skinner, tanto que, ao nosso juízo, está correta sua perplexidade quanto aos muitas vezes contraditórios rótulos a ele impostos. Além de relativista, objetivista, idealista e positivista, Skinner foi constantemente acusado de adotar uma postura metodologicamente "imperialista"[314] para alguns e de não ter metodologia alguma para outros.

Uma possível resposta para a perplexidade pode estar na diversidade de matrizes teóricas e perspectivas trabalhadas pelos críticos de Skinner. Quem questiona seu método sempre o faz a partir de um marco específico, sendo que tais marcos e concepções nem sempre são conceitos compartilhados pela comunidade — que, aliás, também não é unitária, visto que Skinner e a sua teorização metodológica da história intelectual trafega em uma zona limítrofe entre a história, a filosofia

---

313. Tradução livre e contextualizada de: "If we insist, as Derrida does, on such an equation between establishing that something is the case and being able to demonstrate it 'for sure', then admittedly it follows that we can never hope to establish the intentions with which a text may have been written, and thus what its author may have meant. But equally it follows that we can never hope to establish that life is not a dream. [...] The moral is rather that the sceptic is insisting on too stringent an account of what it means to have reasons for our beliefs. Haunted as Derrida appears to be by the ghost of Descartes, he has concentrated on attacking a position that no theorist of intentionality need defend." *Ibid.*, p. 122.

314. Essa acusação específica é feita em MINOGUE, Kenneth. Method in intellectual history. *op. cit.*, p. 180.

e a teoria política, sofre críticos dos mais variados campos, não só de historiadores, filósofos e cientistas políticos, como também de teóricos sociais e também de críticos literários.

Desta forma, podemos observar que historiadores e filósofos de uma verve mais interpretativa são céticos em relação à obra skinneriana ao ponto de chamá-la de positivista, por questionar a rigidez de sua exigência em que se estude o passado com as lentes do passado. É o caso de Femia, que identifica no rigor intencionalista a "teoria positivista do conhecimento, que repousa sobre uma completa disjunção entre sujeito e objeto",[315] replicando assim o mito do dado, onde predomina o mundo passivo dos fatos duros que "falam por si mesmos". Objeção parecida é a feita por Keane, que elabora sua crítica afirmando que um "antiquado positivismo" de Skinner tem como pressuposto que "pesquisadores desinteressados" estariam "separados de seu objeto de interpretação e não consideram que, para que a interpretação seja possível, ambos já devem estar reunidos por meio de um *ponto de partida* linguístico."[316]

Se por um lado Skinner era criticado por alguns historiadores pelo objetivismo, por outro certos filósofos e cientistas políticos atacavam no contextualismo linguístico skinneriano o "subjetivismo", ou o "idealismo", o que para muitos estaria associado a um "caráter autorreferenciado do mundo da linguagem."[317] É o caso de Ian Shapiro, que reivindica uma postura "realista" para a história intelectual, acusando o recuo convencionalista de Skinner como impedimento para a análise de "atos reais".[318] Shapiro ainda afirma que apenas o "chauvinismo linguístico" poderia explicar o desinteresse de Skinner quanto à análise causal e explicitação dos interesses por trás de atos linguísticos. Na opinião do crítico, o ver-

315. "The positivist theory of knowledge rests on a complete disjunction of subject and object." FEMIA, Joseph. A Historicist Critique of "Revisionist" Methods for Studying the History of Ideas. *op. cit.*, p. 168. Tradução de Ricardo Silva in id. O contextualismo linguístico na história do pensamento político. *op. cit.*, p. 311. Cf. crítica similar em SEIDMAN, Steven. Beyond Presentism and Historicism. *op. cit.*, p. 84.

316. "[...] [O]ld fashioned positivism of Skinner's new history. Its presupposition of selfless researchers who are (initially) detached from their object of interpretation fails to consider that, in order for interpretation to be possible at all, both must already be conjoined in and through a shared linguistic pont de depart [...]." KEANE, John. More Theses on the Philosophy of History. *op. cit.*, p. 210-211. Tradução de Ricardo Silva in *Ibid.*, p. 312. Curiosamente, Keane, no mesmo artigo, defendendo a posição ricoeuriana, expõe o intencionalismo de Skinner como subjetivista, dizendo que quanto este preocupa-se exclusivamente com a intenção de autores, perde de vista "a dimensão objetiva" de seus enunciados, autoafirmada na "autonomia semântica de seus textos." *Ibid.*, p. 206. Tradução de Ricardo Silva in *ibid.*

317. SILVA, Ricardo. O contextualismo linguístico na história do pensamento político. *op. cit.*, p. 313.

318. "In sum the new conventionalists' model of linguistic action prevents them from examining real acts"; "linguistic chauvinism." SHAPIRO, Ian. Realism in the History of Ideas. **History of Political Thought**, v. 3, n. 3, p. 535-578, 1982. p. 546; 561. Tradução de Ricardo Silva in *ibid.*, p. 313.

dadeiro "realista", a partir de uma visão mais científica, não vê diferença ontológica entre os mecanismos causais estudados pelos cientistas sociais e os demais mecanismos estudados pelos cientistas naturais.[319] O teórico vai além, afirmando que uma recusa pela análise dos "fatos reais" (fatos duros) resultaria em uma leitura política conservadora, aproximando a metodologia skinneriana de uma mera reprodução das intenções publicamente manifestadas pelos autores originais. Assim, seria impossível investigar a ideologia, um dos maiores objetos de estudo da história do pensamento político, porque ela seria concebida como "as intenções subjetivas dos teóricos da política", impedindo, assim, um olhar atento "às reais funções ideológicas da linguagem."[320]

Skinner se defendeu de ambas as críticas ao longo de sua trajetória metodológica e indiretamente por meio de sua obra substantiva. A primeira dessas críticas expostas aqui, quanto a uma possível rigidez positivista, nos parece confusa, justamente pelo afastamento que Skinner fez dessa corrente desde o seu primeiro artigo metodológico, *Limits of Historical Explanations*, ainda em 1966. Já nesse ensaio o autor admite que tentar separar o que é descrever e o que é explicar seria um exemplo "do mais rígido positivismo". Justamente por isso que sua hipótese historiográfica não passaria por estreitar os limites das categorias de análise histórica, mas "fazê-las as mais amplas possíveis." Quando se compreende (hermeneuticamente) que explicar e descrever se aproximam quando se trabalha com o maior número de variáveis possíveis, o "objetivo primário" skinneriano de "descrever nos maiores detalhes, e não necessariamente explicar" ganha novos significados.[321]

No decorrer de sua vida, Skinner se manteve cada vez mais distante de qualquer positivismo. Exemplo disso foi sua estadia em Princeton no Instituto de Estudos Avançados, nos anos 1970, na companhia de Kuhn, Geertz, Hirschmann, entre outros, todos eles responsáveis em grande parte pela virada interpretativa nas ciências sociais e pela franca rejeição ao passado positivista da disciplina. Ecoando a crítica ao positivismo dos seus

319. "For the realist there is no a priori reason why the causal mechanisms social scientists study should be ontologically different from those natural scientists study." *Ibid.*, p. 567. Tradução de Ricardo Silva in ibid.

320. "[T]he absence of a notion analogous to my real acts makes it impossible to conceive of ideology as anything except the subjective intentions of political theorists. The analysis of ideology becomes the narrative of these intentions, and as such it prevents attention to the real ideological functions of language." *Ibid.*, p. 563. Tradução de Ricardo Silva in *ibid.*

321. Cf. SKINNER, Quentin. The Limits of Historical Explanations. *op. cit.*, p. 214 e nota 147 in p. 50, supra.

pares, Skinner rejeita a existência de "fatos indisputáveis"[322] que estejam à disposição dos cientistas sociais e historiadores. Não haveria, na sua visão, um acesso epistemológico privilegiado a fatos indisputáveis, pois desacordos são esperados quando admitimos que tais "fatos" são, na verdade, "interpretações". Em suma, em Skinner, o acesso aos fatos está intersubjetivamente condicionado pelas crenças que sustentamos. Ao investigar um determinado evento passado, estamos deixando de investigar outros tantos, ignorando indeliberadamente (ou inconscientemente) sua própria existência, muitas vezes por sequer estarmos capacitados para conhecer sua existência. Fatos, para Skinner, não falam por si só e o nosso acesso à "realidade dos fatos" será sempre condicionado.

Pode-se dizer que esses desenvolvimentos conduziram Skinner para sua "virada retórica", o que nos leva a respostas dadas por ele às críticas de que sua abordagem inviabilizaria um estudo adequado das ideologias. Seu método, argumenta, consiste justamente em desvelar as ações políticas dentro da história das ideias, a partir de um olhar "menos concentrado nos clássicos, e mais nas ideologias."[323] Mas como aponta Tully, o que Skinner entende por *ideologias* em suas obras tem mais a ver com a função desempenhada pelas ideias de legitimação das instituições e práticas políticas, e menos com o enfoque ideológico de crenças distorcidas, ou com a inversão da *realidade material*, como querem os realistas, para os quais o conceito passa a ser vinculado com uma carga muito mais político-sociológica do que epistemológica.[324] Nesse sentido, tratar ideias como verdadeiras ou falsas não faria diferença para a boa prática da história, à medida que se quer defini-las como expressões ideológicas. O que se deve buscar, na verdade, é como tais ideias se vinculam às posições dos atores históricos estudados. No limite, Skinner irá afirmar que "o conceito de verdade é irrelevante para a explicação das crenças" e que a busca pela verdade ou pela falseabilidade das crenças dos mesmos atores seria sacrificar a "boa prática histórica."[325]

---

322. "[B]ut some of the most powerful voices in recent philosophy have questioned whether there are any indisputable facts to be acquired." SKINNER, Quentin. **Visions of Politics**. *op. cit.*, p. 1. Tradução de Ricardo Silva in id. O contextualismo linguístico na história do pensamento político. *op. cit.*, p. 312.

323. "I have thus tried to write a history centred less on the classic texts and more on the history of ideologies, [...]" SKINNER, Quentin. **The Foundations of Modern Political Thought**: Cambridge: Cambridge University Press, 1978. v. 1. The Renaissance. p. xi. Tradução de Renato Janine Ribeiro in SKINNER, Quentin. **As fundações do pensamento político moderno**. *op. cit.*, p. 11.

324. *Cf.* TULLY, James. The pen is a mighty sword. *op. cit.*, p. 13-16.

325. "What role should our sense of their truth or falsity play in our attempts to explain them? One influential answer has been that, since false beliefs point to failures of reasoning, we need to begin by considering the truth of the beliefs we study as an indispensable guide to explaining why they

É evidente que uma posição enfática como a descrita acima não passaria impune pelos olhos de outros críticos, os quais dessa vez estariam atentos ao possível relativismo histórico que a virada retórica de Skinner poderia representar. Um dos principais críticos a essa desconsideração pela importância da verdade foi Charles Taylor, que argumenta que a recusa seria coerente com a concepção de que ideias poderiam ser vistas como "armas" a serem manipuladas dentro de uma batalha ideológica (lembremos da metáfora da 'pena' como uma 'poderosa espada'), mas tal leitura não seria adequada para uma perspectiva mais ampla da história das ideias, que ultrapassasse as fronteiras exclusivas e radicais de uma "hermenêutica do conflito". Skinner se confunde, segundo Taylor, ao tentar isolar o "contexto de luta do contexto de verdade",[326] separando dois entes não necessariamente incindíveis. A seu ver, usar de modo intencional um vocabulário bélico para uma interpretação exclusivamente ideológica do conflito das ideias seria aceitável somente se pudéssemos mostrar que as relações de dominação e as estratégias que as criam e as sustentam invadiram completamente o mundo de nossa autocompreensão cotidiana, concluindo, assim, que os conflitos centrados na guerra e na luta pelo poder são resultado delas.

Atento ao alerta de Taylor, Skinner se defende de tais críticas quanto à questão da verdade histórica reelaborando o conceito de racionalidade utilizado ao tratar de sua metodologia. Seu argumento principal ao "menosprezar" a importância de se encontrar a "verdade histórica" é que seria errôneo julgar as ideias do passado com os olhos de intérpretes do presente. Isso seria o "paroquialismo" alertado por Skinner desde *Meaning and Understanding*, cujo uso seria prejudicial porque impede uma interpretação da racionalidade das crenças dos agentes no contexto em que habitavam. Skinner alerta, contudo, que um afastamento de uma

---

were held. My aim [...] is to demonstrate that this approach, although frequently recommended, is fatal to good historical practice, and I defend the view that the concept of truth is irrelevant to the enterprise of explaining beliefs." SKINNER, Quentin. **Visions of Politics**. *op. cit.*, p. 2. Tradução de Ricardo Silva in id. O contextualismo linguístico na história do pensamento político. *op. cit.*, p. 314.

326. "But it doesn't appear as though the historian need take a stand on this issue in order to identify the manipulative intent of the text. The context of struggle can be kept separate from the context of truth. Or can it? Is there an issue about where the historian stands, which he cannot evade except at the cost of muddle? I believe that there is, and that the bracketing of the issue of truth is never successfully achieved. The attempt to sidestep it just leads to a confused prejudging of it; it always returns to haunt us. But I could be wrong about this, and Skinner's work could be one of the things which proves me wrong. I am uncertain about all this; uncertain whether Skinner wants to bracket the question of truth, and unclear, if he does, on what basis." TAYLOR, Charles. The hermeneutics of conflict. In: TULLY, James. (ed.). **Meaning and context**. *op. cit.*, p. 219-220. Tradução de Ricardo Silva in *ibid.*, p. 315.

concepção única de razão não significa uma renúncia total e irrestrita a qualquer concepção de racionalidade. Ao historiador, como praticante do estudo histórico, é defendida uma racionalidade "procedimental", onde ele não estaria se perguntando "se a crença em questão é racional de acordo com seus próprios padrões (menos ainda *o* padrão) de racionalidade epistêmica." Ele estaria "meramente reportando que ela não era uma crença apropriada para aquele agente particular esposar naquela sociedade em particular, naquela época em particular."[327]

O comedido caráter relativo da racionalidade e ao mesmo tempo a obstinada defesa de que a história do pensamento poderia oferecer "critérios mínimos de objetividade" levantaram inúmeras sobrancelhas dos críticos mais recentes de Skinner, fazendo com que alguns deles questionassem se sua metodologia não passava de uma nova versão do antigo historicismo, ou seu uso como "único método possível" para se obter respostas históricas adequadas, ou mesmo que não se tratasse de metodologia alguma.

É o caso, primeiramente, de Jonathan Rée, que acusa a abordagem metodológica do contextualismo de "relativismo cultural", que só parece se distante do historicismo hegeliano, que acreditava que a história "tem um curso imutável e singular, por onde a cultura humana forma ou encontra a verdadeira razão de sua existência."[328] Para ele, ao buscarem a "historicidade das coisas", os "novos historiadores do pensamento político" confundiram "historicismo com historicidade" e que "todos antes de Wittgenstein acreditavam que a política era determinada por verdades eternas que poderiam ser esclarecidas por qualquer pesquisador desinteressado" que estivesse "preparado para examinar conceitos políticos como eles são."[329]

327. "But at no point would they [historians] be applying an 'external' standard of rationality in an 'intrusive' way. They would not be asking themselves whether the belief in question was rational according to their own standards (still less the standards) of epistemic rationality. They would merely be reporting that it was not an appropriate belief for that particular agent to have espoused in that particular society at that particular time." SKINNER, Quentin. **Visions of Politics**. *op. cit.*, p. 37-38. Tradução de Ricardo Silva in *ibid.*

328. "Historicism, in this sense, says that there is a single course of history, through which human culture makes or finds the true meaning of its existence. [...] Its chief authority, of course, is Hegel, or at least Hegelianism." RÉE, Jonathan. The Vanity of Historicism. **New Literary History**, v. 22, n. 4, p. 961-983, 1991. p. 966.

329. "[T]hey have mistaken historicism for historicity; [...]"; "the new historians of political thought, that everyone before Wittgenstein believed that politics was governed by eternal verities which would be clear to every disinterested inquirer who was prepared to examine political concepts as they really are." *Ibid.*, p. 967. Robert Lamb traça uma diferença collingwoodiana entre problemas eternos e problemas perenes, dizendo que Skinner trata os mesmos conceitos como se fossem os mesmos,

Outro crítico que questiona o uso do contextualismo linguístico como método "único" é Mark Bevir. Em sua visão, seria errado atribuir um *locus* privilegiado ao contextualismo linguístico porque "diferentes historiadores podem chegar a respostas satisfatórias" sem necessariamente utilizar a melhor metodologia. Isso pode ser explicado pela diferença entre teorias prévias *(prior theories)* e teorias transitórias *(passing theories)*. Por conta de as teorias prévias "não determinarem teorias transitórias, apenas as condicionarem", historiadores que não compartilharem teorias prévias não necessariamente compreenderão perguntas históricas de maneira diferente. Em outras palavras, um historiador pode chegar a utilizar uma "teoria transitória *correta* apesar de estar munido de uma teoria prévia *falsa*."[330] De maneira geral, Bevir afirma que enquanto a existência de teorias prévias pode estar ligada a convenções compartilhadas, teorias transitórias superam teorias prévias, então "nossas teorias prévias não precisam estar certas: nós podemos entender intenções autorais mesmo quando não conhecemos as precisas convenções utilizadas."[331]

O mesmo questionamento de Bevir quanto à "exclusividade" do contextualismo linguístico como metodologia adequada para o empreendimento histórico é encontrado na obra de Robert Lamb. É possível observar no mínimo nuances em ambos os críticos questionando o intencionalismo, o convencionalismo e o caráter "exclusivista" da abordagem, cujo teor beiraria a um empirismo ingênuo ao privilegiar a investigação de arquivos na busca de fatos históricos e invalidando qualquer metodologia que não o faça.[332] Mas esse questionamento de ambos passa pela crítica de que haveria, sim, problemas perenes na filosofia (ou teoria

---

quando na verdade são diferentes. Cf. LAMB, Robert. Skinner's revised historical contextualism: a critique. **History of the Human Sciences**, v. 22, n. 3, p. 51-73, 2009. *Cf.*, no mesmo sentido, mas com argumentos diversos, BEVIR, Mark. Are there Perennial Problems in Political Theory? **Political Studies**, XLII, p. 662-675, 1994.

330. "[O]nce we master the crucial distinction between prior theories and passing theories, then we can reject the reason given by soft linguistic contextualists for their insistence on a particular method. Here, because people can arrive at satisfactory understandings despite having faulty prior theories, historians might be able to comprehend texts even if they do not approach them with knowledge of the precise conventions in terms of which the authors communicated their intentions; and, if historians can come to understand a text even when they have a faulty view of the conventions that apply to that text, then clearly they need not necessarily study the linguistic context of texts." BEVIR, Mark. The Errors of Linguistic Contextualism. *op. cit.*, p. 291.

331. "More generally, we can say that while the existence of prior theories might well rest on shared conventions, passing theories nonetheless outstrip prior theories, so our prior theories need not be accurate: we can understand authorial intentions even when we are unaware of the precise conventions used." *Ibid.*, p. 293.

332. Cf. BEVIR, Mark. Contextualism: From Modernist Method to Post-analytic Historicism? **Journal of the Philosophy of History**, v. 3, 2009; LAMB, Robert. Skinner's revised historical contextualism. *op. cit.*

política): como afirma Lamb, é apenas através da recusa de uma análise abstrata de problemas filosóficos em favor de um estudo pragmático do uso das ideais como ideologias que Skinner pode tornar apta sua tese contextualista dos atos de fala. Mas na visão de Bevir e Lamb essa é uma opção indefensável, pois estaria ancorada em dois pressupostos falsos: (i) a não existência de problemas perenes na história das ideias; e (ii) a identificação das intenções autorais por meio dos comprometimentos ideológicos dos autores.

A primeira premissa seria falsa pela querela do binômio *eterno/perene*. Para Lamb, essa pode parecer uma discussão fútil, mas o fato de Skinner ter ido além de Collingwood — que afirmava originalmente que não há "problemas eternos na filosofia" —, postulando que a inexistência de "ideias perenes" põe em risco sua ideia, pois seria evidente que não há problema algum que seja "eterno", pois essa seria uma afirmação contestável pelo teor metafísico, enquanto é "historicamente verificável" a existência de problemas filosóficos perenes, isto é, de longa duração. Ainda que Skinner tenha usado uma palavra diferente, mas desejado atribuir a ela o mesmo sentido de Collingwood, se isso fosse verdade, o contextualismo skinneriano precisaria ser relativizado.[333] Já sobre a segunda premissa, Lamb irá afirmar que as últimas defesas intencionalistas de Skinner o conduziriam a um dos posicionamentos que ele mesmo criticava em seus primeiros artigos, o epifenomenalismo (ainda que o posicionamento retórico o conduzisse mais a Nietzsche do que a Marx), que seria "uma redução que aloca o significado de um enunciado em uma vontade predefinida para alcançar poder social ao invés de qualquer atividade mental significativa do indivíduo em questão."[334] Aqui outra vez Skinner estaria entre duas opções:

> (1) o argumento mais moderado que todos os enunciados políticos envolvem reivindicações por poder social e são, portanto, ideológicas *em algum aspecto* ou (2) o argumento mais extremo

---

333. Cf. LAMB, Robert. Skinner's revised historical contextualism. *op. cit.*, p. 59-61.

334. "Ultimately, these justifications risk rendering Skinner's contextualism a form of epiphenomenalism, though of a seemingly Nietzschean rather than Marx (...) bent because of the reduction that locates the meaning of an utterance in a pre-defined will to achieve social power rather than in any meaningful mental activity of the individual in question." LAMB, Robert. Skinner's revised historical contextualism. *op. cit.* p. 68. Tradução de Isadora Coan *in* Isadora Cristina de Melo. As bases filosóficas da metodologia de Quentin Skinner para a história intelectual. *op. cit.*, p. 102.

> que todos os enunciados políticos são *puramente* ideológicos e, portanto, *apenas* compreensíveis em termos ideológicos.[335]

Lamb coloca, então, Skinner em um "beco sem saída": se escolher a primeira alternativa, ações políticas podem até conter aspectos ideológicos, mas não podem ser definidas ou reduzidas a eles, o que ameaça o seu novel posicionamento retórico; se, por outro lado, reduzir a sua tese a um extremo igual a "tudo é ideologia", estaria reduzindo sua metodologia para a história intelectual a algo muito próximo do que mais criticava quando iniciou seu debate em *Meaning and Understanding*.

Por fim, nota-se na maioria das críticas mais recentes feitas a Skinner uma observação geral de que o autor estaria, aos poucos, deixando de lado sua verve de historiador, para se tornar cada vez mais um teórico da política, como se desde os anos 1980, em especial a partir do aprofundamento do autor em relação aos "ideais neoclássicos da liberdade republicana", haveria uma voz finalmente normativa em sua teoria.[336] De todo modo, o próprio Lamb reconhece que essa mudança foi acompanhada metodologicamente, pois a prática historiográfica skinneriana mudou de tal forma e tão claramente que chegou a demonstrar certo repúdio às declarações contextualistas mais rígidas, perceptíveis "em sua tendência recente de utilizar o pensamento político do passado em debates filosóficos contemporâneos, algo que foge em muito aos seus argumentos metodológicos mais antigos."[337] Embora os detalhes do método permaneçam os mesmos, a maneira como são apresentados mudou dramaticamente. Sua apresentação mudou de um interesse na teoria dos atos de fala aparentemente dependente de suposições objetivistas tradicionais sobre a natureza do método interpretativo para um

---

335. "Skinner's argument might rest on (1) the weaker claim that all political utterances involve claims to social power and are therefore ideological *in some respect* or (2) the more extreme claim that all political utterances are *purely* ideological and therefore *only* comprehensible in ideological terms." *Ibid.*, p. 66. Tradução de Isadora Coan *in ibid.*

336. Nesse sentido, *cf.* SILVA, Ricardo. Da história do pensamento político à teoria política da história: variações da hermenêutica do conflito de Quentin Skinner. **Lua Nova**, São Paulo, v. 102, p. 137-171, 2017.

337. "[I]t is also true that his historical practice has moved in such a way as to clearly imply some repudiation of his strictest contextualist claims; most obviously in his recent tendency to utilise past past political thought in contemporary philosophical debates, something that flies in the face of his earliest methodological arguments." LAMB, Robert. Recent Developments in the Thought of Quentin Skinner and the Ambitions of Contextualism. **Journal of the Philosophy of History**, v. 3, p. 246-265, 2009. p. 249.

"antifundacionalismo explicitamente preocupado"[338] com a retórica e a função social que tais preocupações possibilitam.

Quanto a essas críticas mais recentes, Skinner vem tomando um posicionamento mais reticente. De fato, a acusação de "relativista" parece o afetar mais,[339] mas o aprofundamento analítico de Bevir e Lamb de fato o colocam contra a parede, mas isso se abordarmos sua teoria analiticamente. De todo modo, a defesa recente de sua teoria feita por Melissa Lane foi por ele endossada em simpósio publicado no mesmo periódico. Encaminhando-se para seu octogésimo aniversário na última década, Skinner vem produzindo menos trabalhos metodológicos, focando seus últimos esforços em obra substantivas de história, entre elas *Hobbes and Republican Liberty*, *Forensic Shakespeare* e *From Humanism to Hobbes*, sua última obra publicada.

Em uma entrevista recentemente concedida por Skinner, no entanto, há uma importante pista sobre o significado de sua teoria. Perguntado se não receava que o "Skinner filósofo" estava ofuscando, aos poucos, o Skinner historiador, o pensador admitiu que era um alerta válido, mas que à medida que sua carreira avançava, foi se tornando cada vez mais difícil escapar desse dilema, comum a todos os teóricos das humanidades. Sempre se deseja que sua obra seja o mais sofisticada possível, do contrário, os trabalhos não seriam nada menos do que panfletos, mas ao mesmo tempo a própria tese skinneriana afirma que todos os teóricos são "atores dentro de um jogo, porque o jogo é tudo que há". A solução encontrada seria reconciliar a historicidade e a sua recente intenção de fazer parte do debate como filósofo político:

---

338. "Though many of the details of the method he defends remain the same, the way in which it is presented and justified has actually shifted quite dramatically. Its presentation has moved from an interest in speech-act theory seemingly reliant on traditional objectivist assumptions about the nature of an interpretive method, to an explicitly anti-foundationalist concern with 'rhetorical redescription and the social utility of the historical studies such a concern enables." *Ibid.*, p. 251. Por mais que Skinner tenha concordado com a descrição de uma leitura anti-fundacionalista de sua obra, remetemos o leitor a observação de Melissa Lane (*cf.* a última seção do capítulo anterior), onde afirma ver qualquer genealogia ou antifundacionalismo muito mais skinneriano propriamente, do que nietzschiano.

339. Como identificado em *A reply to my critics*, onde Skinner argumenta que devemos assumir, antecedentemente à investigação histórica, que nossos antepassados compartilhavam pelo menos algumas de nossas crenças sobre a importância da consistência e da coerência, isso não significa afirmar a crença em um compartilhamento de crenças universais substantivas entre o interprete e o agente do passado, mas de admitir um mínimo de pressuposições em comum sobre o próprio processo de formação de crenças. Cf. SKINNER, Quentin. A reply to my critics. *op. cit.*, p. 257. Tradução de Ricardo Silva in id. O contextualismo linguístico na história do pensamento político. *op. cit.*, p. 315.

> [n]ossa escolha do que estudar deve ser motivada por nosso sentimento do que é importante aqui e agora. Devemos selecionar os objetos que estudamos à luz de eles terem algum tipo de significação social geral. Mas, uma vez selecionados tais objetos, devemos ser tão rigorosos quanto possível em nossas pesquisas, porque, de outro modo, nossos achados carecerão de integridade e autoridade.[340]

Essa reconciliação entre historicidade e "presenteísmo" é observada nas constantes releituras feitas de Skinner e nas aproximações com outros autores. Um exemplo pródigo é a tentativa de aproximação do contextualismo linguístico em sua nova roupagem (retórica) e a história dos conceitos de Koselleck.[341] Uma segunda aproximação, mais crítica, é feita por Ricardo Silva em relação a Gadamer. Para o brasileiro, o movimento feito por Skinner de tentar conciliar o "historicismo" e o "presentismo" seria uma "'aproximação' de horizontes",[342] onde Skinner ainda reservaria lugar de destaque ao método, em oposição ao hermeneuta, que argumenta que sua obra *Verdade e Método* deve ser lida como "verdade contra o método."[343]

Por mais que se deva levar em conta a afirmação gadameriana contra o método, ao nosso juízo, em se tratando estritamente de hermenêutica filosófica, pensamos que seja possível subscrever o alerta de Silva. Contudo, não podemos deixar de observar que a literatura crítica ou aderente ao contextualismo linguístico pouco ou nunca contrapôs sua metodologia com a tradição hermenêutica "continental". Isso porque poucos autores de fato chegaram a abordar o contextualismo linguístico a partir do conceito de historicidade à guisa de Heidegger. A maioria dos críticos o fez de forma a endossar seu ceticismo sobre o intencionalismo de Skinner apropriando-se de citações de Gadamer, mas sem chegar a

---

340. "I think that our choice of what to study should be motivated by our sense of what matters here and now. We should select the subjects we study in the light of their having some kind of general social significance. But having selected them, we should be as rigorous in our scholarship as we can possible manage to be, for otherwise our findings will lack any integrity and authority." SEBASTIÁN, Javier-Fernandez; SKINNER, Quentin. Intellectual History, Liberty, And Republicanism: An Interview with Quentin Skinner. **Contributions to the History of Concepts**, v. 3, p. 103-123, 2007. p. 119. Tradução de Ricardo Silva *in id.* O contextualismo linguístico na história do pensamento político. *op. cit.*, p. 326.

341. *Cf.* PALONEN, Kari. The History of Concepts as a Style of Political Theorizing: Quentin Skinner's and Reinhart Koselleck's Subversion of Normative Political Theory. **European Journal of Political Theory**, v. 1, n. 1, p. 91-106, 2002. p. 91;102.

342. SILVA, Ricardo. O contextualismo linguístico na história do pensamento político. *loc. cit.*

343. *Cf.* GADAMER, Hans-Georg. **Verdade e Método I**. *op. cit.*

trabalhar a *historicidade* heideggeriana — e a *consciência histórico-efeitual* gadameriana como sua "derivada" —, muito menos a fazer uma leitura do contextualismo linguístico sob as lentes do "método" fenomenológico--hermenêutico.[344]

É a partir do capítulo seguinte que, entre outros temas relativos à verificação do problema que conduz nosso trabalho, seguiremos nesta empreitada, a fim de obter respostas para a pergunta de quanto o contextualismo linguístico — em sua versão retórica — pode contribuir para o desvelar do fenômeno jurídico, a partir de uma concepção hermenêutica do direito. Tendo em vista as recentes aproximações teóricas feitas entre autores antes alheios ao contextualismo, pensamos ser cabível tal verificação, tendo em vista a farta produção teórica dentro desta matriz, a partir da Crítica Hermenêutica do Direito. Desta forma, é possível que as relações entre a Crítica Hermenêutica do Direito com o contextualismo skinneriano demonstrem uma aproximação do contextualismo com a tradição hermenêutica que pode ter passado despercebida às demais leituras. Julgamos, então, como válida uma tentativa de aproximar dois "métodos" controversos,[345] que, no entanto, podem encontrar, na abertura da historicidade e do pensamento, um chão comum. Antes de seguirmos ao derradeiro capítulo, é necessário um interlúdio sobre a querela do termo "Escola de Cambridge" e as diferenças entre os contextualismos de Pocock e Skinner.

---

344. Uma possível exceção a este argumento poderia ser John Keane, que afirma que a fusão de horizontes de Gadamer está associada à tradição hermenêutica heideggeriana cuja lição prevê que compreensão do historiador/interprete não são nem um método, nem um modo privilegiado de investigação. Na verdade, são uma forma sistematicamente mais bem articulada do que já é rotineiramente praticado por sujeitos que vivem, socializam e trabalham dentro de uma sociedade em particular. Em oposição às tentativas pouco convincentes da "nova história" em repristinar Collingwood, a interpretação não pode ser concebida como um ato reprodutivo que reabilita um passado original e primário. A anexação do passado sempre assume a forma de um ato *produtivo* (uma *inventio*) inspirada em significados do presente. *Cf.* KEANE, John. More theses on the philosophy of history. *op. cit.*, p. 211. Grifo do autor. Mas como se pode ver, Keane faz pouco ao articular sua crítica, nem mesmo mencionando a fenomenologia-hermenêutica a seu método. Pensamos, por isso, que trata mais de uma representação teórica para fazer valer seu argumento do que propriamente um aprofundamento das razões que fariam a tradição hermenêutica incompatível com a abordagem contextualista.

345. Bevir chega a afirmar que a abordagem de Skinner só pode, ao fim e ao cabo, ser considerada como uma "heurística útil", tal como a de estudar o contexto econômico e estudar a biografia do autor, coisas que todos os historiadores fazem. *Cf.* BEVIR, Mark. The Contextual Approach. In: KLOSKO, George. (ed.). **The Oxford Handbook of the History of Political Philosophy**. Oxford: Oxford University Press, 2011. p. 8-24.

4.4. INTERLÚDIO: A "ESCOLA DE CAMBRIDGE" E AS DIFERENÇAS ENTRE AS ABORDAGENS DE POCOCK E SKINNER PARA O CONTEXTUALISMO LINGUÍSTICO

Antes de passar ao próximo capítulo, precisamos esclarecer uma pequena controvérsia sobre as diferenças metodológicas entre Skinner e o outro principal expoente da abordagem para a história do pensamento que ficou conhecida como "Escola de Cambridge para a história do pensamento político", "abordagem contextual de Cambridge", entre outros termos: J. G. A. Pocock.[346]

Como vimos no primeiro capítulo, Pocock, um pouco mais velho que Skinner, escreveu um artigo em 1962 chamado *The History of Political Thought: A Methodological Enquiry*, onde defendia muitos dos temas que posteriormente seriam levantados por Skinner em *Meaning and Understanding*. Contudo, à medida que o pensamento de ambos os autores foi avançando e suas obras metodológicas e substantivas evoluindo, foi possível identificar diferenças entre os contextualismos skinneriano e pocockiano. No entanto, tais diferenças são comumente ignoradas pela maioria dos comentadores e a posição majoritária é a de que Skinner e Pocock ainda estariam em pé de igualdade, como se a abordagem de ambos não tivesse se afastado dos tempos da publicação de *Meaning and Understanding* e *The History of Political Thought*.

Não pensamos que ignorar as diferenças entre os contextualismos linguísticos seja possível — nem mesmo recomendável — dado o alto nível de sofisticação com que os críticos se referem a esses autores e a notoriedade que as metodologias skinneriana e pocockiana angariaram nas últimas décadas. Ousaremos entretanto discordar daqueles que pensam que suas abordagens se tornaram incompatíveis ao longo dos anos. A nosso ver, a crescente maleabilidade que Skinner demonstra em suas teses metodológicas desde a "virada retórica" torna mais fácil realizar uma aproximação com diversas abordagens, entre elas, o contextualismo linguístico de Pocock, que, em alguns momentos, teve um foco diferente

346. Outros autores associados ao mesmo movimento historiográfico de Cambridge, como John Dunn, James Tully e Terrence Ball também apresentam críticas ou diferenças metodológicas a Skinner, mas, de forma alguma, tais diferenças se aproximam aos níveis das de Pocock. Há que se considerar também a proximidade pessoal de Dunn, que foi colega de classe e companheiro de pesquisa de Skinner, tendo ambos trabalhados juntos, e no caso de Tully e Ball, o fato de ambos terem sido orientandos de Skinner em Cambridge. Há de se acrescentar que, com a exceção do artigo *The Identity of the History of Ideas*, publicado com meses de diferença de *Meaning and Understanding*, os demais membros da "escola" não produziram uma obra metodológica extensa, tendo se destacado mais pela utilização substantiva da metodologia em suas obras.

do de Skinner. Isso, no entanto, não diminui a importância de estudarmos as diferenças entre os dois.

Como demonstramos anteriormente, a intenção epistêmica de Skinner e Pocock é a mesma: contextualizar e "levar a historicidade a sério", fato que não poderia ser levado a cabo tratando textos clássicos como meros "objetos" a serem interpretados por uma leitura interna ou estruturante, sem levar em conta os meios sociais, políticos, individuais e intersubjetivos, ou seja, os contextos linguísticos que criaram as condições para que certas convenções fossem utilizadas por um ator em sua obra e dessem a ela um motivo para escrevê-la como um enunciado apoiado por atos ilocucionários de fala. O que diferencia, propriamente, a abordagem pocockiana da de Skinner, para a maioria dos comentadores, é o *escopo* de sua leitura, o objeto do estudo de cada um, que será "macro-histórica" no caso de Pocock, enquanto Skinner irá preferir por uma abordagem mais "micro-histórica". Em outras palavras, enquanto Pocock está mais preocupado com a recuperação dos "paradigmas", "linguagens" e "discursos" políticos que nos legaram o significado de um texto e seu impacto de longa duração (*longue durée*), Skinner por sua vez estava em um primeiro momento mais preocupado com a recuperação da intencionalidade autoral no processo de compreensão do significado da "ação linguística". Em Pocock, as intenções autorais têm um "caráter derivado", uma vez que as linguagens funcionam "paradigmaticamente, prescrevendo o que ele [o autor] deve dizer e como dizê-lo."[347] Assim, não haveria, de fato, intenções totalmente abertas ao autor, mas sim "modos de discurso disponíveis" que dariam a ele "as intenções que ele pode ter, ao proporcionar-lhe os únicos meios de que ele poderá dispor para efetuá-las."[348] Eis a diferenças entre "linguagem" (*langue*) e a palavra (*parole*) dentro do contexto linguístico como também nos atos de fala.

347. "Once history is seen in linguistic depth such as this, the paradigms with which the author operates take precedence over questions of his 'intention' or the 'illocutionary force' of his utterance, for only after we have understood what he meant to say, what he succeeded in saying, what he was taken to have said, or what effects his utterance had in modifying or transforming the existing paradigm structures." POCOCK, J. G. A. **Politics, Language and Time**. *op. cit.*, p. 25. Tradução de Ricardo Silva *in id.* O contextualismo linguístico na história do pensamento político. *op. cit.*, p. 327.

348. "The author inhabits a historically given world that is apprehensible only in the ways rendered available by a number of historically given languages; the modes of speech available to him give him the intentions he can have, by giving him the means he can have of performing them. At this point the objection has raised the question of *langue* as well as *parole*, of language context as well as of speech act." POCOCK, J. G. A. **Virtue, Commerce, and History**: Essays on Political Thought and History, Chiefly in the Eighteenth Century. Cambridge: Cambridge University Press, 1985. p. 5. Tradução de Ricardo Silva *in ibid.*

Já Skinner, em uma das poucas oportunidades em que discorda explicitamente de Pocock, afirma que se a ênfase do colega

> nas linguagens forem tratadas como metodologias em si mesmas, elas estão prestes a gerar pelo menos duas dificuldades. Existe um perigo óbvio de que, se enfocarmos meramente a relação entre o vocabulário usado por um dado escritor e as tradições com as quais ele pode parecer conectado por seu uso desse vocabulário, podemos nos tornar insensíveis para as instâncias da ironia, obliquidade, e outros casos em que o escritor pode parecer estar dizendo algo diferente do que quer dizer. O principal perigo, porém, é que, se nos concentrarmos meramente na linguagem de um dado escritor, corremos o risco de assimilá-lo a uma tradição intelectual completamente estranha, e, logo, de não compreendermos o objetivo geral de sua obra política.[349]

De todo modo, ambos examinam suas teses os aproximam muito mais do que o afastaram. Pocock, como Skinner, também se refere a Laslett como "protagonista", um "homem extraordinário" que "deslanchou uma revolução local cujos efeitos foram sentidos por muitos anos" e que seus livros posteriores mais famosos, entre *The Ancient Constitution and the Feudal Law*, de 1957, teve como influência a abordagem de Laslett que viria a se consolidar como a abordagem de Cambridge.[350] Skinner, pupilo de Laslett, no mesmo tom afirma o ineditismo do *approach* laslettiano, celebrando a nova edição de *Two Treatises* de Locke editada pelo mestre como "maravilhosa, em vários sentidos".[351] Notamos a princípio uma posição de convergência entre os dois nos primeiros ensaios metodológicos, seguida por um distanciamento nas décadas seguintes, para, finalmente, em textos mais recentes, ambos ensaiaram uma reaproximação, que se tornou ainda mais evidente quando o próprio Skinner suaviza e recua

349. "I do feel, however, that if Pocock's [stress] on languages are treated as methodologies in themselves, they are prone to generate at least two difficulties. There is an obvious danger that if we merely focus on the relations between the vocabulary, we may become insensitive to instances of irony, obliquity, and other cases in which the writer may seem to be saying something other than what he means. The chief danger, however, is that if we merely concentrate on the language of a given writer, we may run the risk of assimilating him to a completely alien intellectual tradition, and thus of misunderstanding the whole aim of his political works." SKINNER, Quentin. Some Problems in the Analysis of Political Thought and Action. *op. cit.*, p. 288. Tradução de Ricardo Silva *in ibid.*

350. "The protagonist is an extraordinary man, Peter Laslett, [...]" POCOCK, J. G. A. Quentin Skinner: the history of politics and the politics of history. **Common Knowledge**, v. 10, n. 3, p. 532-550, 2004. p. 535. Tradução de Ricardo Silva *in ibid.*

351. *Cf.* SKINNER, Quentin. Quentin Skinner (interview). *In:* PALLARES-BURKE, M. L. (ed.). **The New History**, Cambridge: Polity Press, 2002. p. 214.

em seu contextualismo, admitindo uma virada que contribui para uma conciliação entre sua abordagem e a de Pocock. A diferença, então, se mantém como define Skinner, mais ao escopo do contextualismo, onde Pocock "enfatiza o poder da linguagem em constranger nossos pensamentos, enquanto eu tendo a pensar na linguagem pelo menos como um recurso a ser utilizado. Mas não há dúvida que nossas abordagens convergem [...]."[352]

Contudo, como desenvolvemos no capítulo anterior, alguns críticos não estão satisfeitos com essa aproximação, afirmando que há uma diferença clara entre as linguagens metodológicas de Pocock e Skinner. Entre eles destaca-se o filósofo Mark Bevir, que em seu artigo *The Errors of Linguistic Contextualism* define o contextualismo de Pocock como mais duro (*hard*) do que o contextualismo moderado (*soft*) de Skinner. Mas sua leitura serve de base para uma crítica ampla a ambos os contextualismos, de modo que demonstra algumas peculiaridades das quais nos permitimos discordar. Ao nosso juízo, o uso dos termos *hard* e *soft* como empregados por Bevir não auxilia o leitor na compreensão das diferenças entre Pocock e Skinner. Primeiro, porque dá a impressão de que há um radicalismo maior no contextualismo pocockiano em relação ao de Skinner, quando isso não se verifica. Bevir afirma que a abordagem de Pocock é mais dura, pois "não admite ao historiador tal acesso aos paradigmas linguísticos do passado." Daí que sua "teoria do significado e suas afirmações metodológicas se combinam para nos fazerem concluir que paradigmas são incomensuráveis." Então, "historiadores permaneceriam 'presos' dentro de seus próprios paradigmas linguísticos, impedidos de obter acesso àqueles contextos que originalmente deram significado a textos históricos."[353] Como Skinner, em seu intencionalismo, acredita que tal acesso é possível — e não somente ao paradigma —, sua abordagem é vista como moderada. Mas a rigidez metodológica skinneriana, por outro lado, é muito maior que a de Pocock, daí nossa suposição de que tal nomenclatura possa causar futuros mal-entendidos, tendo em vista que ambas as teses de Skinner e Pocock podem ser interpretadas como

352. "He stresses the power of language to constrain our thoughts, whereas I tend to think of language at least as much as a resource to be deployed. But there is no doubt that our approaches converge, [...]." KOIKKALAINEN, Petri; SYRJÄMÄKI, Sami. Quentin Skinner on Encountering the Past. **Finnish Yearbook of Political Thought**, v. 6, p. 34-63, 2002. p. 49.

353. "Hard linguistic contextualists, however, cannot allow the historian such access to linguistic paradigms from the past. Their theory of meaning and their methodological claims combine to force us to conclude that paradigms are incommensurable, so that historians must remain trapped within their own linguistic paradigms, unable to gain access to those contexts that originally gave meaning to historical texts." BEVIR, Mark. The Errors of Linguistic Contextualism. *op. cit.*, p. 280.

mais ou menos radicais ou moderadas, dependendo do ângulo de análise — a interpretação de Bevir seria apenas mais uma das possibilidades.

Por fim, deixamos em aberto uma pergunta: se ainda faria sentido falar de uma "Escola de Cambridge". Acreditamos que se for para afirmar uma tese metodológica como rígida e imutável, devemos evitar empregar o termo. Já quanto às convergências e influências que ambos tiverem sobre seus sucessores, em especial a partir de suas primeiras publicações, faz muito sentido afirmar ainda que suas metodologias ou heurísticas formaram uma "escola", a "Escola de Cambridge", desde que não se faça generalizações e se tenha um cuidado (evidentemente) contextual e coeso ao se identificarem as peculiaridades de cada autor dentro dessa abordagem historiográfica. Em outras palavras, usar o próprio contextualismo para investigar seus autores e passar seus conhecimentos adiante, em uma verdadeira *história intelectual da história intelectual*, ou história da historiografia.

Capítulo 5

O DIREITO NA HISTÓRIA E O CONTEXTUALISMO LINGUÍSTICO COMO ABERTURA DA HISTORICIDADE NO FENÔMENO JURÍDICO

> "Tempo não está apenas entre as condições da existência do direito, mas (se estivermos dispostos a colocar de tal forma) está na sua essência"[354]
>
> (Gerald J. Postema)

Nesse último capítulo nos voltaremos à verificação das perguntas propostas no início deste trabalho, isto é, discutiremos em que medida o contextualismo linguístico é aplicável ao direito, levando em conta o direito como fenômeno interpretativo e, portanto, eivado de historicidade, que precisa ser compreendido através do tempo e, consequentemente, do seu contexto.

Para tanto, dividiremos esta quinta seção em três partes: na primeira, veremos como há uma tensão metodológica entre as abordagens histórica e filosófica (analíticas) que perpassa tanto a filosofia política como a filosofia do direito (a primeira tendo esse debate ocorrido com

354. "Time is not only among the conditions of the existence of law, but (if we are willing to put it this way) it is of its essence." POSTEMA, Gerald J. Jurisprudence, The Sociable Science. **Virginia Law Review**, v. 101, n. 4, p. 869-901, 14 maio 2015. Disponível em: https://virginialawreview.org/articles/jurisprudence-sociable-science/. Acesso em: 27 out. 2023. p. 885.

um pouco mais de antecedência em relação à segunda); na segunda, após concluirmos pela onipresença da questão da temporalidade quando se trata da investigação histórica na filosofia, discutiremos, enfim, como a tradição hermenêutica e os conceitos apresentados pelos filósofos mais reconhecidos desse grupo, pouco lembrados nos debates anglófonos que envolvem questões de historicidade e metodologia, podem ser úteis para uma compreensão substancial da importância da compreensão histórica; e, por fim, na terceira, concluiremos o debate respondendo à indagação que nos trouxe até aqui desde o início: como Skinner e seu contextualismo linguístico se encaixam nessa querela metodológica e como sua abordagem — com todas as suas facetas, ressalvas e críticas — pode contribuir para desvelar uma investigação onde o filosófico e o histórico, o descritivo e o normativo, entre outros dilemas e aparentes dualismos metodológicos, se confundem nas humanidades, sendo a "historiografia jurídica" apenas um recorte dentro de um amplo debate ontológico sobre o método.

5.1. TEORIA POLÍTICA, TEORIA DO DIREITO, HISTORIOGRAFIA E HISTORICIDADE: QUESTÕES METODOLÓGICAS

Ao longo dos últimos anos é notável um crescente debate sobre o papel da história nas humanidades. Na discussão filosófica — que quase sempre chega antes —, os limites entre a história da filosofia e a filosofia da história já são estreitos e vêm sendo questionados desde os anos 1960, não só nas fronteiras da história do pensamento intelectual (que já se compreende desde o princípio como uma disciplina limítrofe), mas também em estudos disciplinares mais "fechados", como é o caso da filosofia política, da moral e do direito, ambas sendo invadidas pelo debate histórico por obras que questionam, no limite, o "estatuto filosófico"[355] da história da filosofia como problema filosófico.[356]

É certo que pelo fato de a história intelectual estar desde sempre mais associada à filosofia política e à querela específica "teoria/ciência" que marca essa disciplina por todo o século XX,[357] o debate historiográ-

355. GUEROUT, Martial. The History of Philosophy as a Philosophical Problem. **The Monist**, v. 53, n. 4, p. 563-587, 1969.

356. *Cf.* KEKES, John. **The Nature of Philosophical Problems**: Their Causes and Implications. Oxford: Oxford University Press, 2014.

357. GUNNELL, John G. **Teoria Política**. *op. cit.*, p. 5-22. Peter Laslett, como vimos anteriormente, também havia dito que a teoria política "estava morta" até dar luz ao movimento que ficou conhecido com

fico teria de ter se apresentado com alguma antecedência nos campos específicos da filosofia política e moral; e é por isso que, como demonstramos acima, a história do pensamento político foi a disciplina onde mais se notou tal debate nas décadas e que tiverem Skinner como um de seus protagonistas. Acontece que concomitantemente, e na medida que a teoria de Skinner também foi cada vez mais acomodando elementos normativos, a filosofia política normativa pós-Rawls também foi sendo alvo desse debate, com cada vez mais adeptos ou críticos da "abstratalização" da teoria em nome de uma conciliação entre a abordagem analítica e a construção de uma teoria normativa, características peculiares aos grandes nomes da filosofia política da época, como Rawls e Nozick.[358]

É a partir desse contexto que autores começaram a identificar um crescente cisma na teoria política, entre analíticos de um lado, e contextualistas de outro. Os analíticos, na esteira de Rawls e outros, defendiam uma construção abstrata de teorias substantivas e normativas, a qual não precisasse ser baseada na história, enquanto o interesse dos historiadores do pensamento não era construir resultados substantivos sobre filosofia moral e política, mas recuperar "fatos históricos". Tal contraste, nas palavras de Jonathan Gorman, "é um que ainda é considerado amplamente aplicável."[359] Às voltas com tal debate, surgem obras que discutem se, afinal, é necessário que a filosofia dependa da história para fundamentar teses que se pretendem ser "perenes" e abstratas, independentes de qualquer contingente.[360]

Um dos trabalhos que se destaca nesse caso é a coletânea *Political Philosophy versus History?* de 2011, onde esse debate é travado entre as principais tendências da disciplina atualmente, o realismo e contextualismo.[361] Na primeira parte da obra, que trata do "desafio do contextualismo", entre críticos e defensores da abordagem, vemos um debate aberto. O primeiro posicionamento é apresentado pelo professor de teoria política

---

a Escola de Cambridge. Ver, também, SARTORI, Giovani. Philosophy, theory, and Science of politics. **Political Theory**, v. 2, p. 133-162, 1974.

358. GORMAN, Jonathan. Legal Consciousness: A Metahistory. *In:* DEL MAR, Maksymilian; LOBBAN, Michael. (ed.). **Law in Theory and History**: New Essays on a Neglected Dialogue. Oxford: Hart Publishing, 2016. p. 89.

359. "This new contrast is one still widely thought to apply." *Ibid.*, p. 90.

360. FLOYD, Jonathan; STEARS, Marc. (ed). **Political Philosophy versus History?** Contextualism and Real Politics in Contemporary Political Philosophy. Cambridge: Cambridge University Press, 2011; DEL MAR, Maksymilian; LOBBAN, Michael. (ed.). **Law in Theory and History**. *op. cit.*

361. Como nosso debate aqui interessa mais especificamente a abordagem contextualista, nos permitiremos abordar apenas a parte dessa obra que trata deste tema, deixando a questão do realismo político para outra oportunidade.

da *London School of Economics and Political Science* Paul Kelly, no texto que leva o sugestivo título *Rescuing political theory from the tyranny of history*. No trabalho, o professor se posiciona contra o que ele chama de "paradigma collingwoodiano", em referência a um dos principais responsáveis por estabelecer as bases para a construção teórica do contextualismo. Segundo Kelly não só de Skinner, Pocock, Dunn e demais associados à Escola de Cambridge, mas também filósofos substancialistas estariam adotando a tese de que qualquer filosofia fracassaria se não fosse "informada pela história", entre eles estariam Bernard Williams, Alasdair MacIntyre e Raymond Guess.[362]

No caso da tese de Williams, a justificação "do conteúdo liberal básico", presente em sua "demanda mínima de legitimação", se daria a partir de uma visão "moralista" da filosofia política, onde o teórico nega que sejamos capazes de aceitar autenticamente formas de vida e arranjos institucionais que podem ter sido reconhecidos como legítimos por outros indivíduos em diferentes tempos e localidades. Mesmo assim, tal demanda básica, para Williams é mais um "fato da modernidade" do que uma conclusão racional. Nesse caso, se trataria mais de um pressuposto absoluto do que uma conclusão racional derivada de uma teoria da justiça.[363] Kelly irá criticar o argumento de Williams e os demais filósofos "realistas" que sustentam suas defesas normativas baseadas no argumento histórico-contingencial de que estas (em especial o modelo político liberal) seriam as melhores saídas encontradas historicamente, a partir da objeção que, considerada correta, a tese basicamente "libera a afirmação de que a vontade política precisa ser justificada: [s]e todo juízo político é local e contingente, então também não é uma expressão de vontade e, portanto, livre de controle racional [...].[364]

Kelly segue em sua crítica ao uso normativo do contextualismo por filósofos políticos afirmando que, quando o teórico da política se rende ao crivo da justificação histórica, ele irá chegar ao problema de não con-

---

362. Curiosa é a observação feita por Gorman, o qual afirma que, em 1971, quando estava estudando para obter seu PhD em Cambridge, havia sido aconselhado por Williams que uma filosofia com bases históricas "não seria possível". *Cf.* GORMAN, Jonathan. Legal Consciousness. *op. cit.*, p. 105.

363. "[...] liberates the assertion of political will from the turn to history of realist political philosophers such as Williams, and Geuss is that it liberates the assertion of political will from the need to justify itself. If all political judgement is local and contingent, then either it is the expression of will, and therefore free of rational discipline [...]." WILLIAMS, Bernard. **In the Beginning was the Deed**: Realism and Moralism in Political Argument. Princeton, NJ: Princeton University Press, 2005. p. 18-29. Ver, também, WILLIAMS, Bernard. **Ethics and the Limits of Philosophy**. London: Fontana, 1985. p. 162.

364. KELLY, Paul. Rescuing political theory from the tyranny of history. *In:* FLOYD, Jonathan; STEARS, Marc. (ed). **Political Philosophy versus History?** *op. cit.*, p. 16-17.

seguir resolver sua questão, em especial a de recuperar o valor histórico dos temas estudados, "no máximo conseguimos a dimensão histórica do [seu] significado, mas não a redução do significado para o contexto histórico."[365] Chamando a atenção para que haveria sim problemas perenes na filosofia, Kelly também afirma que seria "implausível" acreditar que autores como Platão, Aristóteles, Hobbes e Hegel estariam pensando em questões "temporalmente locais". Agora se referindo ao método de Skinner, ele alerta que o autor não consegue provar que enunciados são temporalmente locais, mas que a tese skinneriana seria mera afirmação, e não uma conclusão retirada da experiência histórica.[366]

Em suma, o ponto de Kelly gira em torno da posição antiobjetiva que recai sobre o realismo metodológico do "paradigma collingwoodiano" e revela uma postura metafísica, tanto quanto o objetivismo, que pressupõe uma experiência histórica transcendental para se sustentar. Aqui estaria, provavelmente, o resquício supostamente idealista de Collingwood, ao qual, segundo Kelly, o contextualismo dos sucessores de Collingwood se mantinham atrelados, ainda que a sua revelia e contrariedade.

Até então, apesar de trazer insights interessantes sobre a repercussão e influência do contextualismo em teses filosóficas normativas, como as de MacIntyre e Williams, a intervenção de Kelly repete argumentos que já foram expostos em minúcias anteriormente. Só que na parte final de seu texto, o autor encontra um aliado improvável para sua crítica: Gadamer. De acordo com Kelly, a hermenêutica filosófica compreendeu o fenômeno, pois passou a tratar a história e a filosofia não como rivais opostas, mas uma como sendo necessária à outra. Nesse sentido, quanto às teses gadamerianas, como veremos em detalhes no capítulo a seguir, não se pode concordar mais. Acontece que, ao contrário do que afirma Kelly, a tese de Skinner não coloca os dois campos "em oposição" — muito pelo contrário, sua visão tardia incorpora inclusive o campo normativo ao campo histórico, onde as duas atividades muitas vezes se confundem, sem prejuízo do caráter metodológico de suas teses. Não há, portanto, a nosso ver, qualquer razão para colocar o contextualismo — ao menos não a proposta metodológica de Skinner — em oposição à tradição hermenêutica, principalmente se levarmos em conta a "virada retórica"

---

365. "At best we can ger a historical dimension to meaning, but not the reduction of meaning to historical context." *Ibid.*, p. 18.

366. *Ibid.*, p. 19.

de Skinner, onde a experiência histórica, de fato, "força a história a virar filosofia, da mesma forma como força a filosofia a se tornar histórica".[367]

Muito embora Kelly elabore sua crítica ao contextualismo a partir da perspectiva hermenêutica, ele insiste no argumento de que a história, quando se trata de reconhecer argumentos normativos como parte da teoria política, poderia oferecer, no máximo, "uma assistência" à filosofia para a compreensão de "contextos causais de agentes políticos e as origens de discursos éticos e políticos, mas não fornece a justificação para juízos normativos."[368] O argumento pode ser resumido na síntese de Jonathan Floyd, o qual afirma que o contextualismo histórico é "como uma forma de filosofia política [normativa]", que ele apela para "consensos não existentes".[369] No entanto, diferentemente de Kelly, Floyd admite não ter qualquer objeção ao contextualismo, desde que esse se restrinja a um projeto historiográfico como é o caso da empreitada skinneriana, que busca recuperar conceitos e argumentos do passado, como a ideia de liberdade neorromana, ou até mesmo a proposta de MacIntyre,[370] que, segundo Floyd, busca apresentar um retrato ilustrativo do contexto moral, mas se contém a ilustrá-lo como sendo "um de desacordos e dissonâncias, ao invés de harmonias e consensos",[371] como é o caso do retrato de Williams.

Sob um olhar fenomenológico, Bruce Haddock já percebe que parte do problema de toda a querela metodológica é que a teoria política foi "vítima de seu próprio sucesso, adquirindo algo como uma vida própria, insalubremente separada" do *mainstream* filosófico. "Hiperespecialização é um problema para todos nós em uma era de sobrecarga de informação."[372]

---

367. Esse tema será trabalhado em mais detalhes na subseção seguinte.

368. "If normative argument is part of political theory, then an appeal to history can only provide an assistance to but not replacement of political philosophy, as at best, the turn to history has nothing to say about questions of political rights. At best, history can contribute to an understanding of the causal contexts of political agency and the origins of political and ethical discourse, but it cannot provide the justification for normative judgements." KELLY, Paul. Rescuing political theory from the tyranny of history. *op. cit.*, p. 25.

369. "[N]on-existent consensuses." FLOYD, Jonathan. From historical contextualism, to mentalism, to behaviorism. *In:* Id.; STEARS, Marc. (ed). **Political Philosophy versus History?** *op. cit.*, p. 32.

370. *Cf.* MACINTYRE, Alasdair. **After Virtue**: A Study in Moral Theory. 3rd. edn. Notre Dame, IN.: University of Notre Dame Press, 2007 [1981].

371. "[...] one of discord and dissonance, rather than concord and consensus." FLOYD, Jonathan. From historical contextualism, to mentalism, to behaviorism. *op. cit.*, p. 35.

372. "Part of the problem is that political theory as a sub-discipline is to some extent a victim of its own success, acquiring something of a life of its own, unhealthily separated from mainstream work in philosophy. Hyper-specialisation is a problem for us all in an age of information overload." HADDOCK, Bruce. Contingency and judgement in history of political philosophy: a phenomenological approach. In: FLOYD, Jonathan; STEARS, Marc. (ed.). **Political Philosophy versus History?** *op. cit.*, p. 47.

Na opinião do autor, essas tensões prejudicam o que é mais importante: "[p]ensar sobre nossa historicidade profunda, por exemplo, vai além da consciência histórica que é agora um recurso dominante" na área. "O fato de que uma vez nós nos vimos muito diferentemente [dos autores do passado] permanece como um incentivo para investigar o que *é ser humano* (e não simplesmente uma pessoa que casualmente está consciente historicamente)." Assim, a partir da leitura fenomenológica de Haddock, "é da natureza da historicidade que contextos sejam únicos. Mas sem um repositório de pensamento intenso, nossos melhores esforços serão provavelmente decepcionantes."[373]

Como se pode ver, alargando o debate para além dos limites da história do pensamento, nota-se que a questão da historicidade teve claras influências também no debate sobre a filosofia normativa e analítica, seja sobre discussões sobre a imposição de limites à normatividade e abstração das ideias, ou sobre o quão longe a questão do método poderia ser levada filosoficamente. Em todos esses debates no campo disciplinar da filosofia política anglófona nota-se que Collingwood permanece como um marco, tanto da influência sobre as teses contextualistas ou mesmo como um "espantalho" para críticos que não concordam com essas teses. Quando autores como Gordon Graham negam a prescrição de Skinner que devemos "pensar por nós mesmos"[374] sobre temas atuais, ele afirma que tal ideia, aplicada à filosofia política, seria "radicalmente errada", pois pressuporia que "a atividade de filosofar não tem", por si só "história", e que "cada geração (ou indivíduo?) deve começar a filosofar do zero".[375] Essa conclusão, contudo, não prevalece em nossa leitura dos escritos de Skinner — pelo contrário. Ele não se vale de uma distinção tão radical do que é filosofia e do que é história do pensamento, sendo que ambas, por vezes, se confundem. Sua metodologia, por outro lado, prevê que, ao dar à historicidade do passado seu devido valor, por vezes podemos redescobrir ideias e, assim, aplicá-las em um novo contexto, historica-

373. "Thinking about our deep historicity, for example, goes beyond the historical awareness that is now a dominant feature in our experience. The fact that we once saw ourselves very differently remains an incentive to grasp what it is to be a human (and not simply a person who happens to be historically aware)."; "It is in the nature of our historicity that contexts are unique. But without a repository of hard thinking, our best endeavors are likely to be disappointing." *Ibid.*, p. 55.

374. Ver o capítulo 3, *supra*.

375. "Applied to political philosophy, however, there is something radically wrong about this view, since it implies that the activity of philosophising itself has no history, and that each generation (each individual?) must begin to philosophise afresh." GRAHAM, Gordon. Political philosophy and the dead hand of its history. *In:* FLOYD, Jonathan; STEARS, Marc. (ed.). **Political Philosophy versus History?** *op. cit.*, p. 69.

mente conscientes do que estamos fazendo. Isso, sim é que seria para Skinner o "pensar por si mesmo".

Por essa confusão entre o que é prescrição e o que é descrição, pelo apreço à tradição analítica e por terem se tornado "vítimas de seu próprio sucesso", é que a nosso ver a teoria política teve um destino muito parecido com sua vizinha disciplinar, a teoria do direito, que também tem há muito tempo dificuldade em lidar com a historicidade e sua influência sobre a teorização. Dessa maneira, obras e autores recentes vêm debatendo as consequências da história para a teoria do direito, dentro de inúmeros planos.[376] Nosso recorte neste trabalho, no entanto, tem um caráter metodológico. Assim, uma das obras de maior relevância foi organizada por Del Mar e Lobban,[377] pois debate com sensibilidade o principal problema que identificamos quando aborda a história *do* direito e também considera possível um eventual diálogo com o contextualismo skinneriano, enfatizando a relevância da historicidade para a teoria, especialmente de uma teoria que se mostra por demais 'negligente' com a própria história.[378]

Neste contexto de crise, percebe-se uma mudança no rumo das discussões e um interesse cada vez maior pela temática entre juristas e acadêmicos. Vários são os estudiosos que sentem a necessidade de resgatar a história e a historiografia e usá-las como ferramentas no debate teórico do direito. É o caso (além dos próprios Lobban e Del Mar) de autores como Gerald Postema, Robert Gordon, Brian Bix, Linda Colley, William Twining, Jeremy Waldron, Nicola Lacey, Brian Tamanaha, Christopher Tomlins, entre outros, que, cada um a seu modo, seja a partir de uma teorização da história e da problematização metodológica (caso de Lobban e Del Mar), da contextualização do direito com a história das ideias (caso de Waldron, Bix, Postema e Twining) ou mesmo de uma abordagem substancialmente mais histórica em seus trabalhos, relacionando o direito com outras áreas das humanidades — que também são abordadas historicamente —, como a antropologia (caso de Lacey, Colley, Tommlins e Tamanaha).[379]

---

376. Para um estado da arte complete sobre a história do direito hoje, *cf.* DUBBER, Markus D.; TOMLINS, Christopher. (ed.). **The Oxford Handbook of Legal History**. Oxford: Oxford University Press, 2018.

377. *Cf.* n. 354, *supra*.

378. DEL MAR, Maksymillian. Philosophical Analysis and Historical Inquiry: Theorizing Normativity, Law, and Legal Thought. *In:* DUBBER, Markus D.; TOMLINS, Christopher. (ed.). **The Oxford Handbook of Legal History**. *op. cit.*, p. 2.

379. *Cf.* POSTEMA, Gerald J. Jurisprudence: The Sociable Science. *op. cit.*; GORDON, Robert. **Taming the Past**: Essays on Law in History and History in Law. Cambridge: Cambridge University Press, 2017; BIX,

Sobre a questão de trabalhos substantivos em história, um parêntese precisa ser feito. O debate que se faz aqui não pretende e não olvida de forma alguma autores como Paolo Grossi (1933-2022), Antônio Manuel--Hespanha (1945-2019) e Michael Stolleis (1941-2021).[380] Acontece que — e isso também é parte da problemática de se pensar em uma história *do* direito sem teorização — tais autores tiveram em suas obras um enfoque mais voltado para a historiografia substantiva. Contudo, isso não implica de qualquer forma que seus trabalhos não cuidavam do tema metodológico. Assim como Grossi, Stolleis na obra citada dedicou alguns de seus textos especialmente ao tema.[381] Hespanha também demonstra preocupado com o referencial teórico do historiador, ao declarar que

> (...) a tarefa historiográfica não pode decorrer sem a adesão a um modelo explicativo prévio que permita seleccionar as questões relevantes e relacioná-las entre si, adoptar as estratégias de pesquisa adequadas, estabelecer ligações entre os factos apurados pela investigação empírica.[382]

Quanto aos expoentes da historiografia jurídica no Brasil, Hespanha e Grossi fizeram escola, a partir da recepção de seus trabalhos por nomes como Ricardo Marcelo Fonseca, Antônio Carlos Wolkmer, José Reinaldo Lima Lopes, entre outros.[383] De toda maneira, a abordagem desses autores, como a de seus mestres, também preconizou a historiografia jurídica em detrimento de um debate teórico sobre o método. Uma exceção aqui

---

Brian. **Jurisprudence**. *op. cit.*; COLLEY, Linda. **The Gun, the Ship, and the Pen**: Warfare, Constitutions, and the Making of the Modern World. New York: Liveright, 2021; TWINNING, William L. **General Jurisprudence**: Understanding Law from a Global Perspective. Cambridge: Cambridge University Press, 2009 (Law in Context); WALDRON, Jeremy. **God, Locke, and Equality**: Christian Foundations of Locke's Political Thought. Cambridge: Cambridge University Press, 2002; LACEY, Nicola. Jurisprudence, History, and the Institutional Quality of Law. **Virginia Law Review**, v. 101, n. 4, p. 919-945, May 14 2015. Disponível em: https://virginialawreview.org/articles/jurisprudence-history-and-institutional--quality-law/. Acesso em 29 out. 2023; TAMANAHA, Brian. **A Realistic Theory of Law**. Cambridge: Cambridge University Press, 2017; TOMMLINS, Christopher. After Critical Legal History: Scope, Scale, Structure. **Annual Review of Law and Social Science**, v. 8, n. 1, p. 31-68, 2012.

380. *Cf.* GROSSI, Paolo. **O direito entre poder e ordenamento**. Tradução de Arno Dal Ri Jr. Belo Horizonte: Del Rey, 2010; HESPANHA, António-Manuel. **O caleidoscópio do direito**: o direito e a justiça nos dias e no mundo de hoje. Coimbra: Almedina, 2009; STOLLEIS, Michael. **Escrever o direito**: reconstrução, narrativa ou ficção? Tradução de Gustavo César Machado Cabral. São Paulo: Contracorrente, 2020.

381. Ver GROSSI, Paolo. O ponto e a linha. História do direito e direito positivo na formação do jurista do nosso tempo. *In*: *Id.* **O direito entre poder e ordenamento**. *op. cit.*

382. HESPANHA. António M. **A história do direito na história social**. Lisboa: Livros Horizonte, 1978. p. 16.

383. FONSECA, Ricardo Marcelo. **Introdução teórica à história do direito**. Curitiba: Juruá, 2009; WOLKMER, Antônio Carlos. **História do direito no Brasil**. 4. ed. rev. Rio de Janeiro: Forense, 2004; LIMA LOPES, José Reinaldo. **O direito na história**: lições introdutórias. 3. ed. São Paulo: Atlas, 2011.

pode ser feita à Fonseca, com seu *Uma introdução teórica à história do direito*, mas com a ressalva de que essa obra expressa uma introdução que, ainda que a título didático e assumindo conscientemente o risco, divide a teoria da metodologia, reconhecendo, contudo, a problemática feita pela tradição hermenêutica sobre o tema.[384] Acrescenta-se o fato de Fonseca não mencionar Skinner em sua obra, restringindo seu referencial teórico aos já mencionados Hespanha e Grossi, como também em nomes como Walter Benjamin e Michel Foucault para sustentar sua própria abordagem histórica do direito, não chegando nem mesmo a discutir debate sobre a história do pensamento e sua relevância para a historiografia (jurídica).

Percebe-se, portanto, que a história do pensamento, a tradição hermenêutica e o contextualismo linguístico ficaram de lado no debate dos principais autores que discutem o tema no país, como também não recebem a devida atenção no cânone geral da história do direito, dos quais Grossi, Stolleis e Hespanha indiscutivelmente fazem parte, tendo seus trabalhos sido recepcionados no Brasil para sustentar a doutrina historiográfica do direito pelos principais acadêmicos do país na área.

É nesse contexto que o debate firmado nos últimos anos entre teóricos e historiadores do direito anglófono segue no sentido de realizar uma *problematização histórica da teoria* cuja própria denominação da disciplina de "história do direito" se torna um problema a ser debatido — prefere-se aqui, ou parafrasear Streck e Stein e falar em uma história *no* direito, ou adotar a dicção de José Reinaldo Lima Lopes e falar em um "direito na história". Lopes, aliás, é um dos poucos que cita Ricouer ao tratar do método em sua obra,[385] mas como se trata de um manual denso, com pretensões mais ambiciosas do que fazer apenas a discussão do método (que poderia tranquilamente resultar em uma obra só para isso), não nos parece que naquele momento era a intenção do autor aprofundar esse tema; assim como Lima Lopes também não trata em sua obra a questão do método sob a ótica discutida acima, nem menciona Skinner em sua bibliografia.

Dito isso, podemos passar ao debate que a nosso ver se mostra mais alinhado ao que vivencia a filosofia política há décadas na tradição de língua inglesa. Por sinal, quando autores como Maks Del Mar falam sobre a recente tendência de discutir a historicização do direito, eles

384. FONSECA, Ricardo Marcelo. **Introdução teórica à história do direito**. *op. cit.*, p. 27, n. 9.

385. LIMA LOPES, José Reinaldo. **O direito na história**. *op. cit.*, p. 7.

fazem um alerta: esse debate não é necessariamente novo, porém ele tem sido vivenciado a partir de um olhar invertido. Por muito tempo, se teve uma intenção contrária: a de "lutar pelo reconhecimento do direito como disciplina 'autônoma'",[386] como fez John Austin (1790-1859) com Jeremy Bentham (1748-1832), que por sua vez havia sido contrariado por *Sir* Henry Maine (1822-1888) e defendia uma abordagem mais histórica, antropológica e comparativa do direito. O tema dos "problemas perenes" também apareceria posteriormente n'*O Conceito de Direito* de H. L. A. Hart, o que demonstra como os mesmos debates vivenciados pela teoria política foram posteriormente vividos por teóricos do direito. Isso pode ser resumido pela "querela entre filosofia e história — ou, como alguns pensam, entre a filosofia analítica e o contextualismo."[387]

A história, reconhece Del Mar, ainda não parece ter o mesmo valor para a teoria do direito do que para a teoria política. Não é como se nós juristas estivéssemos de acordo com Bernard Williams, Alaisdair MacIntyre e Isaiah Berlin (todos em alguma medida defensores da história intelectual como formadora da filosofia) em relação à teoria do direito. Pelo contrário, a história, desde a teorização abstrata em favor de uma ciência (no caso de Kelsen) ou um conceito (no caso de Hart) do direito, "é muitas vezes deixada de lado na educação jurídica, sendo a maioria dos currículos e ementas ensinados sem qualquer sensibilidade histórica (geralmente na teoria do direito, *e.g*)", ou como mero tema de passagem sobre as origens de determinada área como leitura complementar.[388]

Evidentemente que Kelsen e Hart, como autores que sabiam que eram "homens de seu tempo", que eram parte de uma linhagem de juristas e que suas teses poderiam ser contextualizadas. Mas suas *teorias* foram formuladas com o objetivo de sublimar a história, isto é, a intenção de Kelsen e Hart sempre foi a de desenvolver aquilo que Skinner criticava na descrição convencional dos historiadores das ideias que o precederam como ideias atemporais.

386. DEL MAR, Maksymillian. Philosophical Analysis and Historical Inquiry. *op. cit.*, p. 4.

387. "[...] quarrels between philosophy and history—or, as some think of it, between analysis and context [...]" *Ibid.*

388. "And yet, within legal academy, there continues to be resistance to history. Legal history is often sidelined in legal education, and most if not all topics in the legal syllabus are taught either without any historical sensitivity (e.g., often jurisprudence) or with but a passing nod to the 'origins' of some area of doctrine that is only ever at best recommended reading." *Ibid.*

Desde então, a tendência na teoria analítica do direito, formada pelos positivistas jurídicos descritivos (em sua maioria), vem debatendo os limites da divisão entre filosofia e história do direito. Como uma área que trata de um tema que se relaciona com política, poder, economia e sociedade pode não estar em diálogo com a história? Não estaria a "província" do direito sendo administrada em termos muito estreitos?[389] Na opinião de Kelsen, Hart e alguns dos seus mais célebres sucessores positivistas, não, pois, como afirma um deles, John Gardner: "alguém precisa já saber o que conta como direito antes de poder fazer observações empíricas ou avaliativas sobre direito *como (qua)* direito".[390] Kelsen, conforme afirma Lobban, estaria de acordo com essa tese, quando fala que "como qualquer ciência, a ciência do direito deve antes de tudo definir seu objeto diferenciando-se de outros objetos similares, ao responder a pergunta: o que é o direito como objeto de uma ciência em particular."[391] O mesmo pode ser dito de Hart, que criou uma "fábula" hipotética e ahistórica do que seria um "sistema pré-legal", para assim validar sua teoria de como sistemas jurídicos emergem. Neil MacCormick, um dos mais notórios seguidores de Hart (mas que ao longo de sua trajetória se distanciou do positivismo), descreve o sistema hipotético hartiano de "ahistórico", à guisa de um "esquema mental", reconhecendo que foi "uma pena que ele [Hart] não levou mais em consideração a história das instituições jurídicas" em seu papel de juntar as peças "da sua história do surgimento das regras de reconhecimento, mudança e adjudicação."[392]

Mesmo assim, um dos mais celebrados sucessores de Hart, o recém-falecido Joseph Raz (1939-2022), que assume uma posição mais radical em seu positivismo — chamado de exclusivo, exclusivista, fático e de

389. "Legal philosophers who confine themselves to the analytical discussion of legal concepts are sometimes criticised for defining the 'province of jurisprudence too narrowly [...]." Aqui, Lobban parafraseia o título da famosa de Austin *The Province of Jurisprudence Determined*. *Cf.* LOBBAN, Michael. Legal Theory and Legal History: Prospects for Dialogue. *In:* DEL MAR, Maksymilian; *Id.* (ed.). **Law in Theory and History**: New Essays on a Neglected Dialogue. Oxford: Hart Publishing, 2016. p. 4.

390. "[O]ne must already know what counts as law before one can make either empirical or evaluative observations about it qua law." GARDNER, John. **Law as a Leap of Faith, and other essays on Law in General**. Oxford: Oxford University Press, 2012. p. 273-274.

391. "Like any other science, the science of law must first of all define its object by differentiating it from other similar objects, in answering the question: what is the law as object of a particular science." KELSEN, Hans. Law, State and Justice in the Pure Theory of Law. **Yale Law Journal**, v. 57, n. 3, p. 377-390, jan. 1948. p. 377.

392. "[I]t remains more than a pity that he [Hart] did not take more account of the history of legal institutions in piecing together his story of the emergence of rules of recognition, change, and adjucation." MACCORMICK, Neil. **H. L. A. Hart**. Stanford, CA.: Stanford Law Books, 1981 (Jurists: Profiles in Legal Theory). p. 136.

fatos duros (*hard facts positivism*) —,[393] propôs uma cisão clara entre a descrição do fenômeno jurídico e qualquer avaliação normativa sobre este, onde aposta na compreensão conceitual como sendo a principal razão de ser da teoria do direito:

> [t]eorias do direito contribuem [...] para uma compreensão melhorada da sociedade. Mas seria errado concluir [...] que alguém possa julgar o sucesso de uma análise do conceito de direito por sua utilidade sociológica e teórica. Fazer isso é perder o ponto que, diferente de conceitos como 'massa' ou 'elétrons', 'o direito' é um conceito usado por pessoas para entender a si mesmas. Não somos livres para escolher quaisquer conceitos úteis. É uma das maiores tarefas da teoria do direito avançar *nosso* entendimento da sociedade nos ajudando a entender como pessoas entendem elas mesmas.[394]

Del Mar confessa que há algo de "estranho e decepcionante" em ver um teórico restringir o projeto da teoria do direito a "como 'nós' entendemos a nós mesmos", rejeitando qualquer debate que "confronte as dificuldades de como outras (pessoas), em tempo e locais distantes, se entendiam".[395] Aqui, o teórico critica a pretensão universalista do descritivismo positivista, que assume o "nós" de uma forma arbitrária, como se não houvesse uma diferença entre o "nós" atual e o "nós" do passado, ou mesmo uma diferença cultural entre a coletividade que legitima a pretensão de um conceito coletivo e socialmente construído de direito. É por isso que Del Mar afirma que "a teoria do direito vem fazendo a pergunta errada — a pergunta 'o que é direito'." Para ele, a

393. Para um exauriente retrato sobre os diversos positivismos e suas diferenças, ver o verbete "Positivismo Jurídico" *in* STRECK, Lenio Luiz. **Dicionário de hermenêutica**: 50 verbetes fundamentais da Teoria do Direito à luz da Crítica Hermenêutica do Direito. 2. ed. Belo Horizonte: Letramento; Casa do Direito, 2020. p. 263-327.

394. "Legal theories contributes [...] to an improved understanding of society. But it would be wrong to conclude [...] that one judges the success of an analysis of the concept of law by its theoretical sociological fruitfulness. To do so it to miss the point that, unlike concepts like 'mass' or 'electron', 'the law' is a concept used by people to understand themselves. We are not free to pick on any fruitful concepts. It is a major task of legal theory to advance our understanding of society by helping us understand how people understand themselves." RAZ, Joseph. **Ethics in the Public Domain**. Oxford: Clarendon Press, 1995. p. 237. Grifo nosso.

395. "There is something odd, and disappointing, about a theorist confining the project of legal theory to how 'we' understand ourselves, and thus a theorist not interested in confronting the difficulties of how other, in distant times and places, understood themselves." DEL MAR, Maksymilian. Beyond Universality and Particularity, Necessity and Contingency: On Collaboration Between Legal Theory and Legal History. *In: Id.;* LOBBAN, Michael. (ed.). **Law in Theory and History**. *op. cit.*, p. 29.

pergunta poderia — ou deveria — ser: "o que o direito *vem sendo*, para *quem*, *quando* e *por quê*".[396]

Assim, o mesmo autor defende uma abordagem diacrônica para a teoria do direito, que evidentemente envolveria a história e a temporalidade.[397] Em sua opinião, investigar as "relações entre entes jurídicos diacronicamente tem o potencial de mudar a prática da teoria do direito um tanto quanto dramaticamente". Isso se daria de uma forma que o autor descreve, *collingwoodianamente*, como uma mudança nas perguntas, que gera, é claro, uma mudança nas respostas: [n]ós não perguntamos mais: como nós determinamos que essa norma pertence a este ou àquele sistema. Ao invés disso, nos perguntamos: como essa norma afetou, *e.g.*, as relações entre essas duas instituições, ou como os desacordos sobre algumas normas refletem como essas instituições se relacionaram entre si ao longo do tempo?[398] Em seguida, Del Mar nos alerta que investigar o direito diacronicamente não é a mesma coisa que dizer que o direito é qualquer coisa que as pessoas tenham dito que o direito é ou foi em determinado momento. Na verdade, a proposta é pesquisar declarações sobre o direito "como enunciados pragmáticos situados em contextos relacionais complexos",[399] o que inevitavelmente se dará a partir de tensões sobre outros enunciados contrários àquela interpretação. Em outras palavras, em desacordos que revelam o caráter contestatório dos discursos sobre o que é e o que não é direito, o que aproxima a proposta diacrônica ao que Skinner chama do uso retórico que intelectuais fazem como atores políticos, algo que pode, nesse sentido, também ser percebido no direito temporalmente.

Entretanto, ainda que concordemos que a investigação histórica se mostre valiosa para uma melhor compreensão do fenômeno, o debate sobre suas implicações na teorização do direito se mostra também em franca contestação. Nota-se que Lobban e Del Mar voltam suas críticas especificamente às pretensões classificatórias e universalistas dos positivismos

---

396. "[L]egal theory has been asking the wrong question—the 'what is law' question. The question, instead, could (and I want to say shoud) be: 'what has law been, for whom, and when, and why?" *Ibid.*, p. 30. Grifo nosso.

397. *Cf.* DEL MAR, Maksymilian. Modelling Law Diachronically: Temporal Variability in Legal Theory. *In: Id.;* LOBBAN, Michael. (ed.). **Law in Theory and History**. *op. cit.*, p. 108-126.

398. "Modelling relations between legal units diachronically has the potential to change the practice of legal theory rather dramatically. We no longer ask: how can we determine that this norm belongs to such a system? Instead, we ask: how has this norm affected relations between the two institutions, or how has the history of disagreements about what some norm requires reflected how those institutions have related to each other over time?" *Ibid.*, p. 124.

399. "[...] as pragmatic utterances situated in a complex relational contexts [...]." *Ibid.*

analítico-descritivos, mas esse é justamente o ponto para o qual Sionaidh Douglas-Scott chama nossa atenção que chama para as *demais* teorias do direito. Embora reconheça a predominância de teóricos positivistas no contexto anglófono, acha que escolher os positivismos como referência para um diálogo entre teoria e história do direito é questionável, pois há um reconhecimento de que os positivismos são uma teoria inapropriada para tal. Por que devemos aceitar um ponto de vista sobre os demais, se levamos em conta uma pluralidade de concepções do direito que podem servir como marcos teóricos para o diálogo?[400]

Uma possível resposta à pergunta acima pode talvez ser encontrada no posfácio do mesmo volume, de autoria de Brian Z. Tamanaha. Para o professor, a filosofia analítica do direito não pode ser confundida com a teoria do direito (*jurisprudence*) em sentido amplo.[401] A primeira, a seu ver, de fato, não precisa realmente ser informada ou se basear na história, justamente por ser uma teoria em busca de critérios para verificar o que pode ou não ser direito, a partir de um prisma de análise meramente conceitual; dessa forma, filósofos do direito podem estudar "figuras históricas" *sem dar a devida atenção que um historiador daria às circunstâncias histórico-sociais que podem tê-los influenciados na elaboração de sua teoria*. Assim, responde Tamanaha, "a filosofia do direito *precisa*" ser necessariamente história? Sua resposta é: não. Da mesma forma que o trabalho científico pode ser feito sem atenção à história, o mesmo pode ser dito em relação ao que é feito pelos filósofos do direito que aderem a uma abordagem analítico-conceitual.[402] Agora, a "filosofia do direito *deve* ser histórica?" Para ele, agora a resposta deve ser: sim, pois filósofos do direito têm muito a ganhar com as diferentes abordagens construídas

400. "Why choose analytical jurisprudence as a benchmark, even if it is a benchmark recognized as undesirable and inappropriate in the context of an attempted dialogue between legal theory and legal history?" DOUGLAS-SCOTT, Sionaidh. Legal Theory and Legal History: *Which* Legal Theory? *In:* DEL MAR, Maksymilian; LOBBAN, Michael. (ed.). **Law in Theory and History**. *op. cit.*, p. 52.

401. Esse pode ser um tema complexo, que pode levantar confusões. Para Tamanaha, ao que parece, haveria, por assim dizer, uma teoria do direito em sentido amplo e uma em sentido estrito. Em sentido amplo, Tamanaha engloba qualquer abordagem teorética sobre o direito, isto é, a *jurisprudence* (interpretativismo, pluralismo, teorias críticas do direito, etc.). Já em sentido estrito, Tamanaha define a teoria do direito como "filosofia do direito ou *analytical jurisprudence*", que seriam as abordagens teóricas comumente encontradas nas obras de autores positivistas. Nesse caso, define essa teorização como tendo uma orientação estritamente filosófica, focando em análise conceitual, problemas epistemológicos e metafísicos, teses universalistas sobre o direito e temas similares. *Cf.* TAMANAHA, Brian Z. How History Bears on Jurisprudence. *In:* DEL MAR, Maksymilian; LOBBAN, Michael. (ed.). **Law in Theory and History**. *op. cit.*, p. 331.

402. "Legal philosophers can account for and analyze temporal aspects of law without being concerned with history per se."; "[...] legal philosophers can discuss theories of historical figures [...] without attention to the social-historical circumstances that might have influenced them when setting forth their theories." *Ibid.*, p. 337.

fora dos limites estreitos da Escola Analítica. De todo modo, na sua visão, a abordagem histórica do direito está virando uma "rotina" entre inúmeros teóricos, o que, a nosso ver, deve ser visto com otimismo.[403]

O que podemos perceber na resposta de Tamanaha é uma visão "realista" do estado da arte da teoria do direito, o que condiz por demais com sua própria maneira de teorizar o direito.[404] Já com relação à sua opinião de que filósofos analíticos não 'precisariam *necessariamente*' se preocupar com temas históricos, nos permitimos discordar, uma vez que isso diz respeito ao próprio conceito de história que muitos dos autores desse volume em comum parecem concordar. Pelo que podemos depreender na leitura da obra, a maioria dos autores em *Law in Theory and History* entende a história a partir de lentes meramente historiográficas, com pouca consideração para o giro ontológico-linguístico, isto é, ainda vendo a linguagem e a história como um ente (objeto) a ser depreendido pelo sujeito (historiador). Entre os poucos autores que ousam filosofar de fato sobre a história no livro estão seus editores: Del Mar e Lobban (em especial o primeiro). Quando aquele afirma que levar a história do direito a sério tem consequências normativas e teoréticas (filosóficas) ao direito,[405] pois é um 'gesto' que traz consigo um argumento: a questão da temporalidade como elemento primordial em uma abordagem diacrônica do direito. Curioso que, ao falar do elemento diacrônico na história do direito, Del Mar não chega a citar um nome central na introdução desse conceito, Paul Ricouer, tampouco chega trabalhar a temporalidade a partir de suas bases filosóficas mais reconhecidas, qual seja a tradição hermenêutica alemã.

Com efeito, parece-nos importante, quando se fala em desvelar a historicidade do fenômeno jurídico a partir de qualquer método de abordagem, trazer o marco teórico hermenêutico para a discussão. Além de se tratar de uma tradição que aprofunda os elementos mencionados, desconsidera a compartimentalização (como a diferença entre teoria e filosofia; ou entre filosofia e história) que se observa em tantos dos textos mencionados e também representa um marco teórico dos mais relevantes

---

403. "Na optimist might even say it is becoming routine for many legal theorists to think historically." *Ibid.*, p. 430.

404. Sobre sua proposta teórica, ver TAMANAHA, Brian. **A Realistic Theory of Law**. *op. cit.*, *passim*.

405. Notem que, diferentemente de Tamanaha, Lobban e Del Mar não tratam distinção entre teoria (*jurisprudence*) e filosofia do direito como tão importante ou rígida. Sobre um argumento ainda mais enfático pela distinção, ver COTTERRELL, Roger. Why Jurisprudence Is Not Legal Philosophy. **Jurisprudence**, v. 5, n. 1, p. 41-55, 2014. Disponível em: https://papers.ssrn.com/sol3/papers.cfm?abstract_id=2384615. Acesso em: 1 nov. 2023.

na história da filosofia quando se discute temas como método, temporalidade e historicidade, a partir do contexto do giro ontológico-linguístico. É o que pretendemos fazer a seguir, quando faremos uma síntese do debate sobre a historicidade — tema primordial na tradição filosófica alemã há séculos — e que, a nosso ver, complementa a problematização exposta anteriormente, além de jogar luz a muitos dos problemas apontados por Skinner em sua obra, a qual prescreve uma conciliação entre história e filosofia como entes incindíveis para a pesquisa de fenômenos tipicamente humanos, eventos dos quais o direito é apenas mais um.

5.2. HISTORICIDADE ÀS VOLTAS COM O PENSAMENTO E A TEMPORALIDADE

Como vimos, o debate sobre a historicidade e sua importância para o método (epistemologia) e a teorização do direito se mostrou vivo nos últimos anos. No entanto, a partir de obras como *Law in Theory and History*, observamos algum empenho, ainda que de certa forma se resuma a críticas para "dentro" da teoria do direito, onde a história da filosofia e a filosofia da história — com todas as suas nuances — parecem até o presente negligenciadas, ao menos quando se trata da tradição hermenêutica ou da filosofia da linguagem de cunho germânico, cujos principais autores, em sua maioria filósofos germânicos, não obtiveram a atenção devida dos juristas que abordam a historicidade.[406] Por isso, julgamos necessário fazer ao menos uma síntese de como essa tradição filosófica dialoga com tal problema. Não faria sentido problematizar a relevância da historicidade para a teoria, debatendo os melhores métodos para alcançá-la, sem ao menos tentar esboçar a linha de pensamento que gerou esse problema há tantos anos.

A filosofia da linguagem alemã deixou um legado formador para as principais tradições filosóficas germânicas desde o século XVIII, as quais seguem influenciando seus teóricos até hoje. Podemos considerar três delas como as principais: o romantismo (e o idealismo) alemão, o historicismo e a hermenêutica.[407] Entre os nomes de destaque que mais

406. Aqui se faz necessária uma ressalva. No contexto teórico-jurídico brasileiro, contudo, Lenio Streck foi pioneiro ao trazer o estudo da tradição filosófica hermenêutica para o direito. Apoiado nas influências de seus mestres, Ernildo Stein (que conheceu pessoalmente duas das figuras mais importantes desta tradição, Heidegger e Gadamer) e Luís Alberto Warat, que foi um dos principais responsáveis por difundir a importância da filosofia da linguagem para a compreensão do fenômeno jurídico. *Cf.* STRECK, Lenio Luiz. **Hermenêutica jurídica e(m) crise**. *op. cit., passim*.

407. Devemos as principais referência e sínteses deste período da história da filosofia à grande obra de Forster em FORSTER, Michael N. **German Philosophy of Language**: From Schlegel to Hegel and Beyond. Oxford: Oxford University Press, 2011.

contribuíram para a hermenêutica e a filosofia da história, destacam-se: Johann Gottfried Herder (1744-1803); Johann Georg Hamann (1730-1788); Wilhelm von Humboldt (1767-1835); Friedrich Schlegel (1772-1829); Johann August Ernesti (1707-1781); Friedrich Daniel Ernst Schleiermacher (1768-1832); Georg Wilhelm Friedrich Hegel (1770-1831); Wilhelm Dilthey (1833-1911); Martin Heidegger (1889-1976), Hans-Georg Gadamer (1900-2002), além do francês Paul Ricouer, entre inúmeros outros.

O papel dos autores mencionados se torna relevante especialmente quando se leva em conta a importância da filosofia da linguagem alemã e as contribuições para o desenvolvimento dos estudos sobre a tradição hermenêutica. Nesse aspecto, nos restringimos aos filósofos que abordam o método e a interpretação em suas obras. Assim, tal como Streck, vamos chamar de "primeiro giro linguístico",[408] o conceito primeiramente descrito por Hamann, Herder e Humboldt, a partir de Forster. Até por uma questão cronológica, vamos começar nossa "trajetória hermenêutica"[409] com a contribuição de Ernesti, a quem já se podem creditar alguns "princípios" para as interpretações que se fariam durante séculos após a publicação de sua obra mais famosa, *Institutio interpretis Novi Testamenti* (1761).

De acordo com Ernesti, havia o princípio de que diferentes as línguas possuem diferentes fontes conceituais e que os conceitos de um autor quando interpretados se alteram consideravelmente em comparação com aqueles de sua língua de origem.[410] Ernesti, note-se, era um estudioso do cristianismo e da bíblia e acreditava que ela devia ser interpretada "como qualquer outro texto", mas que qualquer interpretação textual precisa ser complementada com um enfoque na psicologia do seu autor para que assim seja possível penetrar na sua individualidade e em sua conceptualização. Além disso, Ernesti afirma que "o significado das palavras depende de seu uso linguístico [usus loquendi]", então a interpretação seria fundamentalmente uma questão de determinar o uso linguístico das palavras. Por fim, ele insiste, em oposição a uma tradição textualista da Bíblia que ainda estava "muito viva à época", que a interpretação deve

408. STRECK, Lenio Luiz. **Hermenêutica jurídica e(m) crise**. *op. cit.*, p. 127-132.

409. Aqui é de bom tom alertar que a história da hermenêutica é muito mais longa e complexa do que o caminho que descreveremos nesta seção, que compreende desenvolvimentos filosóficos do século XVIII até a contemporaneidade. Para uma descrição mais detalhada desta história em suas fases anteriores, ver FERRARIS, Maurizio. **Storia dell'ermeneutica**. *op. cit.* e PALMER, Richard E. **Hermeneutics**: Interpretation Theory in Schleiermacher, Dilthey, Heidegger, and Gadamer. Evanston, Ill.: Northwestern University Press, 1969. p. 12-32.

410. "(1) [D]ifferent languages possess markedly different conceptual resources; and (2) an author's concepts often diverge significantly from those of his background language." FORSTER, Michael N. **German Philosophy of Language**. *op. cit.*, p. 287.

utilizar um conhecimento detalhado do contexto histórico e geográfico de um texto.[411]

Segundo Forster, as ideias de Ernesti foram em larga medida ampliadas por Herder e Schleiermacher, com atenção especial ao primeiro. O primeiro é considerado um nome central para o desenvolvimento do romantismo alemão. Chega-se a falar que uma maneira acurada de descrever o desenvolvimento da tradição hermenêutica na Alemanha de forma genérica seria como "uma confirmação progressiva" de sua tese, a qual afirmava a necessidade de complementar a interpretação linguística com a psique do autor. Tais desenvolvimentos viriam a ser questionados posteriormente por autores como Schlegel, cujo argumento era o de que textos geralmente expressam pensamentos não explicitamente em seu corpo, mas na verdade implicitamente e holisticamente, algo que Forster reconhece como análogo ao que Austin e Skinner identificaram posteriormente, por meio da força ilocucionária contida na intenção dos autores aos escreverem seus textos.[412]

Para Herder, a interpretação teria também um papel central na disciplina histórica. Para sustentar seu argumento, ele argumenta que historiadores deveriam focar menos na história política ou militar dos eventos históricos do que costumam, e mais na "história da cultura, onde a interpretação" teria um "papel primordial". Para tanto, Herder desenvolve uma série de ideias convincentes e inovadoras para o período em que escreve, especialmente sobre o tema que envolve a distância cultural e histórica. Uma delas é a ideia de que devemos abandonar a suposição "narcisista e ingênua" de que nós, intérpretes do presente, representamos uma espécie de "ápice histórico e cultural",[413] algo que, juntamente com o peso da psique dos autores se torna fulcral para o que o chamado "pai da hermenêutica moderna", Schleiermacher, irá desenvolver posteriormente.

---

411. "[...] just the same way as any other text";"[...] *linguistic* interpretation needs to be complemented by a side of interpretation that focuses on the author's *psychology*, namely in order to make it possible to penetrate the author's individuality in conceptualization.";"[...] Ernesti insists—in opposition to a tradition of exclusively text-focused reading of the Bible that was very much alive in his day—that interpretation must deploy a detailed knowledge of a text's historical, geographical, etc. context." *Ibid.*, p. 287-288. Grifo do autor.

412. "[...] one way of characterizing the development of hermeneutics after Herder more generally is as a sort of progressive confirmation of Herder's thesis that linguistic interpretation needs to be complimented with a focus on the author's psychology.";"[...] a novel point of Schlegel's that texts often express thoughts not explicitly in any of their parts but instead implicitly and holistically, and Austin and Skinner's novel assignment of an essential role in interpretation to the identification of illocutionary force or intention." *Ibid.*, p. 290.

413. "[...] a sort of historical and cultural pinnacle [...]." *Ibid.*, p. 293.

Nesse sentido, Forster irá dizer que o título dado a Schleiermacher não é devido, tendo em vista que muito do que ele apresentou em sua filosofia pode até ser considerado importante, mas não necessariamente novo em relação aos seus antecessores.[414] Além do mais, a Herder é atribuída a formulação de um conceito importante para a hermenêutica romântica alemã: *Einfühlung*, que significa algo como "sentir o caminho do outro", ou seja, a habilidade de se imaginar no lugar do objeto — o outro — que se busca interpretar.[415]

A questão do psicologismo no romantismo alemão é aprofundada por Schlegel em sua obra, onde o autor desenvolve a ideia de que o intérprete deve buscar penetrar além do significado consciente do autor e de seus pensamentos para incluir os inconscientes também. Para ele, "todo bom trabalho tem como alvo algo além do que se reconhece e se sabe." Assim, "para compreender alguém que apenas se conhece parcialmente, o intérprete precisa compreendê-lo completamente e melhor do que ele mesmo". Para Forster, essa "é uma ideia muito importante, que foi subsequentemente levada adiante nos trabalhos de Nietzsche e Freud e seus seguidores."[416] Muito embora Schlegel não inove totalmente ao abordar as teses de seus antecessores, ele foi além ao enfatizar a presença da "confusão" em textos, além de insistir que, quando identificada, seria dever do intérprete compreendê-la e explicá-la. Para Forster, esse é mais um princípio "importante e válido" para a hermenêutica contemporânea, pois funciona como "um corretivo para certas ideias enganosas sobre a [suposta] necessidade de 'caridade' na interpretação que tem se difundido na filosofia anglófona recentemente". Como exemplo de contrapontos a essa tendência, que Forster considera estarem "em louvável acordo com Schlegel",[417] o autor novamente menciona Skinner e Jacques Derrida.[418]

414. *Cf. Ibid.*, p. 294-297.

415. "'[F]eeling one's way in' [...]." *Ibid.*, p. 312.

416. "'Every excellent work...aims at more than it knows'; 'In order to understand someone who only partially understands himself, you first have to understand him completely and better than he himself does.' This is a very important idea. It was subsequently pursued further by Nietzsche, then by Freud and his followers." *Ibid.*, p. 289.

417. "[...] acknowledging the presence of confusion in texts when it occurs, but also insisting that in such cases the interpreter must seek to understand and explain it. This principle is valid and important. It is particularly valuable as a corrective to certain misguided ideas about the need for 'charity' in interpretation which have become widespread in recent Anglophone philosophy. Some recent theorists of hermeneutics who, by contrast, are in substantial and commendable agreement with Schlegel in insisting on a principle of this sort are Jacques Derrida and Skinner." *Ibid.*, p. 299.

418. É possível entender o ponto da comparação que Forster faz ao comparar Skinner e Derrida, mas não nos custa alertar o leitor das diferenças gritantes entre ambos também. Sobre elas, *cf.* SKINNER, Quentin. A reply to my critics. *op. cit.*, p. 272; 280-281.

Uma virada ante o romantismo e o idealismo alemão se deu, nos aponta então Forster, com uma figura que não é, contudo, menos importante para a hermenêutica. Seu nome é Dilthey e sua contribuição, apesar de não ter evoluído além do que já havia sido compreendido sobre a natureza da interpretação, foi importante para determinar seu escopo e significância. Dilthey, como já foi mencionado, não era um romântico, tampouco um idealista. Seu interesse estava mais direcionado ao entendimento das ciências que não eram "naturais", tendo sido a ele atribuído o crédito de ter formulado um conceito que viria a ser determinante para a construção do conceito de "ciências humanas": para ele, as ciências que não lidavam com o natural, lidavam com o "espírito" (*geist*). Assim, seriam "ciências do espírito" (*Geisteswissenschaften*). Nelas não estariam incluídas apenas a filosofia ou a história, mas também disciplinas que envolvessem a cultura, como a arte, os estudos literários e o estudo clássico. Contudo, quanto à interpretação, sua opinião era um tanto diferente. Para Dilthey, apesar de o método interpretativo ser necessariamente diferente das demais ciências naturais, o "desafio" de interpretar requereria um "método rigoroso", pois lidaria com alterações de conceitos e crenças através da história. Assim, a interpretação deveria ser por natureza, ao fim e ao cabo, "como a ciência natural."[419] Dessa forma, as *Geisteswissenschaften* seriam essencialmente ciências interpretativas, ou melhor, Dilthey identifica a interpretação como a tarefa central das ciências do espírito, dentre elas, evidentemente está a história. Essa atenção ao rigor pelo método, de certo modo, irá antecipar o que Ernildo Stein chama de "ambiente neokantiano",[420] onde o empirismo de Dilthey conviverá com outros filósofos que buscavam na lógica e na aproximação das humanidades com a ciência a saída antimetafísica que se opunha ao idealismo alemão que imperava até então.[421] Por isso é importante ressaltar que, apesar de Dilthey ser associado à chamada "Escola Histórica",[422] ele se torna um pensador ambíguo, pois dialoga com o Locke e com Conte,

419. "[...] just like natural sciences." FORSTER, Michael N. **German Philosophy of Language**. *op. cit.*, p. 303.

420. STEIN, Ernildo. **Seis estudos sobre "Ser e tempo"**. 5. ed. Petrópolis, RJ: Vozes, 2014. p. 21.

421. Em um dos seus ensaios, Dilthey chega a declarar a "falência da filosofia como metafísica." *Cf.* DILTHEY, Wilhelm. **A essência da filosofia**. Tradução de Marco Antônio Casanova. Petrópolis. RJ: Vozes, 2018.

422. A chamada Escola Histórica se confunde com a Escola Histórica do Direito, capitaneada pelo jurista Friedrich Carl von Savigny (1779-1861), que originou o movimento jurídico alemão da Jurisprudência dos Conceitos, tendo sido largamente influenciada pelo romantismo. *Cf.* ZAMMITO, John H. Historicism. *In:* FORSTER, Michael N.; GJESDAL, Kristin. (ed.). **The Oxford Handbook of German Philosophy in the Nineteenth Century**. Oxford: Oxford University Press, 2015. p. 635-656. O historicismo e sua tradição na filosofia alemã, por sua vez, também são muito bem explicados em BEISER, Frederick C. **The German Historicist Tradition**. Oxford: Oxford University Press, 2009.

vinculando-se a uma postura fortemente anti-idealista, apesar de sua renúncia a Hegel estar ainda articulada a partir de alguns conceitos por demais importantes para a hermenêutica e todo o referencial teórico que veio a ser desenvolvido posteriormente ao surgimento de Heidegger e ao giro ontológico-linguístico da filosofia no século XX, entre eles o de historicidade e existência.

De todo modo, o que mais importa para nós aqui é assinalar uma espécie de ruptura entre Dilthey e o romantismo e o idealismo, ainda que a tradição historicista e psicologista tenha se mantido em sua filosofia na virada para o século XX. Sobre esse ponto, não podemos ignorar a virada antimetafísica que a filosofia europeia estava vivenciando nesse período, com o neokantismo já começando a formar as bases para o positivismo lógico, que viria a se manifestar com seu rigor peculiar nas décadas seguintes do início do novo século. Era uma virada, mas como apontamos no primeiro capítulo deste trabalho, não foi uma virada isolada,[423] pois esteve acompanhada de questionamentos contundentes a partir do movimento promovido pelo *linguistic turn*, que teve em Heidegger um dos seus principais expoentes.

A filosofia heideggeriana é farta e complexa, não sendo objetivo deste trabalho entrar em pormenores sobre cada um dos conceitos introduzidos por ele, os quais definitivamente mudaram o curso da história da filosofia. De todo modo, para o que pretendemos discutir aqui — a relação entre história e filosofia —, a contribuição de Heidegger quanto aos temas da historicidade e necessidade e sua relação com a diferença ontológica e o rompimento com a lógica instrumentalizadora e metafísica da linguagem como terceiro ente entre sujeito e objeto é de suma importância para avançarmos.

Martin Heidegger entra em cena como um legítimo filósofo do século XX, o qual, a partir de uma apropriação crítica das bases fenomenológicas de seu mestre Husserl, passou a se preocupar com a questão do Ser, questionando a própria fundamentação da metafísica e da epistemologia que ainda insistia em se associar à ciência, ou reduzir a filosofia a um exercício "antimetafísico", mas que ainda se apoiava em bases metafísicas modernas, como o postulado cartesiano do sujeito-objeto, onde a linguagem seria um terceiro ente instrumentalizado. Heidegger surgia, então, como um filósofo que buscava também romper com a metafísica,

423. Sobre o neokantismo, ver BEISER, Frederick C. **The Genesis of Neokantianism, 1796-1880**. Oxford: Oxford University Press, 2015.

mas a partir de um desenvolvimento completamente diferente de seus antecessores (caso de Dilthey) que apostavam no neokantismo e no empirismo como soluções para o problema metafísico.[424]

A sua obra-prima, *Ser e Tempo*, é considerada um dos maiores livros da filosofia do século XX justamente por promover uma ruptura radical com os programas filosóficos mais conhecidos na época, quais sejam: "a solução husserliana do problema do conhecimento" — a redução transcendental — "e da resposta para a questão da historicidade do homem" — hermenêutica dos fatos históricos". Para Heidegger ambas as tendências não conseguiam se "libertar do paradigma das teorias da consciência e da representação, e do modelo da relação sujeito-objeto." Com isso, *Ser e Tempo* é considerada por muitos como uma obra paradigmática, que vai revelar criticamente os veios subjetivos da Escola Histórica com as teses do "sentido do ser"; do "estar-aí [*Dasein*] que compreende o ser"; do "ser-no-mundo"; do "cuidado"; da "temporalidade (morte e finitude)"; e da "temporalidade ecstática" (tempo humano não é linear, objetivável). Assim se criam os fundamentos para a crítica da ontologia e da verdade a partir das teorias da representação, nas quais se baseiam a filosofia da consciência, que para Heidegger esqueceram por séculos a questão do ser e sua "ligação à facticidade".[425]

Os conceitos incorporados ou formulados por Heidegger para constituir uma filosofia hermenêutica como uma filosofia prática, calcada na relação do ser ou estar-aí como um ser envolvido na historicidade e na finitude, consciente de sua própria finitude e, por isso mesmo, humano — note-se que "*Dasein*" também pode significar "ser-humano" —, teria evidentemente consequências para a questão do método na filosofia. Heidegger articulou tais formulações justamente por ser um crítico de qualquer método alheio a essas questões mesmas, onde o sujeito poderia ser visto como um "ente imparcial", que não estivesse "jogado no tempo e no mundo",[426] já imbuído de historicidade, e conseguisse neutralizar sua subjetividade cartesiana. Essa neutralidade do sujeito para acessar o conhecimento não seria possível porque para Heidegger "conhecimento do mundo é um modo de ser do estar-aí e um modo de

---

424. "It is with Dilthey that the historicist and the neo-Kantian traditions first converge." *Cf.* BEISER, Frederick C. **The German Historicist Tradition**. *op. cit.*, p. 313.

425. STEIN, Ernildo. **Seis estudos sobre "Ser e tempo"**. *op. cit.*, p. 16-17.

426. "[...] being 'thrown' into time and the world in a certain way, and oriented to the future in reaching into the not-yet to seize as-yet unrealized possibilities." PALMER, Richard E. **Hermeneutics**. *op. cit.*, p. 180.

ser que está onticamente fundado em sua constituição fundamental, o ser-no-mundo." Dessa maneira, passa a constituir os fundamentos de seu "método" fenomenológico-hermenêutico, uma metodologia que negaria o "assujeitamento" do objeto para um pretencioso acesso ao conhecimento pela filosofia da consciência. O conhecimento precisaria ser desvelado de outra forma:

> [s]e nós perguntamos pelo modo de ser do próprio conhecimento, então desde o início convém alertarmos que: Qualquer conhecimento se realiza já sempre na base do modo de ser do estar-aí, modo de ser que denominamos "ser-em", isto é, o já-sempre-estar-junto-de-um-mundo. Conhecimento não é um comportamento que começa num ente que ainda não "tem" mundo, que estivesse livre de qualquer relação com o seu mundo; conhecimento é sempre um modo de ser do estar-aí na base de seu já-estar-junto-do-mundo.[427]

Como podemos ver, a questão do método torna-se importante na hermenêutica heideggeriana à medida que dialoga com os conceitos de ser-no-mundo, estar/ser-aí (*Dasein*), que por sua vez só podem ser lidos em par com as ideias de temporalidade, finitude e historicidade. Assim, para instituir um novo paradigma metodológico, seria necessário um novo conceito de compreensão, que passa a ser articulado como uma "releitura" da tradição da Escola Histórica. Os objetivos poderiam ser em si os mesmos, mas a condição de possibilidade para alcançá-los era totalmente diferente: "em lugar da consciência, põe-se uma hermenêutica do ser-aí (*Dasein*)"; no lugar da transparência e da neutralidade, "põe-se a inelutabilidade do ser histórico do dado"; no "lugar da teoria pura da tradição, introduz-se a descoberta da ideia de *compreensão* do ser-no-mundo, já sempre jogado no mundo e historicamente determinado".[428]

Assim, a rearticulação fenomenológica do método se dá para Heidegger em oposição ao "'metodologismo' neokantiano, epistemológico ou que se satisfaz pela análise lógica da linguagem da tradição carnapiana." Com Stein, podemos introduzir então outro conceito importante sobre como uma abordagem metodológica poderia ser introduzida — e diferenciada — ao levarmos em conta o caráter diferencial-ontológico

427. STEIN, Ernildo. **Seis estudos sobre "Ser e tempo"**. *op. cit.*, p. 29-30.

428. *Ibid.*, p. 32-33.

da linguagem. Haveria, então, uma diferença ôntico-ontológica (*ontisch--ontologische Differenz*) entre o Ser e o ente. Deste modo, para Heidegger

> a questão do método visa a região onde se situa o "como" hermenêutico (*hermeneutische Als*), o algo *como* algo do ser-no-mundo, e não visa o "como" apofântico (*apophantische Als*) (do discurso), o *algo (enquanto) como algo*, do conteúdo preposicional. O primeiro "como" exige um método que se adéque ao contexto hermenêutico — daí o método fenomenológico-hermenêutico. O segundo "como" exigiria um método que se adaptasse ao campo semântico — o campo da análise lógica da linguagem.[429]

É importante contextualizar que o método em Heidegger estava presente desde seus primeiros esboços de *Ser e Tempo*, já em 1924, quando apresentou uma primeira versão do trabalho para teólogos de Marburgo sob o título de "O conceito de tempo". Apesar de não fazer qualquer menção à palavra "fenomenologia" neste primeiro manuscrito Heidegger já articulava uma problematização do método "convencional" do filosofar, onde, ao problematizar a questão da historicidade, surgirá, pela primeira vez em suas obras, a palavra 'hermenêutica':

> A possibilidade de acesso à história funda-se na possibilidade de como cada presente particularmente se compreende como ser futuro. Este é o primeiro princípio de toda hermenêutica. Ele diz algo sobre o ser do estar-aí que é a própria historicidade. Filosofia nunca descobrirá o que é história, enquanto ela desmembrar a história como objeto de análise ou método.[430]

Com esse ponto de partida, Heidegger estabelecerá seu "método" a partir de um tripé: (*i*) *redução e a (ii) construção fenomenológica; e (iii) destruição.*

A *redução fenomenológica* está umbilicalmente associada com a totalidade do projeto hermenêutico de Heidegger, pois é descrita como a "recondução do olhar do ente para o ser".[431] É a partir dela que Heide-

---

429. *Ibid.*, p. 39. Grifo do autor. *Cf.*, também, HEIDEGGER, Martin. **Ser e tempo**. *op. cit.*, p. 407-435 (§§31; 32).

430. *Ibid.*, p. 41. Stein referencia as p. 15-16 do manuscrito de Heidegger.

431. *Ibid.*, p. 48. *Cf.* HEIDEGGER, Martin. **Os problemas fundamentais da fenomenologia**. Tradução de Marco Antônio Casanova. Petrópolis, RJ: Vozes, 2012. p. 28-29. [1927].

gger irá atingir seu objetivo de atingir "o lugar privilegiado da analítica existencial, o constructo do 'estar-aí'" (*Dasein*), para a partir dele, "repor a questão do sentido do ser e praticar a revisão do paradigma da metafísica ocidental." A redução, então, "inaugura outro universo especulativo: o universo do sentido. [...]: sentido do ser do estar-aí", que nos lega um dos sentidos de *temporalidade* (*Zeitlichkeit*), associado ao "cuidado" (*Sörge*)[432] do estar-aí; "e o sentido do ser (tempo, temporalidade, *Temporalität*) como único horizonte para as estruturas do ser."[433]

A *construção fenomenológica*, por sua vez, "pretende a condução 'positiva ao próprio ser'", projetando "o ente previamente dado em direção ao ser e suas estruturas". Com Stein, podemos afirmar que Heidegger se utilizou de sua própria elaboração metodológica ao *construir* "o conceito de tempo como horizonte do ser",[434] chegando a finitude como limite para qualquer elaboração que reconheça a ontologia fundamental.

Por fim, a metáfora da *destruição* é articulada para simbolizar uma ruptura essencial "para a implantação do novo paradigma", onde o filósofo que adota o "método" estaria "munido de uma espécie de diagnóstico das condições do [paradigma] anterior ou ao menos ter presente os modelos que sustentavam." Essa seria, mais uma vez com Stein, o que Heidegger chama de "tarefa histórica do pensador", traduzida em um verdadeiro conflito com a "História da Filosofia" para a implementação de um novo paradigma, retomada posteriormente em outras obras com a expressão de "superação da metafísica".[435]

Toda essa articulação fenomenológica e o confronto com a história da filosofia convencional, à sua maneira, aproximam Heidegger da elaboração e vinculação do conceito de *historicidade* com o de *necessidade*. Esse esforço é resumido por Stein como uma tentativa de "recuperar uma racionalidade para o caráter de historicidade das ciências humanas". Para isso, além do método, seria necessário retomar a questão do tempo, mas uma vez mais estando alerta para não cair no "esquematismo kantiano", e sim elevando "a temporalidade até a sua função de sentido do ser do estar-aí e não simplesmente" reduzindo-a a um "elemento de

---

432. A palavra alemã *Sörge*, do latim *Sorge* (cura) é de difícil tradução. Ernildo Stein, *op. cit.*, p. 89, nos remete a alguns dos seus sentidos, entre eles: preocupação, cuidado, solicitude e zelo.

433. *Ibid.*, p. 49.

434. *Ibid.*, p. 50; *Cf.* HEIDEGGER, Martin. **Ser e tempo**. *op. cit.*, p. 38.

435. *Ibid.*, p. 50-51; HEIDEGGER, Martin. **Ser e tempo**. *op. cit.*, p. 25.

explicação do ente que simplesmente existe como objeto do universo empírico-analítico."[436]

É com esse alerta que surge a *necessidade* de se diferenciar a temporalidade uma vez mais: já que "ser-no-mundo significa ter como seu ser cuidado (*a cura*), cujo sentido é a temporalidade", esta seria "ecstática, não a linear, objetificável, dos diversos princípios epocais da tradição metafísica." Assim, a proposta bifásica de Heidegger subdivide as temporalidades entre o sentido do cuidado (*Zeitlichkeit*) e a temporalidade "ôntica" (*Temporalität*), como um "princípio ativo da distinção" entre "'ontologias regionais' e as razões que permitam justificar e compreender a estrutura historial em que os compromissos possíveis de uma época se articulam com uma determinada racionalidade", tendo como consequência:

> a) a racionalidade que se determina a partir de uma necessidade "contingente", isto é, a partir de algo que não cessa de se inscrever, *mas não do mesmo modo e historicamente*, apresentando um caráter historial (destino, destinação); b) a ideia de paradigma que permite pensar a coexistência de racionalidades, em nível de condição de possibilidades históricas que determinam o modo como se produz a racionalidade cognitiva em grupos de pesquisadores ou em culturas diferentes.[437]

Aqui entra o que pode ser visto como um dos pontos mais sensíveis da tese heideggeriana, pois, admitindo-se essa diferença de temporalidade, o filósofo poderia estar de certa maneira fazendo uma concessão perigosa para os "velhos princípios epocais da história da metafísica", mas na verdade a tese é "salva" pela noção do círculo hermenêutico, que funda esta racionalidade concebida pelo método hermenêutico, que assume a facticidade dotada de necessidade e historicidade. Dessa forma, o filósofo deixaria de se apoiar em qualquer princípio epocal metafísico e abstrato para adotar as diversas regiões do ser "historialmente". Daí a metáfora hábil da representação do mundo da vida (Husserl) através da arte, quando Heidegger resume seu ponto quando se refere à pintura "O par de sapatos", de Van Gogh, afirmando: "[o] mundo todo da vida camponesa está nesses sapatos."[438] A obra de arte abre a clareira do seu próprio mundo (da vida).

---

436. *Ibid.*, p. 81.

437. *Ibid.*, p. 83. Grifo do autor.

438. *Ibid.*, p. 87. *Cf.* HEIDEGGER, Martin. **Caminhos da floresta**. Lisboa: Fundação Calouste Gulbenkian, 1998 [1977]. p. 7-68.

A partir da articulação da relevância primordial da historicidade e da ideia de paradigma, Heidegger enfim elabora a tradição como condição de possibilidade para essa racionalidade *a priori* que, "no entanto, é gerada no próprio processo do conhecimento empírico que se produz através dos modos fundamentais do ser do estar-aí que emergem no 'mundo'".[439] A partir de toda essa elaboração paradigmática — que altera a filosofia dando um suporte inédito ao giro ontológico-linguístico —, muitos filósofos se sentiram instigados a ir além no projeto hermenêutico de Heidegger. Um deles foi seu aluno Hans-Georg Gadamer.

Pode-se afirmar, então, com Stein, que é a partir do surgimento da Escola Histórica, na segunda metade do século XIX, que o cenário filosófico muda em um contexto onde "se desenha uma afirmação mais determinada da hermenêutica no contexto dos problemas da história."[440] Mas diferentemente de Heidegger, que intencionava o desenvolvimento de uma nova filosofia com a fenomenologia-hermenêutica, no sentido de encontrar as condições de possibilidade para se fazer a pergunta do sentido do ser, o pensamento e Gadamer se opôs em certa medida ao mestre. Na sua obra magna, *Verdade e método*, o "pupilo"[441] acolheu o conceito de facticidade do mestre, mas deixou de lado a questão transcendental. Sua intenção era "recuperar a historicidade do mundo vivido." Para tanto, seria difícil uma completa desconsideração da diferença ontológica para o seu projeto. Seu projeto era ainda mais ambicioso quanto à construção de uma filosofia "prática", na "vida fática", admitindo aqui um "recurso a Hegel."[442]

O projeto gadameriano, a partir da ideia de uma filosofia prática se dará também a partir da apresentação de conceitos articulados por meio de um objetivo. Como afirma Stein, "[s]abemos que Gadamer substituiu a dialética pelo jogo da pergunta e da resposta, pela relação entre o todo

---

439. *Ibid.*, p. 88.

440. STEIN, Ernildo. Gadamer e a consumação da hermenêutica. *In: Id.*; STRECK, Lenio Luiz. (org.). **Hermenêutica e epistemologia**: 50 anos de Verdade e Método. Porto Alegre: Livraria do Advogado, 2010. p. 11.

441. Os bastidores da escrita de *Verdade e Método* e seu contexto é digno de nota: Gadamer passou uma década se dedicando exclusivamente a sua redação e evitando pesquisas e atividades acadêmicas paralelas. O que ele mesmo admite é que seu livro se deu como num diálogo com o mestre Heidegger e que sua ruptura com seu formador. Essa ruptura se revelou difícil para Gadamer, tendo o mesmo admitido que "durante muito tempo escrever representou para mim uma verdadeira tortura. Sempre tinha a desagradável impressão de que Heidegger estava me espreitando por cima dos ombros." GADAMER, Hans-Georg. **Verdade e método II**: complementos e índice. Tradução de Enio Paulo Giachini. Petrópolis, RJ: Vozes, 2002. p. 560.

442. STEIN, Ernildo. Gadamer e a consumação da hermenêutica. *op. cit.*, p. 14-15.

e a parte e outras expressões que perpassam *Verdade e método*." Estaria o projeto, então, também associado à ideia antimetafísica da filosofia hermenêutica heideggeriana, mas, ao inverter a lógica — propondo uma hermenêutica *filosófica* — Gadamer associa todo uma ideia universalizante à hermenêutica, onde essa universalidade está umbilicalmente associada com o conceito de "compreensão" (*Verstehen*)

> como sendo uma forma de criar uma disciplina que englobe toda e qualquer atividade do ser humano no campo da interpretação. Isso levaria a uma situação em que tanto o trabalho das ciências humanas que se ocupam com textos quanto o próprio trabalho da filosofia passam a ser englobados numa visão abrangente que envolve toda a pesquisa histórico-filológica, mesmo a da filosofia. Historiadores da filosofia e intérpretes de textos das ciências do espírito [*Geisteswissenschaften*] são envolvidos num tipo de história que acontece para além deles. Gadamer talvez queira dizer isso com a expressão *história da ação dos textos*. Temos, assim, uma espécie de saber omni-abrangente que se ocupa com o acontecer do sentido, em sua forma mais ampla, que também inclui a filosofia.[443]

Publicado em 1960, *Verdade e método* é escrito então como uma "avaliação muito particular de linhas teóricas desenvolvidas em seu passado recente," e representa "também um novo sinal da presença da filosofia para além das preocupações puramente científicas. Gadamer estava enraizado" no "mundo da ciência como poucos filósofos, e queria descobrir nas ciências humanas uma moldura de racionalidade que as sustentava."[444] Por isso a inclusão da palavra "método" no título, que para ele deveria ser lido como "verdade contra o método". Essa preocupação com a metodologia e a universalização de certa maneira leva *Verdade e Método* a duas consequências: "[a] primeira afasta o seu modo de pensar dos elementos fundamentais que marcam o pensar de Heidegger. A segunda abre um universo teórico e temático que passa a ter uma estrutura descritiva" que levará Gadamer a formular o conceito de *história da ação (efetuação)*, "que marca a universalidade da hermenêutica". Essa efetuação determina, em Gadamer, a verdade que se articula nas três partes que se divide sua obra: "a verdade na arte, a verdade na história e

443. *Ibid.*, p. 12.

444. *Ibid.*, p. 19.

a verdade na linguagem."[445] Esse saber, no entanto, de modo algum pode ser compreendido como absoluto e é por isso que devemos observar de modo detalhado o conceito de efetuação — ou história efeitual (*Wirkungsgeschichte*) — de Gadamer.

O conceito de história efeitual surge da crítica de Gadamer à ideia de consciência histórica. Na segunda seção de *Verdade e Método*, Gadamer critica tanto a hermenêutica romântica de Schleiermacher quanto a proposta interpretativa historicista de Dilthey. Para Gadamer o conhecimento humano (a compreensão) sempre estaria historicamente predeterminado pela própria historicidade do ente que interpreta. Apesar de defender a historicidade como "objeto da historiografia",[446] Dilthey esquece, nas palavras de Chris Lawn e Niall Keane, da "pré-compreensão" do ser histórico (sujeito histórico) que interpreta a história e constrói assim sua relação com a verdade. A pré-compreensão, em Gadamer, está fortemente associada ao mestre Heidegger e ao parágrafo 32 de *Ser e Tempo*, onde o filósofo da floresta negra introduz o conceito de círculo hermenêutico e a estrutura ontológica da autocompreensão, que desde sempre pressupõe uma compreensão da própria realidade que está enraizada nas convicções de pessoas comuns e sempre se move circularmente.[447]

Compreender-se historicamente seria, então, se dar conta (*awareness*) da própria condição histórica, que envolveria lidar com a *distância temporal* da interpretação, a qual seria, para Gadamer, uma consciência histórica "não romântica", mas "efetiva",[448] que leva em conta a pré-compreensão, que seria em si condição de possibilidade para a "experiência hermenêutica", que estrutura nossos pré-juízos e que comprova nosso estado de "estarmos jogados", de pertencermos a uma situação histórica, chamada por Heidegger de "tradição", que por sua vez liga o intérprete ao interpretado no mesmo processo histórico. Tal "ponte" entre o intérprete e o interpretado é o que Gadamer chama de "fusão de horizontes", a qual mediaria ambos os horizontes de interpretação intersubjetivamente, abandonando a ideia de sujeito (intérprete) e objeto do passado histórico (interpretado). Essa é principal diferença entre a proposta historicista e a

445. *Ibid.*, p. 18.

446. "[...] Dilthey's historicism, despite having defended historicity as the object of historiography, forgot the historical being of the historical subject and its relationship to truth." LAWN, Chris; KEANE, Niall. **The Gadamer Dictionary**. London: Continuum, 2011. p. 150.

447. *Cf.* HEIDEGGER, Martin. **Ser e tempo**. *op. cit.*, p. 421-434.

448. "Compreender é, essencialmente, um evento historicamente efeitual." GADAMER, Hans-Georg. **Truth and Method**. 2nd. rev. ed. Trans. J. Weinsheimer; D. G. Marshall. London: Continuum, 1975. p. 300.

de Gadamer. Enquanto o historicismo defendia que a distância temporal seria um "obstáculo a ser superado", a hermenêutica filosófica gadameriana a considera "ela mesma como condição constitutiva da compreensão."[449]

Com efeito, ao introduzir o conceito de história efeitual (*Wirkungsgeschichte*), Gadamer lança um desafio às teorias hermenêuticas que o precederam: o de que elas se dão conta de que, ao se interpretar qualquer obra, há uma história efeitual já de antemão agindo sobre o intérprete e que quando esse intérprete se depara com um evento histórico, ele nunca estará em "situação de mera abstração ou posição desinteressada",[450] mas sempre estará imerso em sua prévia e efeitualmente situada compreensão do evento. Essa posição declara uma (aparente) oposição entre Gadamer e Skinner, algo que vem sendo identificado por muitos autores.[451] Mas, levando-se em conta a virada retórica skinneriana e a posição que o próprio Gadamer tem da retórica, como veremos agora, essa posição merece também por sua vez ser reconsiderada. E também pela relevância da tradição hermenêutica, a partir de séculos de contribuição para filosofia da história, na seção a seguir discutiremos como esse diálogo entre filosofia da história e teoria do direito pode contribuir e avançar as discussões já iniciadas sobre o valor teórico e normativo da historicidade.

5.3. O CONTEXTUALISMO LINGUÍSTICO COMO ABERTURA PARCIAL DA HISTORICIDADE DO FENÔMENO JURÍDICO: UM AJUSTE ENTRE SKINNER E A TRADIÇÃO HERMENÊUTICA

Nesta parte, enfim, é chegada a hora de verificar como o contextualismo linguístico skinneriano se insere em meio a tantas visões conflitantes sobre a historicidade e o debate quanto ao seu valor normativo e teórico para as humanidades, onde o direito é apenas uma das "ciências do espírito" investigadas. Aqui buscamos verificar nossa problemática central: como e de que forma o contextualismo linguístico se insere nesse debate e se é possível para esta metodologia contribuir para essa abertura

449. "The temporal distance between interpreter and interpreted is not, unlike historicism argued, an obstacle to get over, but rather the constitutive condition of understanding itself." LAWN, Chris; KEANE, Niall. **The Gadamer Dictionary**. *op. cit.*, p. 151.

450. "For Gadamer, what is important is an awareness that the history of effects is always already acting upon us, that when we stand before a historical event we are never in a situation of mere abstraction or disinterested position-taking, but we are always already immersed in our prior, situated understanding of the event." *Ibid.*, p. 152.

451. Por todos, ver FORSTER, Robert N. **German Philosophy of Language**. *op. cit.*, p. 310-313; SILVA, Ricardo. Quentin Skinner e o Debate Metodológico Contemporâneo. *op. cit.*, p. 326.

da historicidade no fenômeno jurídico, cujos debates sobre a importância da história para a teorização vêm se aprofundando nos últimos anos, depois de terem sido por muito tempo negligenciados.

De início é preciso dizer que estamos de acordo com autores como Lobban e Del Mar sobre a hipótese de que a história — ou historicidade — tem, sim, um valor para a teoria. Essa concordância, no entanto, está atrelada aos limites ambíguos entre a teoria normativa e a história, que no direito, assim como na teoria e na filosofia política de décadas atrás, vêm sendo definidos de forma excessivamente rígida, quando na verdade teses como a de Gadamer e Skinner (assim como todo o contexto do giro ontológico-linguístico) atestam sua condição essencialmente contingencial e histórica, de difícil — para não dizer impossível — abstração.[452]

Mesmo assim, alguns filósofos recentes, dentre eles Forster, vêm tecendo críticas duras e enfatizando as limitações da tradição hermenêutica gadameriana. Na visão desse teórico em específico, parece haver uma diferença inconciliável entre um projeto hermenêutico como o do contextualismo linguístico, que se inspira na filosofia ordinária da linguagem e na teoria dos atos de fala, e a hermenêutica filosófica de Gadamer. Quanto a este ponto, talvez seja válido esclarecer discordamos de uma afirmação tão categórica como a de Forster, mesmo que suas observações sejam ao mesmo tempo tão valiosas, tanto que nossa percepção é que realmente talvez seja necessário realizar um "ajuste"[453] entre Skinner e Gadamer de forma que habilite a abertura da historicidade através da hermenêutica.

Forster tece inúmeras críticas ao projeto gadameriano, sendo as que mais nos interessam aqui são justamente aquelas que de modo aparente representam uma dificuldade ou até mesmo contraposição entre sua teoria e o contextualismo linguístico de Skinner, principalmente aquelas que falam do acesso do intérprete ao passado. De início, Forster afirma que Gadamer estaria errado ao descrever que interpretações "mudam com o tempo, e que tais mudanças nas interpretações são internamente inseridas no sentido de um discurso, texto ou obra de arte."[454] Forster, nos pedindo para considerar os textos como exemplo, responde que a ideia é "implicitamente incoerente", pois requer que acreditemos em uma interpretação correta (original) que o autor teve a intenção de constituir,

452. *Cf.* PALONEN, Kari. The History of Concepts as a Style of Political Theorizing. *op. cit.*, *passim*.

453. Pafraseamos aqui o título da obra de Ernildo Stein. Ver STEIN, Ernildo. **Pensar e errar**: um ajuste com Heidegger. 2. ed. Ijuí, RS: Unijuí, 2015.

454. *Cf.* GADAMER, Hans-Georg. **Truth and Method**. *op. cit.*, p. 339-340; 388.

uma vez que cada nova interpretação de um texto acrescenta uma nova construção e que isso comprovaria um sentido original ao texto.[455]

Uma segunda indagação é feita quanto à ideia gadameriana de que a pré-compreensão seria interna à compreensão e também historicamente determinada e, portanto, "instransponível" ao presente. Forster irá justamente questionar essa hipótese da intransponibilidade epistêmica de se recuperar a pré-compreensão de um outro. Para ele, se apoiando no conceito de *Einfühlung*, é sim possível desenvolver uma habilidade do interprete para se obter o sentido original de textos do passado.[456]

O terceiro ponto levantado por Forster diz respeito à tese gadameriana de que o "sentido original" seria algo "morto"[457] e que não fosse interessante para nós. Para o crítico, no entanto, "o sentido original de textos e discursos do passado, e de 'outros contemporâneos', podem ser de *grande* interesse para nós e pelas mais variadas razões." Uma delas, já apontada por Herder e Dilthey, seria que o conhecimento do passado pode "satisfazer nossa curiosidade intelectual e enriquecer nossa experiência." Outra razão, também atribuída a Herder, seria a ideia de que o conhecimento dos sentidos originais contribui com nosso "autoconhecimento", nos permitindo comparar nossa própria perspectiva sob uma nova concepção.[458]

Por fim, Forster descreve a derivação que Gadamer faz segundo a qual "o conhecimento (interpretativo) é relativo" porque "*[t]odo* conhe-

---

455. "[...] [I]mplicitly incoherent. [...] In other words, the very notion of changing interpretations *presupposes* an original meaning (indeed, a whole *series* of original meanings, one belonging to the text, and then one belonging to each of its subsequent interpretations." FORSTER, Robert N. **German Philosophy of Language**. *op. cit.*, p. 311. Grifo do autor.

456. "Rather, I would suggest that what is really wrong with it is its implication that such historical specificity is epistemically insurmountable, that it is impossible to abstract from one's own specific pre-understanding and recapture the specific pre-understanding of a historical Other. Indeed, I would suggest that Herder's conception that *Einfühlung* ("feeling one's way in") plays an essential role in the interpretation of texts from the past already quite properly pointed towards an ability that we possess to perform just this sort of imaginative feat, and towards the essential contribution that exercising this ability makes our attainment of an exact understanding of past texts' original meanings." *Ibid.*, p. 312.

457. *Cf.* GADAMER, Hans-Georg. **Truth and Method**. *op. cit.*, p. 167.

458. "Far from inevitably 'dead', or of no possible interest to us, the original meanings of texts and discourse from the past, and from contemporary Others, can be of *great* interest to us, and for *many* different reasons [...]. One reason (which Herder and Dilthey had already noted) is simply that the discovery of such meanings and of the views they articulate satisfies our intellectual curiosity and enriches our experience. [...] Another reason (again already important to Herder) is that it makes an essential contribution to our *self*-understanding, both by enabling us to see our own perspective in a comparative light and by enabling us to understand how it arose." FORSTER, Robert N. **German Philosophy of Language**. *op. cit.*, p. 312. Grifo do autor.

cimento é historicamente relativo"[459] como "não convincente". Além de mencionar indiretamente o famoso paradoxo do cretense (um cretense afirma 'todo cretense é um mentiroso', logo o que ele falou também é mentira, traduzido para o mesmo problema nas teses relativistas: se *tudo é relativo*, essa mesma tese também só é válida relativamente), Forster acusa Gadamer de "não oferecer respostas"[460] a esse mesmo problema que levantado pelo mesmo: Gadamer até admite que uma contradição surge aí, mas responde que isso apenas mostra a fraqueza que esse tipo de reflexão que busca qualquer objetividade revela.

Nota-se que Forster é um leitor cético de Gadamer, mas otimista quanto ao projeto hermenêutico, sendo que ele chega a subscrever algumas das teses dos românticos alemães e não esconde seu apreço por elas. Isso se confirma ao lermos os comentários elogiosos que ele faz sobre Skinner, chegando a afirmar que o professor de Cambridge teria contribuído "muito mais" para o "desenvolvimento da hermenêutica."[461] Aliás, a nosso ver, comparar quem "contribuiu mais" para o desenvolvimento da hermenêutica é contraproducente — e até mesmo contraditório com a própria obra de Skinner, que sempre faz questão de afirmar, inclusive por meio de nossa correspondência com o autor, que "todos somos produtos de nosso tempo" e, portanto, "podemos ser contextualizados".[462] Uma ideia mais interessante, talvez, seja avaliar as objeções feitas por Forster e avaliar até que ponto elas também contribuem para uma contextualização. Realizar uma pesquisa, agora sim mais focada na comparação das ideias de ambos os autores, a fim de verificar se há alguma síntese possível ou alguma conclusão que se possa retirar desse exercício. Nossa opinião, a partir da leitura mais detalhada da obra de Skinner, Heidegger e Gadamer, é de que isso é possível.

Já quanto às teses sobre a impossibilidade de se reconstituir um sentido original, concordamos parcialmente com Forster. É necessário esclarecer, no entanto, que a crítica de Forster é por demais severa com

459. GADAMER, Hans-Georg. **Truth and Method**. *op. cit.*, p. 344.

460. "[...] unconvincing as well. One problem with it lies in the well-known fact that the thesis of relativism seems to run into problems of self-contradiction in connection with the awkward question of whether this thesis is *itself* of merely relative validity. Gadamer touches on this problem at various points, but his answers to it are naïve and unconvincing. In one place he concedes that a self-contradiction arises here, but responds that this merely shows the weakness of the sort of "reflection" that reveals this and objects to it!" FORSTER, Robert N. **German Philosophy of Language**. *op. cit.*, p. 312.

461. "A far more important contribution to the development of hermeneutics than any made by Heidegger, Gadamer, or Derrida is due to several recent theorists from the Anglophone world, especially John Langshaw Austin (1911-1960) and Quentin Skinner (1941-present)." *Ibid.*, p. 314.

462. "I certainly have no objection to being contextualised myself. We are all products of our time."

Gadamer, pois ele centraliza sua crítica em seus textos à pretensão historicista germânica — calcada em Dilthey — que seria possível aproximar as ciências do espírito (humanidades) das ciências naturais por meio de um método rigoroso. A crítica gadameriana é, nesse sentido, direcionada a todo um paradigma metafísico da filosofia da consciência que centraliza no sujeito a descoberta do conhecimento. Há, portanto, de se entender essa crítica como uma *crítica a* uma *consciência histórica determinada*, rígida. Nos parece que Forster leva os argumentos de Gadamer às últimas consequências, sem contextualizar a força ilocucionária que um pensador como ele poderia ter tido dentro de sua realidade. É por isso que o contextualismo linguístico se mostra importante: não basta admiti-lo como abordagem mais adequada que a hermenêutica gadameriana, mas devemos antes de emitir qualquer juízo sobre a teoria, compreendê-la dentro de seu contexto ilocucionário. Note-se que não se trata de qualquer "caridade" interpretativa, como Forster corretamente critica, mas sim "pensar por nós mesmos"[463] (*do our own thinking for ourselves*) compreendendo cada teoria como um constructo particular de sua época.

Quanto à indagação sobre uma possível utilização do conceito herderiano de *Einfühling*, também podemos concordar parcialmente com Forster. Classificar as ideias sobre a hermenêutica de Herder como uma visão meramente "romântica", descartando todo seu conteúdo, seria um erro. Dessa maneira, concordamos em parte quando Forster afirma que o contextualismo linguístico de certa forma "vingou"[464] a memória de Herder dos seus sucessores descrentes das possibilidades de uma hermenêutica que pudesse compreender o sentido original de uma obra do passado. Mas aqui um alerta se faz necessário: vingar uma intenção de Herder não pode significar uma queda na armadilha (ou mitologia) da coerência, como se a ideia romântica de Herder fosse adequável ao pensamento de Skinner. Isso seria cometer um erro historiográfico utilizando o próprio formulador desse erro contra ele mesmo (!) Já que mencionamos as "possíveis", mas perigosas, conexões entre Herder e Skinner, lembramos também da crítica que Forster faz à importância dada por Gadamer para a distância temporal. Esse tema merece um detalhamento melhor, pois

463. "[W]e must learn to do our own thinking of ourselves." SKINNER, Quentin. Meaning and Understanding in the History of Ideas. *op. cit.*, p. 52.

464. "This role can be seen as a further vindication of Herder's basic intuition that linguistic interpretation needs to be complemented with psychological interpretation." FORSTER, Robert N. **German Philosophy of Language**. *op. cit.*, p. 314-315.

consideramos que os conceitos da locução "distância temporal" utilizados por Skinner e Gadamer têm sentidos diversos.

Quando Gadamer fala da importância da distância temporal para a interpretação, ele não está se referindo ao velho adágio que Skinner aponta como o mito da prolepse — *o passado só se compreende com o distanciamento histórico do presente* —, pois essa faceta do anacronismo apenas reforça algo que para Gadamer já é um erro: a ideia de que passado e presente são distintos (e objetificáveis). Por isso o conceito de tradição se torna tão relevante, pois em Gadamer é ela que torna ambos "um só" a partir da compreensão da história: isso significa que o passado nunca pode ser visto como um objeto no passado absolutamente separado de nós no presente e no futuro. A temporalidade intrínseca da compreensão em ver o mundo sempre como passado, presente e futuro é o que Gadamer chama de historicidade da compreensão.[465] Isso é completamente diferente da ideia solipsista de que um historiador deveria se distanciar do passado para (ele, sujeito) melhor compreendê-lo. Nesse ponto, as ideias de Gadamer e Skinner se alinham, pois ambos reconhecem a condição intersubjetiva da historiografia pós-giro ontológico-linguístico.

É nesse sentido que compreendemos que o conceito de história efeitual pode se adequar ao contextualismo linguístico. É necessário reconhecer que frases ditas por Gadamer em *Verdade e método* como "se não há interpretação sem pressupostos, então a noção de 'interpretação correta' como correta em si mesma é um ideal impensado e uma impossibilidade"[466] nos fazem questionar os limites dessa conciliação com o contextualismo linguístico, mas ao mesmo tempo que temos frases como a citada, temos frases como a seguinte: "[a] [t]radição fornece a corrente de concepções em que nos mantemos e nós precisamos estar preparados para distinguir entre pressupostos produtivos daqueles que nos aprisionam e nos previnem de pensar e ver."[467] Mas ver o que, exatamente? Aqui notamos uma aproximação entre a hermenêutica filosófica gadameriana e a fenomenologia hermenêutica de Heidegger, que propunha "um novo

465. "The intrinsic temporality of understanding itself in seeing the world always in terms of past, present, and future is what is called the historicality of understanding." PALMER, Richard E. **Hermeneutics**. *op. cit.*, p. 180.

466. "If there can be no presuppositionless interpretation, then the notion of one 'right interpretation' as right in itself is a thoughtless ideal and an impossibility." GADAMER, Hans-Georg. **Warheit und Methode**: Grundzüge einer philosophischen Hermeneutik. Tübingen: J. C. B. Mohr, 1960. p. 375. Tradução para o inglês de Richard E. Palmer *in id.* **Hermeneutics**. *op. cit.*, p. 183.

467. "Tradition furnishes the stream of conceptions within which we stand, and we must be prepared to distinguish between fruitful presuppositions and those that imprison and prevent us from thinking and seeing." *Ibid.*, p. 263. Tradução para o inglês de Richard E. Palmer *in Ibid.*

tipo de objetividade", focada na "facticidade da existência humana",[468] onde o "método" seria desenvolvido para desvelar as "coisas mesmas", abrindo "um novo caminho que leva para além da simples constatação de objetos, que possibilita a descoberta de uma experiência, na qual toda a experiência objetificante assume a forma de encontro."[469] Mais uma vez notamos uma possível conciliação entre a tradição hermenêutica e o contextualismo linguístico, representado pelo adágio skinneriano do *seeing things their way*,[470] bastante próximo do "voltar às coisas mesmas" da fenomenologia hermenêutica.

Essa aproximação que fazemos entre contextualismo linguístico e hermenêutica, a partir do giro ontológico-linguístico, nos faz voltar à questão da objetividade e do método. Assim, compreendemos mais uma vez que Gadamer está direcionando sua crítica a uma concepção metafísica de objetividade e que a metodologia ou a heurística de Skinner, desde sua virada retórica e das ressalvas posteriores, não buscava isso.[471] Na verdade, nesse caso, ambos, Skinner e Gadamer, são injustamente acusados de relativistas, quando na verdade apenas trabalham o problema da interpretação sob um ponto de vista intersubjetivo. Aqui, a interpretação do contextualismo feita por Janssen e endossada por Skinner[472] é valiosa, pois traz para o método de Cambridge o elemento da tradição — algo que não está presente explicitamente na obra de Skinner — e que é de suma importância para a hermenêutica. Este é outro ponto que costuma afastar os críticos de Skinner de qualquer aproximação com Gadamer, pois afirmariam que o contextualismo linguístico aniquilaria a ideia de tradição no pensamento político. Mas, com Janssen, podemos enfatizar que "tradição", para esses críticos, é "concebida como uma entidade, uma coisa objetificada [...]." No entanto, o que Skinner deseja com sua metodologia é "defender uma compreensão mais aprofundada da natureza histórica das 'tradições', que são "atividades realizadas através do tempo por atores que vivem dentro de específicas circunstâncias históricas e que compreendem tradições apenas na medida em que são reveladas dentro

---

468. "[...] an objectivity which takes the 'facticity' of human existence as its ultimate point of reference. Thus there is in Heidegger a new kind of objectivity, opposed to the objectivity of the natural sciences, of Dilthey, of the historical school, of modern metaphysics, and ultimately of modern technological thinking with all its pragmatism. It is the *objectivity of allowing the thing that appears to be as it really is for us*." PALMER, Richard E. **Hermeneutics**. *op. cit.*, p. 179. Grifo nosso.

469. STEIN, Ernildo. **Pensar é pensar a diferença**: filosofia e conhecimento empírico. Ijuí, RS: Editora Unijuí, 2002. p. 147.

470. *Cf.* SKINNER, Quentin. **Visions of Politics**. *op. cit.*, p. 7.

471. *Cf. Ibid.*, p. 54.

472. *Cf.* SKINNER, Quentin. A reply to my critics. *op. cit.*, p. 286.

de uma linguagem histórica disponível."[473] O autor, então, defende essa leitura "tradicionária" da obra dos teóricos de Cambridge como sendo a mais adequada para a compreensão, em oposição à noção metafísica de "tradição" do cânone da história do pensamento, afirmando que o método nesses termos "não desmembra tradições", mas sim "as reconstituem em uma historicidade que a Grande Tradição nunca alcançou. [...] Longe de trabalhar contra tradições, Skinner e Pocock remanejam os velhos termos de uma maneira mais profunda e histórica".[474]

Essa conexão entre tradição e temporalidade é importante, pois revela que a obra de Skinner pode ser associada a uma das "temporalidades" mencionadas por Heidegger. Como vimos acima,[475] o filósofo da Floresta Negra, em seu movimento de superação ontológica da metafísica, dividiu as temporalidades em dois tipos: a temporalidade ontológica (*Zeitlichkeit*), que teria o sentido de cuidado (*Sörge*) e a temporalidade ôntica (*Temporalität*). Essa segunda, a nosso juízo, é a mais adequada para nos referirmos quando o tema é relação intersubjetiva (sujeito-sujeito) entre o contextualismo linguístico e o passado a ser interpretado. Como afirma Heidegger, o conceito de *Tempoalität* funciona como forma de demonstrar o caráter historial e contingente de "ontologias regionais". Como se nota, o contextualismo linguístico se propõe justamente a fazer isso, pois busca pensar a diferença de cada contexto de discurso teórico e político como único, isto é, portador de uma força ilocucionária própria, ao mesmo tempo que não nega a existência de linhagens através da histórica dos conceitos e de seu uso.[476] Quando Heidegger fala em reconhecer a diferença entre ontologias regionais, pode-se também, a partir daí, identificar outro ponto importante: o de que adotar o "método" fenomenológico-hermenêutico não significa recusar (onticamente) o estatuto epistemológico das disciplinas e das historiografias, mas sim recusá-las *ontologicamente*. Quando se fala de uma análise ôntica, então, é possível falar de uma história *do* direito, como um recorte e uma delimitação parcial, mas nunca como uma disciplina instituída e autônoma, desinteressada ou "científica" (sentido dado pela Escola Histórica). Procuramos, então, avançar esse

473. "[...] Skinner argues for a closer understanding of the historical nature of 'traditions', which are [...] activities performed across time by actors who live within specific historical circumstances and who understand traditions only insofar as they revealed within an available historical language." JANSSEN, Peter L. Political Thought as a Traditionary Action. *op. cit.*, p. 137.

474. "[...] it reconstitutes them in a historicity which the Great Tradition never attained. Far from working against traditions, Skinner and Pocock redeploy the old terms in a profounder and more historical way." *Ibid.*, p. 139-140.

475. *Cf.* p. 142-143, *supra*.

476. SKINNER, Quentin. **Visions of Politics**. *op. cit.*, p.

cuidado com a diferença ôntico-ontológica para os demais campos, qual seja: a insistência de autores anglófonos em separar metodologicamente (e onticamente) a teoria da filosofia ou mesmo a história da teoria. Essa "recusa ontológica", portanto, mais uma vez aproxima Skinner e sua influência collingwoodiana da inseparabilidade entre filosofia e história e a diferença ontológica, que a partir de Heidegger vai ser a única possível, onde o ôntico pode ser dividido, enquanto o ontológico não. A história do pensamento (que para Collingwood é toda a história), então, passa ser um possível *locus* de desvelamento quando assumimos a *Temporalität* como seu interesse, aproximando Skinner do paradigma hermenêutico.

Tendo definido a aproximação hermenêutica entre Skinner e o "segundo" conceito heideggeriano de temporalidade (*Temporalität*) e levando em conta a manutenção da importância dada à força ilocucionária no uso da retórica para um "projeto retórico" dos atores históricos interpretados, precisamos voltar a Gadamer para lidar com outro aspecto importante de sua teoria, que a nosso ver pode ser um dos fatores mais relevantes para uma possível conciliação entre o contextualismo linguístico e a hermenêutica filosófica, qual seja: a própria abordagem da retórica na obra de Gadamer.

O mestre de Heidelberg, ao relacionar os conceitos de pré-compreensão, tradição e do círculo hermenêutico como inerentes à experiência humana e histórica (consciência historicamente efetiva), nos convida a revisitar a tradição humanista. Nesse ponto, a ideia de retórica como "sabedoria prática", originalmente proposta pelo filósofo crítico do iluminismo Giovanni Battista Vico (1668-1744),[477] tem certo relevo. Gadamer, ainda em *Verdade e método*, irá argumentar — revisitando a postura crítica do racionalismo iluminista de Vico, utilizando-a contra a postura antirretórica da modernidade — que a retórica não deveria apenas ser compreendida como persuasão sofista ou parte de um discurso de afetos, mas sim como parte da boa comunicação no sentido dialético, isto é, do cultivo "de argumentos que são convincentes" e não apenas "logicamente envolventes". Nesse ponto, uma crítica à teoria política normativa e sua recusa da retórica como fundamento aproxima Skinner de Gadamer, na medida em que aquele critica a abstração forçada das teorias normativas pós-rawlsianas, preferindo revisitar historicamente o republicanismo e

477. *Cf.* VICO, Giovanni Battista. **Ciência Nova**. Tradução de Jorge Vaz de Carvalho. Lisboa: Fundação Calouste Gulbenkian, 2005.

sua herança política, enquanto esse critica Habermas, afirmando achar "assustadoramente irreal quando pessoas" como ele

> atribuem à retórica uma qualidade compulsória que outrem precisa rejeitá-la em favor de um diálogo racional e imparcial. Isso é subestimar não apenas o perigo da manipulação simplista e da incapacidade da razão, mas também a possibilidade de se chegar a um entendimento através da persuasão, em que a vida social depende.[478]

Depois de publicado *Verdade e método*, Gadamer admitiu que tanto a relação entre retórica e hermenêutica, quanto a relação entre retórica e dialética, ainda precisavam ser trabalhadas de forma mais completa, mas que acreditava em uma relação de genuína reciprocidade entre os dois métodos.[479] Como foi demonstrado na obra-prima do autor, a hermenêutica compartilha com a retórica a possível delimitação da "verdade teórica" e do "conhecimento prático" (empírico), o que significa que o último campo do saber é fundado na persuasão demonstrável de argumentos convincentes ou declarações críveis que não são simples validações lógicas ou provas conclusivas. De fato, Gadamer está aqui questionando as "pretensões dominantes do domínio científico-racionalista". Ele faz isso defendendo uma postura de maior atenção em relação à retórica, por onde seria possível estabelecer melhor seus limites dentro da *polis* e sua comunidade de linguagem compartilhada. "Em suma, a defesa que Gadamer faz de reabilitar a retórica parece ampliar a universalidade da compreensão desta arte e como esse processo se dá dentro do campo da intersubjetividade."[480]

O tema da retórica se torna obviamente importante ao falarmos de uma possível convergência entre Skinner e Gadamer tendo em vista que

---

478. "[...] of arguments that are convincing [...] logically compelling; This is to underestimate not only the danger of glib manipulation and incapacitation of reason but also the possibility of coming to an understanding through persuasion, on which social life depends." GADAMER, Hans-Georg. **Truth and Method**. *op. cit.*, p. 571.

479. *Cf.* as obras complementares onde Gadamer elabora melhor seu ponto: GADAMER, Hans-Georg. **Hermenêutica em retrospectiva**. Tradução de Marco Antônio Casanova. 2. ed. Petrópolis, RJ: Vozes, 2012; Id. **Verdade e método II**: complementos e índice. Tradução de Enio Paulo Giachini. Petrópolis, RJ: Vozes, 2002.

480. "In short, Gadamer's defence and rehabilitation of rhetoric seems to broaden the universality of understanding and this process takes place within the field of intersubjective commonality." LAWN, Chris; KEANE, Niall. **The Gadamer Dictionary**. *op. cit.*, p. 121. Também sobre a retórica em Gadamer, *cf.* GUIMARÃES, Hiago Mendes. **Hermenêutica filosófica e retórica**: convergências a partir do conceito de *phronesis* em Hans-Georg Gadamer. Porto Alegre: Editora Fi, 2022.

o conceito é um dos momentos de maior aproximação entre ambos os autores e essa aproximação, como se pôde ver, não é uma tarefa simples, sendo negada pela maioria dos teóricos da área. Aqui importa ressaltar um possível "debate que nunca foi" entre Skinner e Gadamer, algo que o primeiro em diálogo conosco reconhece, quando admitiu "ter lido a obra de Gadamer quando ela mesma foi traduzida para o inglês em 1970", mas que "não a achou muito útil" para auxiliá-lo na "compreensão das tradições do pensamento". Mas, ainda assim, na mesma correspondência, Skinner confessa que "é provavelmente sua própria culpa, por não ter conseguido" naquela época, "ter entendido corretamente a obra" de Gadamer. Confrontado por nós sobre entrevistas dadas por ele em 2001 e em 2008, onde se mostrava entusiasta do conceito de "fusão de horizontes", sua resposta foi de "surpresa" com o quão impressionado ele pareceu com o pensamento gadameriano naquelas entrevistas.[481] Essa "dificuldade" de compreensão, para nós, apenas demonstra como o pensamento de Skinner subverte o chamado *parting of ways* da filosofia contemporânea, onde o campo foi dividido entre hermeneutas e analíticos.[482]

É a partir desse problema da pouca ou má compreensão entre ambas as obras e as consequências do *parting of ways* que surgem as maiores chances de haver mal-entendidos que podem ajudar a compreender as duas tradições. Uma consequência clara, para nós, é a questão da "resposta correta", tão aventada quando o assunto é a hermenêutica filosófica, sabre a qual podemos já introduzir a relação entre contextualismo linguístico e a tradição hermenêutica com a teoria do direito. Como é sabido o ceticismo em relação à "dominação" epistêmico-científica e a consagração do paradigma hermenêutico era de se esperar, considerando que a historicidade da experiência humana em Gadamer traria certa desconfiança no autor para com qualquer tentativa de estabelecimento de uma única "resposta correta" na interpretação. Afinal de contas, interpretar, para Gadamer, é já estar inserido num lugar historicizado, imbuído de tradição e constituído pela linguagem. Desse modo, não haveria como se falar em "respostas históricas corretas".[483] Aqui se corre o risco de descartar qualquer possibilidade de convergência. Skinner acredita em

481. "I read the treatise of Gadamer's that was translated as *Truth and Method* soon after it was published in 1970, but I cannot say that I found it very helpful trying to think about traditions of thought."; "But I need to add that my failure to gain much from reading Gadamer's work is probably my own fault, and it is more than likely that I have simply failed to understand his thought."

482. *Cf.* FRIEDMAN, Michael. **A Parting of Ways**: Carnap, Cassirer, and Heidegger. Chicago, IL.: Open Court, 2000.

483. *Cf.* n. 464 *supra*.

uma leitura "genuinamente histórica" enquanto o próprio conceito crítico gadameriano de "consciência histórica" negaria tal pretensão. Mas nesse ponto, tomaremos a liberdade de ir um pouco além e olhar para o mesmo Gadamer e a leitura que ele faz da hermenêutica jurídica e, a partir daí, discordar dessa aparente incompatibilidade.

Ao elaborar sua ideia de compreensão, de onde irá concluir que toda compreensão é a interpretação que se aplica no mundo prático, isto é, toda interpretação é já aplicação, Gadamer aproxima sua tese ao direito,[484] uma vez que Gadamer afirma que a hermenêutica jurídica não seria um "caso especial". Tendo em vista que toda interpretação se dá dentro de um local histórico, ela seria compatível para a tarefa de "trazer de volta para a hermenêutica histórica a amplitude total de sua problemática". Assim, ela poderia "reconstituir a velha unidade do problema hermenêutico que era [no século XVIII] encontrado da mesma maneira pelo jurista, pelo teólogo e pelo filólogo."[485] Richard E. Palmer sugere que Gadamer aqui está propondo que a "hermenêutica jurídica e teológica podem servir de modelo para a interpretação literária"[486] — e por que não histórica? Olhando para as possibilidades dessa hipótese, temos que tanto a hermenêutica jurídica quanto a teológica não veem a tarefa interpretativa como um "esforço *antiquário*", mas como uma forma de percorrer a distância entre o texto interpretado e a situação presente. Seja emitindo um juízo legal ou pregando um sermão, a interpretação precisa do texto precisa não apenas *explicar* o que o texto *significa* em seu próprio mundo, mas esclarecer o que ele *significa* em nossos termos presentes. Em outras palavras, "compreender um texto é sempre aplicá-lo."[487]

Dito isso, Gadamer afirma que, mesmo na interpretação histórica, a compreensão deve estabelecer a função de aplicação "na medida em que conscientemente traz para a aceitação o *significado* do texto preenchendo a lacuna da distância temporal que separa o intérprete do texto" superando, assim, "[pela aplicação] a alienação do *significado* que acontece no

---

484. *Cf.* o trabalho pioneiro de incorporar a tradição hermenêutica à teoria do direito no Brasil em STRECK, Lenio Luiz. **Hermenêutica jurídica e(m) crise**. *op. cit.*, *passim*.

485. "Juridical hermeneutics is in reality no 'special case' but is suited to the task of giving back to historical hermeneutics its full breadth of problematic. It can reconstitute the old unity of the hermeneutical problem which was [in the eighteenth century] encountered in common by the jurist, the theologian, and the philologist." GADAMER, Hans-Georg. **Warheit und Methode**. *op. cit.*, p. 311.

486. "[J]uridical and theological hermeneutics may serve as a model for literary interpretation." PALMER, Richard E. **Hermeneutics**. *op. cit.*, p. 188.

487. *Cf.* GADAMER, Hans-Georg. **Warheit und Methode**. *op. cit.*, p. 291.

texto."[488] É por meio do reconhecimento dessas passagens que devemos ter como equivocada qualquer acusação à hermenêutica filosófica como relativista. Note-se que Gadamer, em certa medida, vai além, inclusive até além de Skinner em seu antirrelativismo, dizendo que o "intérprete deve ser conduzido pelo teor do texto", traduzindo-o para o presente. Gadamer não quer dizer que o intérprete deve ler o texto "acriticamente", mas sim "permitir que o teor do texto mostre a si mesmo".[489] Não seria isso — novamente —muito semelhante ao que propõe Skinner? Deixar que o texto nos diga algo seria então algo muito próximo de ler o que o autor estaria fazendo com tal texto e quais os efeitos linguísticos o enunciado teria causado à época; apenas assim poderíamos "aproximar os horizontes".[490]

Aqui já fica claro que ambas as acusações de relativismo — para Skinner e Gadamer — são infundadas. O que argumentamos, contudo, é que Skinner oferece uma concepção sobre a relatividade da história que em seu método se mostra mais acentuada que a de Gadamer. Não à toa Skinner abandona a busca pelo "significado" dos textos, em favor apenas da força ilocucionária e das ideologias contidas no texto, enquanto Gadamer ainda emprega a palavra "significado" em seus textos. A questão é que a hermenêutica filosófica "resolve o problema" de uma maneira diferente, pois não compreende a objetividade como algo *historicamente* concebível, justamente pela condição efeitual do sujeito que interpreta.[491]

As repercussões desses debates para a teoria do direito são incontáveis,[492] mas o escopo deste trabalho se restringe a avaliar a questão do método e a importância da história para a teoria normativamente falando. Quanto à metodologia, vemos que inserir o contextualismo

---

488. "[...] in that it expressly and consciously brings to acceptance the meaning of the text by bridging the temporal distance which separates the interpreter from the text; thus it overcomes [through application] the alienation of meaning which has befallen the text." *Ibid.*, p. 295.

489. "[T]he interpreter must be governed by the claim of the text, yet translate the meaning of the claim into the present. Gadamer does not mean that one should be uncritically given over to the claim of the text in denial of the present; rather, the claim of the text must be allowed to show itself as what it is." PALMER, Richard E. **Hermeneutics**. *op. cit.*, p. 189.

490. Em sentido contrário, ver SILVA, Ricardo. O Contextualismo Linguístico na História do Pensamento Político. *op. cit.*, p. 326.

491. Por uma posição da hermenêutica filosófica contra o relativismo, ver JUNG, Luã Nogueira. **Verdade e interpretação**: hermenêutica filosófica como alternativa ao naturalismo e ao relativismo. Porto Alegre: Editora Fundação Fênix, 2021.

492. Por exemplo, o debate sobre a necessidade de se pensar a decisão judicial e a busca por respostas corretas no direito e como ela se relaciona com a tradição hermenêutica. Ver, nesse sentido, DWORKIN, Ronald. **Law's Empire**. Cambridge, MS.: Harvard University Press, 1986; STRECK, Lenio Luiz. **Verdade e consenso**: Constituição, hermenêutica e teorias discursivas. 6. ed., rev. e ampl. São Paulo: Saraiva, 2017.

linguístico como uma heurística hermeneuticamente adequada prova a validade do argumento de que a história tem, sim, algo a oferecer à teoria — em qualquer uma das chamadas *Geistenwissenschaften* — pois a historicidade é fundante do paradigma hermenêutico a partir da linguagem. Ter isso em mente pouparia muitos dos debates realizados nas teorias analíticas do direito, as quais têm dificuldade de reconhecer a história como necessária para se conduzir um debate que seria meramente "descritivo". Nosso ponto aqui é que, com o contextualismo linguístico, o debate na filosofia e na teoria política mudou e o "cânone" precisou ser revisado à luz da historicidade, isto é, à luz da força e das consequências ilocucionárias dos atos de fala dos atores históricos que foram os escritores e teóricos.

O que defendemos aqui, enfim, é que esse debate que já acontece na teoria política seja também reconhecido no direito, onde a partir da denúncia de Del Mar e Lobban, a história também vem sendo — talvez até mais que na teoria política — negligenciada. Concordamos com os autores citados que essa negligência vem de uma tentativa incessante desde os primórdios do positivismo de tornar o direito uma ciência autônoma: uma verdadeira "epistemologização" do direito. Contudo, o esforço de libertar o direito das amarras das demais humanidades, em certa medida, esterilizou o debate normativo e a importância que as demais humanidades têm inclusive na fundação do próprio direito. Aqui é útil a ilustração feita pela Crítica Hermenêutica do Direito, a qual afirma ser o direito fundado pela moral, pela política e pela economia, mas depois de fundado ele mesmo, o direito, se torna o filtro dos demais entes cooriginários. Assim, não é a teoria do direito que é autônoma, justamente pela cooriginariedade, mas sim no plano hermenêutico, da interpretação (*applicatio*), é que o direito ganha sua autonomia.[493]

Numa palavra final, problematizações como as feitas pela tradição hermenêutica contemporânea (Heidegger e Gadamer) e a heurística ou metodologia do contextualismo linguístico (Skinner) demonstram como o giro ontológico-linguístico se sobrepõe a qualquer "divisão" na filosofia entre continentais e analíticos, desvelando que a linguagem — e, com ela, a historicidade — funda-nos como Ser. Verificamos, portanto, que a proposta skinneriana revela-se apropriada para nos auxiliar neste "desvelar" da historicidade do fenômeno, fazendo-nos *voltar às coisas mesmas*, das quais a linguagem é nossa guia. As aproximações hermenêuticas

493. *Cf.* STRECK, Lenio Luiz. **Dicionário de hermenêutica**. *op. cit.*, p. 21-34.

entre Skinner, Heidegger e Gadamer se tornam possíveis quando nos permitimos ver a teoria do primeiro como uma heurística capaz de ir além da abstração que apequena a própria teoria. Quando compreendemos que teóricos "fazem coisas com palavras", a própria teoria muda de figura, ganhando novas possíveis normatividades que antes não se faziam presentes justamente pelo rigor em insistir em ver a "teoria pela teoria".

O debate historiográfico sobre o método ganha, então, com o contextualismo linguístico, um novo capítulo na história da filosofia, que contribui para um novo olhar, agora compatível com o paradigma hermenêutico e pronto para revelar nuances inéditas para as teorias que já estudamos no cânone da filosofia política e do direito, além de estabelecer novos horizontes para os mesmos cânones, desvelando como o mesmo foi moldado de forma abstrata, deixando de lado certos — e certas — autores e autoras em favor de outros. Todos esses campos de debate são abertos com o contextualismo linguístico e, a nosso ver, a teoria do direito apenas teria a ganhar com a incorporação de mais essa abordagem para somar ao seu arsenal teórico, com o alerta que fizemos desde o início do trabalho de que a historicidade e a linguagem não podem em hipótese alguma ser instrumentalizadas. Assim, a heurística skinneriana não "serve" ao direito, mas "revela" sim o caráter fundante e ontológico da linguagem e da historicidade do fenômeno.

Capítulo 6

CONSIDERAÇÕES FINAIS

> Minha tese é — e essa não é nenhuma tese por demais ousada: a consciência histórica deixou claro a impossibilidade interna de toda mera imitação do passado — formulado na célebre expressão de Goethe: cada um é à sua maneira um grego, mas ele o é. Com isso, Goethe queria dizer explicitamente que não se pode imitar os gregos e que não há nenhuma "volta".[494]
>
> (Hans-Georg Gadamer)

Em seu livro de memórias, o filósofo indiano Amartya Sen confessa que durante seus anos de graduação em Cambridge ele fez parte dos *apóstolos* — aquela sociedade estudantil exclusiva e um tanto quanto secreta que Wittgenstein participava e na qual foi promovido a membro honorário, ou *anjo*.[495] Durante sua passagem pela agremiação, ele menciona o nome de um colega que também integrava os quadros à época: Quentin Skinner. O historiador, posteriormente, confirmou sua participação na sociedade em uma entrevista dada a Alan Macfarlane, em 2008.[496]

494. GADAMER, Hans-Georg. **Hermenêutica em retrospectiva**. *op. cit.*, p. 268.

495. SEN, Amartya. **Home in the World**: A Memoir. London: Penguin, 2022. p. 317-318.

496. SKINNER, Quentin. **Film Interviews with Leading Thinkers**. [Entrevista cedida a] Alan Macfarlane. [*S.l.*: *s. n.*], 10 jan. 2008. 1 vídeo (2 h 2 min 9 s). Disponível em: https://www.sms.cam.ac.uk/media/1130434. Acesso em: 23 nov. 2023.

Vemos aí o fim do arco para nossa história, onde o historiador, ora influenciado pelos debates que se davam ali décadas atrás, torna-se ele próprio um influenciador, após ter sido admitido como *fellow* em Cambridge desde muito novo, aos 21 anos. De certa maneira, chegamos a um ponto curioso de nosso trabalho, onde se percebe uma história intelectual da própria história intelectual e de sua reformulação e *revival* a partir do contextualismo linguístico de Cambridge. A influência está confirmada, podendo-se notar como o direito se relaciona com a história intelectual e como é possível construirmos uma história do direito como uma história dos intelectuais que teorizaram sobre o direito. Resta, portanto, um desafio para os atuais juristas: pensar que seus teóricos de referências também tiveram histórias e que também suas teorias estão relacionadas a um ou mais objetivos. Não há grau zero de abstração ao teorizar e o direito é um excelente exemplo deste argumento. Façamos agora um apanhado do caminho que nos trouxe até aqui e que poderá nos levar adiante.

No primeiro capítulo apresentamos os fundamentos filosóficos que antecederam a virada histórico-contextual em Cambridge. Falar dos fundamentos filosóficos dessas décadas anteriores significa lembrar em que ponto a filosofia se encontrava e como o *linguistic turn* havia influenciado os teóricos da época. Como estávamos inclinados a entender as influências sobre o grupo que viria a se chamar posteriormente de Escola de Cambridge, foi necessário lembrar do trabalho de Wittgenstein, figura essencial para essa virada na Inglaterra, além de R. G. Collingwood, um filósofo que vem sendo cada vez mais reconhecido pela posteridade como um teórico precursor de muitos dos temas discutidos até hoje em filosofia da história (e reconhecido expressamente por Skinner de há muito), bem como John L. Austin, outra figura essencial para os avanços da filosofia da linguagem — que também foi crucial para o desenvolvimento do contextualismo linguístico. Também fizemos uma introdução sobre os trabalhos anteriores aos de Skinner que "iluminaram" seu caminho muito precoce na pergunta sobre "qual história" os historiadores das ideias que o antecederam estavam falando, ponto em que Peter Laslett se destaca.

No capítulo a seguir, apresentamos o contextualismo linguístico de Quentin Skinner em detalhes, desde seus primeiros passos questionando a convencionalidade historiográfica a partir das leituras de Hobbes, até a sua ascensão rápida como *fellow* em Cambridge e a publicação da primeira e controversa versão de seu mais famoso artigo até hoje, *Meaning and Understanding in the History of Ideas*. No mesmo tópico, falamos das primeiras ressalvas de Skinner, o que indicou que o autor estava passando por um processo teórico atenuante até abandonar sua pretensão de recuperar o significado (*meaning*) de textos históricos, admitindo a existência de textos mais ou menos autônomos e a diferença entre o significado em cada um deles em textos como *Hermeneutics and the Role of History*. Passando pelos estágios mais avançados de sua carreira, podemos identificar uma virada cada vez mais clara de Skinner, afastando-se de qualquer classificação categórica sobre "resposta correta", ou que sua metodologia levaria a uma interpretação "verdadeiramente histórica", em favor de uma proposta mais "modesta" de estudar a força ilocucionária dos textos e autores estudados, de modo a revelar uma história mais condizente com o entendimento de que cada autor é também um *ator* e que todos os autores estão *jogando o mesmo jogo*, que é, no fim, *o que há para ser jogado*. A essa nova fase uma série de leituras foi apresentada, alguns autores chamando as fases de Skinner de retórica, genealógica e arqueológica. De nossa parte, decidimos nos referir a todo esse novo momento como uma virada retórica, onde a metodologia do autor navega nas fronteiras da filosofia e da história, contribuindo tanto com os estatutos epistemológicos da história da filosofia quanto com a filosofia da história, que no fim é mesmo a "morada do ser" da história do pensamento como disciplina.

No capítulo subsequente, como previsto, apresentamos as críticas que Skinner sofreu ao longo de sua longa trajetória teorizando sobre o método na historiografia. Falamos das principais críticas sofridas pelo autor desde que seus primeiros artigos metodológicos passaram a circular, entre elas a de que o contextualismo linguístico e sua rigidez, em suas últimas consequências, levaria os adeptos dessa abordagem a se interessar por uma interpretação "antiquarista" do passado, desinteressante para os debates políticos atuais, crítica essa mais presente em cientistas e teóricos políticos: a de que o contextualismo linguístico, em sua sina por recuperar as intenções de autores do passado, incorreria em um equívoco, justamente pela impossibilidade de se reconstruir essa mentalidade originária, crítica mais visível em adeptos das teorias pós-estruturalistas; e a de que o contextualismo, pelas deficiências citadas anteriormente — além de outras adicionadas por críticos mais recentes — não poderia nem mesmo ser enquadrado como uma metodologia, mas no máximo como uma heurística com baixa aplicabilidade, acusações essas mais presentes nas obras de críticos mais recentes de Skinner. Por fim, ainda nesse capítulo, esclarecemos algumas diferenças entre os contextualismos linguísticos de Skinner e Pocock e avaliamos se ainda fazia sentido chamar o grupo de Escola de Cambridge, mesmo levando em conta a diferença, concluindo que sim: a depender do quão analítica a descrição seja, incluí-los no mesmo grupo ainda faz sentido em se tratando de um movimento historiográfico que mantém muitas similaridades, ainda que essas semelhanças sejam objeto de disputas, especialmente entre os críticos do(s) contextualismo(s).

No último capítulo verificamos nossa hipótese inicial observando primeiramente como a teoria política contemporânea em certa medida antecipou a querela entre teóricos contextualistas e teóricos analíticos, revelando uma questão metodológica que posteriormente estaria visível também na teoria do direito e que hoje ganha corpo em debates sobre a necessidade de se "historicizar" mais a teoria do direito, além do próprio valor teórico e normativo que o estudo da história pode trazer para a compreensão do fenômeno jurídico. Depois disso, notamos uma carência específica de referências sobre a tradição hermenêutica alemã — cujo pensamento dos autores que notoriamente discutem os mesmos temas com profundidade desde os séculos XVIII e XIX — neste debate, o que nos fez retomar alguns conceitos que nos forneceram um arcabouço teórico mais apropriado para, enfim, poder chegar ao ponto que nos fez iniciar a pesquisa em primeiro lugar: discutir se e como o contextualismo linguístico se adéqua ao quadro intersubjetivo desta tradição, mais especificamente o paradigma hermenêutico sustentado pelos trabalhos de Heidegger e Gadamer.

A nosso ver, após comparar a trajetória intelectual de Skinner e os dois mestres germânicos, notamos muito mais semelhanças do que a literatura majoritária vem reconhecendo. Por meio dessa reflexão crítica, percebemos que Skinner — em especial na fase mais tardia de seu pensamento metodológico —, apesar de reconhecer em diálogo conosco não ter conseguido encontrar guarida no pensamento de Gadamer quando teve a oportunidade de lê-lo e, mesmo que involuntariamente, tem propostas que se adequam ao paradigma hermenêutico como uma abordagem que pode nos ajudar a desvelar, a partir do conceito ôntico de *Temporalität*, aquilo que Heidegger chama de "ontologias regionais" — algo que é de cada disciplina — e que pode encontrar respostas históricas, ainda que provisórias, sobre a força ilocucionária dos textos, desde que permitamos que o texto nos diga algo (Gadamer). Essa, para nós, é a aproximação e o ajuste possível entre Skinner e a tradição hermenêutica que a teoria do direito (ainda) não se deu conta, mas que certamente só terá a ganhar com sua adoção, para que a história e teoria possam conviver não como se estivessem em um "conflito ôntico", mas numa investigação que tenha a linguagem e a historicidade como fundantes. Essa é a "teoria" possível dentro do paradigma hermenêutico e da qual acreditamos ser o contextualismo linguístico de Quentin Skinner um valioso aliado.

REFERÊNCIAS

AUSTIN, John L. A Plea for Excuses: The Presidential Address. In: Id.; URMSON, J. O.; WARNOCK, G. J. (ed.). **Philosophical Papers**. Oxford: Oxford University Press, 1979. p. 175-204 [1957].

AUSTIN, John L. **How To Do Things with Words**. 2nd. ed. Cambridge, Mass.: Harvard University Press, 1975.

BARTHES, Roland. La Mort de L'auteur. **Mantéia**, v. 5, n. 4, p. 12-17, 1968.

BEISER, Frederick C. **The Genesis of Neokantianism, 1796-1880**. Oxford: Oxford University Press, 2015.

BEISER, Frederick C. **The German Historicist Tradition**. Oxford: Oxford University Press, 2009.

BEVIR, Mark. Are There Perennial Problems in Political Theory? **Political Studies**, v. XLII, p. 662-675, 1992.

BEVIR, Mark. Contextualism: From Modernist Method to Post-analytic Historicism? **Journal of the Philosophy of History**, v. 3, p. 211-224, 2009.

BEVIR, Mark. The Contextual Approach. *In*: KLOSKO, George. (ed.). **The Oxford Handbook of the History of Political Philosophy**. Oxford: Oxford University Press, 2011. p. 8-24.

BEVIR, Mark. The Errors of Linguistic Contextualism. **History and Theory**, v. 31, p. 267-298, 1992.

BEVIR, Mark. **The Logic of the History of Ideas**. Cambridge: Cambridge University Press, 1999.

BIX, Brian. Jurisprudence: **Theory and Context**. 8th. ed. London: Sweet and Maxwell, 2019.

BIX, Brian. **Teoria do direito**: fundamentos e contextos. Tradução de Gilberto Morbach. São Paulo: Tirant lo Blanch, 2020.

BLAU, Adrian. How (Not) to Use History of Political Thought for Contemporary Purposes. **American Journal of Political Science**, v. 65, n. 2, p. 359-372, abr. 2021.

BOCARDO CRESPO, Enrique. Intención, convención y contexto. *In*: *Id.* (ed.). **El giro contextual**: cinco ensayos de Quentin Skinner, y seis comentários. Madri: Tecnos, 2007 (De Ideas y Política. v. 1).

BROWNING, Gary. **A History of Modern Political Thought**: The Question of Interpretation. Oxford: Oxford University Press, 2016.

BROWN, Vivienne. Historical Interpretation, Intentionalism and Philosophy of Mind. **Journal of the Philosophy of History**, v. 1, n. 1, p. 25-62, 2007.

COAN, Isadora Cristina de Melo. **As bases filosóficas da metodologia de Quentin Skinner para a história intelectual**. 2013. 122 f. Dissertação (Mestrado em Sociologia Política) – Programa de Pós-Graduação em Sociologia Política, Universidade Federal de Santa Catarina, 2013.

COLLEY, Linda. **The Gun, the Ship, and the Pen**: Warfare, Constitutions, and the Making of the Modern World. New York: Liveright, 2021.

COLLINGWOOD, R. G. **An Autobiography**. Oxford: Oxford University Press, 1939.

COLLINGWOOD, R. G. **An Essay on Philosophical Method**. Oxford: Clarendon Press, 2005 [1933].

COLLINGWOOD, R. G. **The Idea of History**. New York: Oxford University Press, 1956.

COTTERRELL, Roger. Why Jurisprudence Is Not Legal Philosophy. **Jurisprudence**, v. 5, n. 1, p. 41-55, 2014. Disponível em: https://papers.ssrn.com/sol3/papers.cfm?abstract_id=2384615. Acesso em: 1 nov. 2023.

DERRIDA, Jacques. **De la Grammatologie**. Paris: Minuit, 1967.

DEL MAR, Maksymilian. Beyond Universality and Particularity, Necessity and Contingency: On Collaboration Between Legal Theory and Legal History. *In: Id.;* LOBBAN, Michael. (ed.). **Law in Theory and History**. New Essays on a Neglected Dialogue. Oxford: Hart Publishing, 2016. p. 22-38.

DEL MAR, Maksymilian; LOBBAN, Michael. (ed.). **Law in Theory and History**: New Essays on a Neglected Dialogue. Oxford: Hart Publishing, 2016.

DEL MAR, Maksymilian. Modelling Law Diachronically: Temporal Variability in Legal Theory. *In: Id.;* LOBBAN, Michael. (ed.). **Law in Theory and History**: New Essays on a Neglected Dialogue. Oxford: Hart Publishing, 2016. p. 108-126.

DEL MAR, Maksymillian. Philosophical Analysis and Historical Inquiry: Theorizing Normativity, Law, and Legal Thought. *In:* DUBBER, Markus D.; TOMLINS, Christopher. (ed.). **The Oxford Handbook of Legal History**. Oxford: Oxford University Press, 2018. p. 2.

DILTHEY, Wilhelm. **A essência da filosofia**. Tradução de Marco Antônio Casanova. Petrópolis. RJ: Vozes, 2018.

D'ORO, Giuseppina; CONNELY, James. Robin George Collingwood. *In*: ZALTA, Edward N. (ed.). **The Stanford Encyclopedia of Philosophy**. Disponível em: https://plato.stanford.edu/archives/win2020/entries/collingwood/. Acesso em 21 abr. 2023 (Winter 2020 Edition).

DOUGLAS-SCOTT, Sionaidh. Legal Theory and Legal History: *Which* Legal Theory? *In:* DEL MAR, Maksymilian; LOBBAN, Michael. (ed.). **Law in Theory and History**: New Essays on a Neglected Dialogue. Oxford: Hart Publishing, 2016. p. 52.

DUBBER, Markus D.; TOMLINS, Christopher. (ed.). **The Oxford Handbook of Legal History**. Oxford: Oxford University Press, 2018.

DUMMET, Michael. **Origins of Analytical Philosophy**. Cambridge, MA.: Harvard University Press, 1996.

DUNN, John; WRIGLEY, Tony. Thomas Peter Ruffle Laslett. **The British Academy**: proceedings, [*s.l.*], n. 130, p. 109-129, 2005. Disponível em: http://biblioteca.asav.org.br/vinculos/000140/000140b3.pdf. Acesso em: 23 abr. 2023.

DUNN, John. The Identity of the History of Ideas. **Philosophy**, v. XLIII, n. 164, p. 85-104, 1968.

DUNN, John. **The Political Thought of John Locke**: An Historical Account of the Argument of the 'Two Treatises of Government'. Cambridge: Cambridge University Press, 1969. p. 208-220.

DWORKIN, Ronald. **Law's Empire**. Cambridge, MS.: Harvard University Press, 1986.

EAGLETON, Terry. Phenomenology, Hermeneutics, Reception Theory. In: Id. **Literary Theory**: An Introduction. 2nd. ed. Oxford: Blackwell Publishing, 1996.

EDMONDS, David. **The Murder of Professor Schlick**: The Rise and Fall of the Vienna Circle. Princeton, NJ.: Princeton University Press, 2020.

EILENBERGER, Wolfram. **Tempo de mágicos**: a grande década da filosofia: 1919-1929. Tradução de Claudia Abeling. São Paulo: Todavia, 2019.

FANN, K. T. (ed.). **Symposium on J. L. Austin**. Londres: Routledge & Kegan Paul, 1963. p. 9.

FERES JÚNIOR, João. De Cambridge para o mundo, historicamente: revendo a contribuição metodológica de Quentin Skinner. **Dados – Revista de Ciências Sociais**, Rio de Janeiro, v. 48, n. 3, p. 655-680, 2005.

FERRARIS, Maurizio. **Storia dell'ermeneutica**. Milano: Bompiani, 2010.

FILMER, Robert; LASLETT, Peter (ed.). **Patriarcha and other Political Writings**. Oxford: Oxford University Press, 1949.

FLOYD, Jonathan; STEARS, Marc. (ed). **Political Philosophy versus History?** Contextualism and Real Politics in Contemporary Political Philosophy. Cambridge: Cambridge University Press, 2011.

FONSECA, Ricardo Marcelo. **Introdução teórica à história do direito**. Curitiba: Juruá, 2009.

FORSTER, Michael N. **German Philosophy of Language**: From Schlegel to Hegel and Beyond. Oxford: Oxford University Press, 2011.

FOUCAULT, Michel. Qu'est-ce qu'un Auteur. **Bolletin de la Société Française de Philosophie**, v. LXIV, 1969.

FRIEDMAN, Michael. **A Parting of Ways**: Carnap, Cassirer, and Heidegger. Chicago, IL.: Open Court, 2000.

GADAMER, Hans-Georg. **Hermenêutica em retrospectiva**. Tradução de Marco Antônio Casanova. 2. ed. Petrópolis, RJ: Vozes, 2012.

GADAMER, Hans-Georg. **Truth and Method**. 2nd. rev. ed. Trans. J. Weinsheimer; D. G. Marshall. London: Continuum, 1975.

GADAMER, Hans-Georg. **Verdade e Método I**. 6 ed. Petrópolis, RJ; Bragança Paulista, SP: Vozes; Editora da Universidade São Francisco, 2004 [1960].

GADAMER, Hans-Georg. **Verdade e método II**: complementos e índice. Tradução de Enio Paulo Giachini. Petrópolis, RJ: Vozes, 2002. p. 560.

GADAMER, Hans-Georg. **Warheit und Methode**: Grundzüge einer philosophischen Hermeneutik. Tübingen: J. C. B. Mohr, 1960.

GARDNER, John. **Law as a Leap of Faith, and other essays on Law in General**. Oxford: Oxford University Press, 2012.

GEERTZ, Clifford. **Negara**: The Theatre State in Nineteenth-Century Bali. Princeton, NJ: Princeton University Press, 1981.

GIANNOTTI, J. A. **Heidegger/Wittgenstein**: confrontos. São Paulo: Companhia das Letras, 2020.

GLOCK, Hans-Johann. (ed.). **The Rise of Analytic Philosophy**. Oxford: Blackwell, 1997.

GLOCK, Hans-Johann. **What Is Analytic Philosophy?** Cambridge: Cambridge University Press, 2008.

GORDON, Robert. **Taming the Past**: Essays on Law in History and History in Law. Cambridge: Cambridge University Press, 2017.

GORMAN, Jonathan. Legal Consciousness: A Metahistory. *In:* DEL MAR, Maksymilian; LOBBAN, Michael. (ed.). **Law in Theory and History**: New Essays on a Neglected Dialogue. Oxford: Hart Publishing, 2016.

GRAHAM, Gordon. Political philosophy and the dead hand of its history. *In:* FLOYD, Jonathan; STEARS, Marc. (ed.). **Political Philosophy versus History?** Contextualism and Real Politics in Contemporary Political Philosophy. Cambridge: Cambridge University Press, 2011. p. 69.

GROSSI, Paolo. **O direito entre poder e ordenamento**. Tradução de Arno Dal Ri Jr. Belo Horizonte: Del Rey, 2010.

GUEROUT, Martial. The History of Philosophy as a Philosophical Problem. **The Monist**, v. 53, n. 4, p. 563-587, 1969.

GUIMARÃES, Hiago Mendes. **Hermenêutica filosófica e retórica**: convergências a partir do conceito de *phronesis* em Hans-Georg Gadamer. Porto Alegre: Editora Fi, 2022.

GUNNELL, John G. Interpretation and the History of Political Theory: Apology and Epistemology. **The American Political Science Rev.**, v. 76, n. 2, p. 317-327, jun. 1982.

GUNNELL, John G. **Teoria Política**. Tradução de Maria Inês Caldas de Moura. Brasília: Editora UnB, 1981. v. 54 (Coleção Pensamento Político).

HADDOCK, Bruce. Contingency and judgement in history of political philosophy: a phenomenological approach. *In*: FLOYD, Jonathan; STEARS, Marc. (ed.). **Political Philosophy versus History?** Contextualism and Real Politics in Contemporary Political Thought. Cambridge: Cambridge University Press, 2011. p. 47.

HARLAN, David. Intellectual History and the Return of Literature. **American Historical Review**, v. 94, p. 581-609, 1989.

HAVERCROFT, Jonathan. Skinner, Wittgenstein and Historical Method. **Paragraph**. v. 34, n. 3, p. 371-387, 2011.

HEIDEGGER, Martin. **Caminhos da floresta**. Lisboa: Fundação Calouste Gulbenkian, 1998 [1977]. p. 7-68.

HEIDEGGER, Martin. **Ser e tempo**. Tradução e organização de Fausto Castilho. Campinas, SP; Petrópolis, RJ: Unicamp; Vozes, 2012 [1927].

HEIDEGGER, Martin. **Os problemas fundamentais da fenomenologia**. Tradução de Marco Antônio Casanova. Petrópolis, RJ: Vozes, 2012. p. 28-29. [1927].

HESPANHA. António M. **A história do direito na história social**. Lisboa: Livros Horizonte, 1978. p. 16.

HESPANHA, António-Manuel. **O caleidoscópio do direito**: o direito e a justiça nos dias e no mundo de hoje. Coimbra: Almedina, 2009.

JANSSEN, Peter L. Political Thought as Traditionary Action: the Critical Response to Skinner and Pocock. **History and Theory**, v. 24, n. 2, p. 115-146, May 1985.

JUNG, Luã Nogueira. **Verdade e interpretação**: hermenêutica filosófica como alternativa ao naturalismo e ao relativismo. Porto Alegre: Editora Fundação Fênix, 2021.

KEKES, John. **The Nature of Philosophical Problems**: Their Causes and Implications. Oxford: Oxford University Press, 2014.

KELLEY, Donald (ed.). **Intellectual History**: Canon and Variations. Rochester, NY.: University of Rochester Press, 1990.

KELSEN, Hans. Law, State and Justice in the Pure Theory of Law. **Yale Law Journal**, v. 57, n. 3, p. 377-390, jan. 1948. p. 377.

KELLY, Paul. Rescuing political theory from the tiranny of history. *In*: FLOYD, Jonathan; STEARS, Marc. (ed.). **Political Philosophy versus History?** Contextualism and Real Politics in Contemporary Political Thought. Cambridge: Cambridge University Press, 2011. p. 13-37.

KOIKKALAINEN, Petri; SYRJÄMÄKI, Sami. Quentin Skinner on Encountering the Past. **Finnish Yearbook of Political Thought**, v. 6, p. 34-63, 2002.

KOSELLECK, Reinarh. **Histórias dos conceitos**. Tradução de Markus Hediger. São Paulo: Contraponto, 2020.

KRISHNAN, Nikhil. **A Terribly Serious Adventure**: Philosophy at Oxford (1900-60). London: Profile Books, 2023.

LACEY, Nicola. Jurisprudence, History, and the Institutional Quality of Law. **Virginia Law Review**, v. 101, n. 4, p. 919-945, May 14 2015. Disponível em: https://virginialawreview.org/articles/jurisprudence-history-and-institutional-quality-law/. Acesso em 29 out. 2023.

LAMB, Robert. Quentin Skinner's revised historical contextualism: a critique. **History of the Human Sciences**, v. 22, n. 3, p. 51-73, 2009.

LAMB, Robert. Recent Developments in the Thought of Quentin Skinner and the Ambitions of Contextualism. **Journal of the Philosophy of History**, v. 3, p. 246-265, 2009.

LANE, Melissa. Doing Our Own Thinking for Ourselves: On Quentin Skinner's Genealogical Turn. **Journal of the History of Ideas**, v. 73, n. 1, p. 71-82, jan. 2012.

LASLETT, Peter. **Philosophy, Politics and Society**. Oxford: Blackwell, 1956.

LAURINDO, Marja Mangili. **A interpretação na cultura jurídica da Primeira República**: "Nenhuma dessas impossibilidades está na letra da Constituição: mas todas estão no seu espirito". 2022. 237 f. Tese (Doutorado em Direito). Programa de pós-graduação em Direito, Universidade de Santa Catarina, Florianópolis, 2022. Disponível em: https://repositorio.ufsc.br/bitstream/handle/123456789/240867/PDPC1604-T.pdf?sequence=-1&isAllowed=y. Acesso em: 21 abr. 2023.

LAWN, Chris; KEANE, Niall. **The Gadamer Dictionary**. London: Continuum, 2011.

LESLIE, Margareth. In Defense of Anachronism. **Political Studies**, v. XVIII, n. 4, p. 433-447, 1970.

LEWIS, David. **Convention**. Oxford: Blackwell Publishing, 2002 [1969].

LIMA LOPES, José Reinaldo. **O direito na história**: lições introdutórias. 3. ed. São Paulo: Atlas, 2011.

LOCKE, John; LASLETT, Peter (ed.). **Two Treatises of Government**. Cambridge: Cambridge University Press, 1960.

LOCKYER, Andrew. 'Traditions' as Context in the History of Political Theory. **Political Studies**, v. 27, n. 2, p. 201-217, jun. 1979.

LONGWORTH, Guy. John Langshaw Austin. *In*: ZALTA, Edward N.; NODELMAN, Uri. (ed.). **The Stanford Encyclopedia of Philosophy**. Disponível em: https://plato.stanford.edu/archives/sum2023/entries/austin-jl/. Acesso em: 23 abr. 2023.

MACINTYRE, Alasdair. **After Virtue**: A Study in Moral Theory. 3rd. ed. Notre Dame, IN.: University of Notre Dame Press, 2007 [1981].

MACCORMICK, Neil. **H. L. A. Hart**. Stanford, CA.: Stanford Law Books, 1981 (Jurists: Profiles in Legal Theory). p. 136.

MACPHERSON, C. B. **The Political Theory of Possessive Individualism, Hobbes to Locke**. Oxford: Clarendon Press, 1962.

MONK, Ray. How the untimely death of RG Collingwood changed the course of philosophy forever. **Prospect**, Londres, 5 set. 2019. Disponível em: https://www.prospectmagazine.co.uk/ideas/philosophy/39183/how-the-untimely-death-of-rg-collingwood-changed-the-course-of-philosophy-forever. Acesso em: 21 abr. 2023.

MONK, Ray. **Ludwig Wittgenstein**: The Duty of Genius. Londres: Vintage, 1991.

NIETZSCHE, Friedrich. **Genealogia da moral**: uma polêmica. Tradução, notas e posfácio Paulo César de Souza. São Paulo: Companhia das Letras, 2009 [1887].

OLIVEIRA, Manfredo Araújo de. **Reviravolta lingüistico-pragmática na filosofia contemporânea**. 3. ed. São Paulo: Loyola, 2006.

OLIVEIRA, Rafael Tomaz de; STRECK, Lenio Luiz. Algumas indicações obre o método fenomenológico-hermenêutico. **Revista Eletrônica Consultor Jurídico**. São Paulo, 26 dez. 2015. Disponível em: https://www.conjur.com.br/2015-dez-26/diario-classe-indicacoes-metodo-fenomenologico-hermeneutico. Acesso: 21 abr. 2023.

PALMER, Richard E. **Hermeneutics**: Interpretation Theory in Schleiermacher, Dilthey, Heidegger, and Gadamer. Evanston, Ill.: Northwestern University Press, 1969.

PALONEN, Kari. **Quentin Skinner**: History, Politics, Rhetoric. Oxford: Polity Press, 2003.

PALONEN, Kari. The History of Concepts as a Style of Political Theorizing: Quentin Skinner's and Reinhart Koselleck's Subversion of Normative Political Theory. **European Journal of Political Theory**, v. 1, n. 1, p. 91-106, 2002.

PAREKH, Bhikhu; BERKI, Robert. The History of Political Ideas: A Critique of Quentin Skinner Methodology. **Journal of the History of Ideas**, v. 34, n. 2, p. 163-184, apr. /jun., 1973.

PERREAU-SAUSSINE, Emile. Quentin Skinner in Context. **The Review of Politics**, v. 69, n. 1, p. 106-122, Winter 2007.

POCOCK, J. G. A. **Linguagens do ideário político**. Tradução de Fábio Fernandez. São Paulo: Edusp, 2003 (Clássicos; 25).

POCOCK, J. G. A. **Political Thought and History**: Essays on Theory and Method. Cambridge: Cambridge University Press, 2009.

POCOCK, J. G. A. **Politics, Language, and Time**. London: Methuen, 1972.

POCOCK, J. G. A. The History of Political Thought: A Methodological Enquiry. *In*: LASLETT, Peter; RUNCIMAN, W. G. (ed.). **Philosophy, Politics and Society** (second series). Oxford: Basil Blackwell, 1962.

POCOCK, J. G. A. Quentin Skinner: The History of Politics and the Politics of History. **Common Knowledge**, v. 10, n. 3, p. 532-550, 2003.

POCOCK, J. G. A. **The Machiavellian Moment**: Florentine Political Thought and the Atlantic Republican Tradition. 2nd. ed., com introdução de Richard Whatmore. Princeton, N.J.: Princeton University Press, 2016.

POCOCK, J. G. A. **Virtue, Commerce, and History**: Essays on Political Thought and History, Chiefly in the Eighteenth Century. Cambridge: Cambridge University Press, 1985.

POPPER, Karl. **The Open Society and Its Enemies**. Londres: Routledge, 1945. v. 2. p. 20-24.

PORTA, Mario Ariel González. **A filosofia a partir de seus problemas**: didática e metodologia do estudo filosófico. 4. ed. São Paulo: Loyola, 2014.

POSTEMA, Gerald J. Jurisprudence, The Sociable Science. **Virginia Law Review**, v. 101, n. 4, p. 869-901, 14 maio 2015. Disponível em: https://virginialawreview.org/articles/jurisprudence-sociable-science/. Acesso em: 27 out. 2023.

RAZ, Joseph. **Ethics in the Public Domain**. Oxford: Clarendon Press, 1995. p. 237.

REBELO, Victor Bianchini. A Escola de Cambridge e a História no Direito. **Revista Eletrônica Consultor Jurídico**. São Paulo, 30 abr. 2022. Disponível em: https://www.conjur.com.br/2022-abr-30/diario-classe--escola-cambridge-historia-direito. Acesso em: 11 jun. 2023.

RÉE, Jonathan. The Vanity of Historicism. **New Literary History**, v. 22, n. 4, p. 961-983, 1991.

RHEES, Rush. (ed.). **Recollections of Wittgenstein**. Oxford: Oxford University Press, 1981.

RICOEUR, Paul. **Hermeneutics and the Human Sciences**: Essays on Language, Action, and Interpretation. Translation, notes e introduction by John B. Thompson. With a preface by Charles Taylor. Cambridge: Cambridge University Press, 2016 [1981] (Cambridge Philosophy Classics).

RICOEUR, Paul. The Model of a Text: Meaningful Action Considered as a Text. *In*: RABONOW, Paul; SULLIVAN, William M. **Interpretive Social Science**: A Reader. Berkeley, CA: University of California Press, 2020 [1979] (UC Voices Revived). p. 78-79.

RORTY, Richard. **Philosophy and the Mirror of Nature**. Princeton, NJ.: Princeton University Press, 1981.

SARTORI, Giovani. Philosophy, theory, and Science of politics. **Political Theory**, v. 2, p. 133-162, 1974.

SEBASTIÁN, Javier-Fernandez; SKINNER, Quentin. Intellectual History, Liberty, And Republicanism: An Interview with Quentin Skinner. **Contributions to the History of Concepts**, v. 3, p. 103-123, 2007.

SEIDMAN, Steven. Beyond Presentism and Historicism: Understanding the History of Social Science. **Sociological Inquiry**. v. 53, p. 79-94, 1983.

SEN, Amartya. **Home in the World**: A Memoir. London: Penguin, 2022. p. 317-318.

SILVA, Ricardo. Da história do pensamento político à teoria política da história: variações da hermenêutica do conflito de Quentin Skinner. **Lua Nova**, São Paulo, v. 102, p. 137-171, 2017.

SILVA, Ricardo. O contextualismo linguístico na história do pensamento político: Quentin Skinner e o debate metodológico contemporâneo. **Dados – Revista de Ciências Sociais**, Rio de Janeiro, v. 53, n. 2, p. 299-335, 2010.

SHAPIRO, Ian. Realism in the History of Ideas. **History of Political Thought**, v. 3, n. 3, p. 535-578, 1982

SKINNER, Quentin. A Genealogy of the Modern State. **Proceedings of the British Academy**, n. 162, p. 325-370, 2009.

SKINNER, Quentin. **As fundações do pensamento político moderno**. Tradução de Renato Janine Ribeiro e Laura Teixeira Motta. São Paulo: Companhia das Letras, 1996.

SKINNER, Quentin. Conventions and the Understanding of Speech Acts. **The Philosophical Quarterly**, v. 20, n. 79, p. 118-138, 1970.

SKINNER, Quentin. **Film Interviews with Leading Thinkers**. [Entrevista cedida a] Alan Macfarlane. [*S.l.*: *s. n.*], 10 jan. 2008. 1 vídeo (2 h 2 min 9 s). Disponível em: https://www.sms.cam.ac.uk/media/1130434. Acesso em: 23 nov. 2023.

SKINNER, Quentin. Hermeneutics and the Role of History. **New Literary History**, v.8, p. 209-232, 1975.

SKINNER, Quentin. History and Ideology in the English Revolution. **The Historical Journal**, v. 8, n. 2, 1965. p. 178.

SKINNER, Quentin. **Hobbes and Republican Liberty**. Cambridge: Cambridge University Press, 2008. p. xvi.

SKINNER, Quentin. Is It Still Possible to Interpret Texts? **The International Journal of Psychoanalysis**, n. 89, 2008.

SKINNER, Quentin. **Liberty before liberalism**. Cambridge: Cambridge University Press, 1998.

SKINNER, Quentin. **Machiavelli**. Oxford: Oxford University Press, 1981.

SKINNER, Quentin. **Maquiavel**. Tradução de Denise Bottman. Porto Alegre: L&PM, 2020 [1981].

SKINNER, Quentin. Meaning and Understanding in the History of Ideas. **History and Theory**, v. 8, n. 3, p. 3-53, 1969.

SKINNER, Quentin. Motives, Intentions and Interpretation of Texts. **New Literary History**, v. 3, n. 2, p. 393-408, 1972.

SKINNER, Quentin. Quentin Skinner (interview). *In:* PALLARES-BURKE, M. L. (ed.). **The New History**, Cambridge: Polity Press, 2002.

SKINNER, Quentin. The idea of negative liberty: philosophical and historical perspectives. *In*: RORTY, Richard; SCHNEEWIND, Jerome B.; SKINNER, Quentin. (ed.). **Philosophy in History**: Essays on the historiography of philosophy. Cambridge: Cambridge University Press, 1984. p. 193-224.

SKINNER, Quentin. On Performing and Explaining Linguistic Actions. **The Philosophical Quarterly**, Oxford, v. 21, n. 82, jan. 1971.

SKINNER, Quentin. On the Liberty of the Ancients and the Moderns: A Reply to My Critics. **Journal of the History of Ideas**, v. 73, n. 1, p. 127-146, jan. 2012.

SKINNER, Quentin. Some Problems in the Analysis of Political Thought and Action. **Political Theory**, v. 3, n. 3, p. 277-303, 1974.

SKINNER, Quentin. **The Foundations of Modern Political Thought**: Cambridge: Cambridge University Press, 1978. v. 1. The Renaissance.

SKINNER, Quentin. **The Foundations of Modern Political Thought**: The Age of Reformation. Cambridge University Press, 1978. v. 2. The Age of Reformation.

SKINNER, Quentin. The Limits of Historical Explanations. **Philosophy**, v. XLI, n. 157, p. 199-215, jul. 1966.

SKINNER, Quentin. The Rise of, Challenge to, and Prospects for a Collingwoodian Approach to the History of Political Thought. *In*: CASTILGIONE, D.; HAMPSHER-MONK, I. (ed.). **The History of Political Thought in National Context**. Cambridge: Cambridge University Press, 2001.

SKINNER, Quentin. **Razão e retórica na filosofia de Hobbes**. Tradução de Vera Ribeiro. São Paulo: Editora UNESP, 1999 [1996].

SKINNER, Quentin. **Reason and Rhetoric in the Philosophy of Thomas Hobbes**. Cambridge: Cambridge University Press, 1996.

SKINNER, Quentin. Rhetoric and Conceptual Change. **The Finnish Yearbook of Political Thought**, n. 3, p. 60-73, 1999.

SKINNER, Quentin. **Visions of Politics**: Regarding Method. Cambridge, Cambridge University Press. v. 1.

STEINBERGER, Peter J. Analysis and the History of Political Thought. **American Political Science Review**, v. 103, n. 1, p. 135-146, 2009.

STEGMÜLLER, Wolfgang. Teoria dos atos locucionais: J. L. Austin e J. R. Searle. In: Id. **A Filosofia Contemporânea**. São Paulo: EPU. p. 52.

STEIN, Ernildo. **Exercícios de fenomenologia**: limites de um paradigma. 2. ed. Porto Alegre: Livraria do Advogado, 2022.

STEIN, Ernildo. Gadamer e a consumação da hermenêutica. *In: Id.*; STRECK, Lenio Luiz. (org.). **Hermenêutica e epistemologia**: 50 anos de Verdade e Método. Porto Alegre: Livraria do Advogado, 2010.

STEIN, Ernildo; STRECK, Lenio Luiz. (org.). **Hermenêutica e epistemologia**: 50 anos de Verdade e Método. Porto Alegre: Livraria do Advogado, 2011.

STEIN, Ernildo. **Seis estudos sobre "Ser e tempo"**. 5. ed. Petrópolis, RJ: Vozes, 2014.

STEIN, Ernildo. **Pensar e errar**: um ajuste com Heidegger. 2. ed. Ijuí, RS: Unijuí, 2015.

STEIN, Ernildo. **Pensar é pensar a diferença**: filosofia e conhecimento empírico. Ijuí, RS: Editora Unijuí, 2002. p. 147.

STOLLEIS, Michael. **Escrever o direito**: reconstrução, narrativa ou ficção? Tradução de Gustavo César Machado Cabral. São Paulo: Contracorrente, 2020.

STRAWSON, P. F. Intention and Convention in Speech Acts. **The Philosophical Review**, n. 73, p. 439-460, 1964.

STRECK, Lenio Luiz. **Dicionário de hermenêutica**: 50 verbetes fundamentais da Teoria do Direito à luz da Crítica Hermenêutica do Direito. 2. ed. Belo Horizonte: Letramento; Casa do Direito, 2020. p. 263-327.

STRECK, Lenio Luiz. **Hermenêutica jurídica e(m) crise**: uma exploração hermenêutica da construção do direito. 2. ed., rev. e ampl. Porto Alegre: Livraria do Advogado, 1999.

STRECK, Lenio Luiz. **Hermenêutica jurídica e(m) crise**: uma exploração hermenêutica da construção do direito. 11. ed. rev., atual e ampl. Porto Alegre: Livraria do Advogado, 2014.

STRECK, Lenio Luiz. **Verdade e consenso**: Constituição, hermenêutica e teorias discursivas. 6. ed., rev. e ampl. São Paulo: Saraiva, 2017.

TAMANAHA, Brian Z. **A Realistic Theory of Law**. Cambridge: Cambridge University Press, 2017.

TAMANAHA, Brian Z. How History Bears on Jurisprudence. *In:* DEL MAR, Maksymilian; LOBBAN, Michael. (ed.). **Law in Theory and History**: New Essays on a Neglected Dialogue. Oxford: Hart Publishing, 2016. p. 329-340.

TARLTON, Charles. Historicity, Meaning and Revisionism in the Study of Political Thought. **History and Theory**, v. 12, n. 3, p. 307-328, 1973.

THOMPSON, Martyn P. Reception Theory and the Interpretation of Historical Meaning. **History and Theory**, v. 32, p. 248-272.

TOMMLINS, Christopher. After Critical Legal History: Scope, Scale, Structure. **Annual Review of Law and Social Science**, v. 8, n. 1, p. 31-68, 2012.

TUCK, Richard. **Natural Rights Theories**: Their Origins and Development. Cambridge: Cambridge University Press, 1979.

TULLY, James. (ed.). **Meaning and Context**: Quentin Skinner and his Critics. Princeton, NJ: Princeton University Press.

TULLY, James. The pen is a mighty sword: Quentin Skinner's analysis of politics, **British Journal of Political Science**, n. 13, p. 489-509, 1983.

TULLY, James. The pen is mighty sword: Quentin Skinner's analysis of politics. *In: Id.* (ed.). **Meaning and Context**: Quentin Skinner and his critics. Princeton, NJ.: Princeton University Press, 1988. p. 3.

TWINNING, William L. **General Jurisprudence**: Understanding Law from a Global Perspective. Cambridge: Cambridge University Press, 2009 (Law in Context).

TWINING, William. R. G. Collingwood's Autobiography: One Reader's Response. **Journal of Law and Society**, v. 25, n. 4, p. 603-620, dez. 1998.

URBINATI, Nadia. The Historian and the Ideologist. **Political Theory**, v. 33, p. 89-95, 2005.

VICO, Giovanni Battista. **Ciência Nova**. Tradução de Jorge Vaz de Carvalho. Lisboa: Fundação Calouste Gulbenkian, 2005.

WALDRON, Jeremy. **God, Locke, and Equality**: Christian Foundations of Locke's Political Thought. Cambridge: Cambridge University Press, 2002.

WILLIAMS, Bernard. **Ethics and the Limits of Philosophy**. London: Fontana, 1985. p. 162.

WILLIAMS, Bernard. **In the Beginning was the Deed**: Realism and Moralism in Political Argument. Princeton, NJ: Princeton University Press, 2005. p. 18-29.

WIMSLATT, William; BEARDSLEY, Monroe. The Intentional Fallacy. *In*: WIMSLATT, William. (ed.). **The Verbal Icon**: Studies in the Meaning of Poetry. Lexington: University of Kentucky Press, 1954.

WITTGENSTEIN, Ludwig. **Investigações filosóficas**. Tradução de José Carlos Bruni. São Paulo: Victor Civita, 2000. (Os Pensadores, 35).

WITTGENSTEIN, Ludwig. **Philosophical Investigations**. 3rd. ed., with index. Transl. G. E. M. Ascombe. Oxford: Basil Blackwell, 1973.

WITTGENSTEIN, Ludwig. **Tractatus Logico-Philosophicus**. Trans. D. F. Pears e B. F. McGuinness. With an introduction from Bertrand Russell. 2nd. ed. Londres: Routledge, 2001 (Routledge Classics).

WOLKMER, Antônio Carlos. **História do direito no Brasil**. 4. ed. rev. Rio de Janeiro: Forense, 2004.

ZAMMITO, John H. Historicism. *In:* FORSTER, Michael N.; GJESDAL, Kristin. (ed.). **The Oxford Handbook of German Philosophy in the Nineteenth Century**. Oxford: Oxford University Press, 2015. p. 635-656.

EDITORA
JusPODIVM
www.editorajuspodivm.com.br

Impresso por:

Docuprint
CNPJ 01.036.332/0001-99

JUS3505